天下文化
BELIEVE IN READING

別再跳脫舒適圈

Kristen Butler 克莉絲汀‧巴特勒

姚怡平 —— 譯

THE COMFORT ZONE

Create a Life You Really Love with Less Stress and More Flow

以更少的壓力和更持久的心流狀態，創造真正熱愛的人生

目次

各界美言   005

序言   011

Part I　為什麼舒適感很重要？

第 1 章　「一定要跨出舒適圈」是錯的　030

第 2 章　你的信念讓你感到不適　042

第 3 章　人生狀態有三種圈子　051

第 4 章　跨出舒適圈的後果　079

第 5 章　夠舒適才能邁向成功　088

Part II　用「舒適圈流程」來創造人生

步驟 1：定義你所在的地方

第 6 章　找到舒適圈，就能找回自我　102

第 7 章　舒適圈裡有安全感　116

第 8 章　舒適圈裡可展現真實樣貌　138

第 9 章　舒適圈裡充滿愉快感　148

第 10 章　舒適圈裡蓄滿勇氣　162

步驟 2：擬定你前往的地方

第 11 章　你希望自己成為什麼樣貌？　172

第12章　製作舒適圈版本的願景板　190

第13章　利用言詞的力量打造美好人生　204

第14章　微調內心情緒以留在舒適圈內　216

步驟3：指引「抵達的方式」

第15章　適應新事物、擴展舒適圈的方式　237

第16章　利用「身分認同」改變習慣　250

第17章　善用「心理習慣」前往你想去的地方　263

第18章　發揮「關係」的力量續留舒適圈　279

Part III　成為舒適圈專家

第19章　兩方法加強愈來愈舒適的動力流　302

第20章　用「內在的確知」在舒適圈中站穩　313

第21章　掌握舒適圈兩區域，就掌握成功的祕訣　325

第22章　待在舒適圈裡活出美好人生　332

參考資料　343

資源　347

致謝　348

各界美言

本書會一舉改變你對成長與舒適的想法！

—— **路易斯・豪斯**（Lewis Howes），
《紐約時報》暢銷書《卓越學校》
（*The School of Greatness*）作者

「跨出舒適圈，才會有所成長。」這句老生常談大家都聽過，但克莉絲汀・巴特勒在此要修正這個錯誤觀念，並向各位證明，只要回到舒適圈，就能創造你喜愛的人生。這本指南的內容出色又富有關懷精神，提供多種方法，幫助你擴展舒適圈，在你所在之地茁壯成長。這正是克莉絲汀一直以來做的事情，如今她正在啟發全球各地數百萬人活出富足又喜悅的人生。

—— **維克斯・金**（Vex King），
《星期日泰晤士報》暢銷書作者

克莉絲汀・巴特勒在心態領域堪稱思想領袖。在這個領域，我們亟需致力改善搖搖欲墜的身心健康和身心倦怠。本書提出的前提看似違反常識，有些人一看到也許會心想：「等一下，你說什麼？」其實，舒適圈不會阻礙你達成夢想，一

且理解其中的智慧，你的人生反而會有所轉變，而世人現在
正需要這套方法。

—— **艾米‧沙阿**（Amy Shah）博士，
雙認證醫生和營養專家，《我累死了》
（*I'm So Effing Tired*）作者

本書挑戰我們對舒適圈的看法，還提出證明，只要我們
跟舒適圈的關係變得更健全，就能邁向美好人生。

—— **賽門‧亞歷山大‧王**（Simon Alexander Ong），
《活力滿分：充分運用每一刻》
（*Energize: Make the Most of Every Moment*）作者

大家都以為「舒適圈」是停滯不前的地方，但克莉絲
汀‧巴特勒這本內容超凡的新書，改寫這份迷思。不只如
此，她還向諸位證明舒適圈是怎麼樣的，及為何不是停滯不
前的地方。當我們處於不適的狀態，身體就無法達到運作的
巔峰，在學習、創造、成長方面，也無法達到最佳表現。凡
是想獲得真正的茁壯成長，《別再跳脫舒適圈》正是必讀之
作。

—— **烏瑪‧納多**（Uma Naidoo）醫師，
哈佛營養精神醫學家、主廚、營養師、國際暢銷書
《大腦需要的幸福食物》（*This Is Your Brain on Food*）作者

好希望我在三十年前就讀了這本書。我在電影界賺了數

百萬美元，假如當初待在舒適圈，賺到的錢會是十倍以上。
　　　　　　　　　——**大衛‧薩克**（David Zucker），
編劇兼導演，作品有《空前絕後滿天飛》（*Airplane!*）、
《站在子彈上的男人》（*The Naked Gun*）、《驚聲尖笑3》
（*Scary Movie 3*）、《驚聲尖笑4》（*Scary Movie 4*）

　　本書會徹底顛覆你對成功、成長、舒適所抱持的想法。
克莉絲汀在方法、習慣、心態的轉變上，提出詳盡的說明，
不僅務實可行又深具洞見，幫助你擴展舒適圈，不用跨出舒
適圈。想要擁有更美好的人生，又不用付出身心倦怠的代
價，請閱讀本書吧！
　　　　　　　　　——**戴夫‧霍利斯**（Dave Hollis），
《紐約時報》暢銷書作者，《共好》（*Rise Together*）
Podcast 節目主持人

　　克莉絲汀藉由真誠、關懷、親身經歷的描繪來擁抱讀
者，同時讓讀者鼓起勇氣，輕鬆採取行動。在本書的幫助
下，讀者就能離開「自滿圈和生存圈」的現況，跨進令人雀
躍、力量強大的舒適圈。她的敘事風格充滿關愛，有典範轉
移的作用，讓讀者重獲新生。本書蘊含的智慧俯拾皆是，請
閱讀、練習並實踐吧。
　　　　　　　　——**尼勒許‧薩古魯博士**（Dr. Nilesh Satguru），
醫生、作家、高績效教練

克莉絲汀‧巴特勒把正能量的層次往上提升，教導人家把自己覺得舒適的狀態往外擴展，藉此達到高水準的成功。對於想達成夢想又不願身心倦怠的人來說，本書堪稱必讀之作。

——**艾登‧梅庫斯**（Ayden Mekus），演員與內容創作者

《別再跳脫舒適圈》是強大的重新組構，也是必要的提醒，促使我們遠離有害的忙碌文化，邁向健康、快樂又和諧的人生，這才是我們理應擁有的人生。

——**米歇爾‧C‧克拉克**（Michell C. Clark），
講者與作者

《別再跳脫舒適圈》的每一頁都散發著克莉絲汀的喜悅能量！她精心設計的路線圖清晰、簡潔又可行，讀者可以依循這張路線圖，達成目標和夢想，同時彰顯你在當下此刻的真實樣貌。她的言詞和方法會平靜地引導你、支持你，讓你徹底重塑舒適圈、擴展舒適圈，創造幸福人生。她聰慧過人！大力推薦！

——**艾莉莎‧柯維**（Elisha Covey），八位數企業家、
Podcast 節目主持人、企業顧問

這是革命性的著作，世人的思想和心靈都會因此有所轉變。舊有的意識型態認為做的事愈多就愈成功，但克莉絲汀打破舊有的意識型態，真正破解這道難題。她喚醒讀者，

讓讀者站在嶄新的視角去看待人生、存在、創造，還提供簡單又可逐步實踐的一套方法，讓讀者能夠立刻付諸行動，在人生中達到終極的快樂和內心的平靜。這份智慧是世人一直以來所渴求的，如今終於面世！在我過去十年來讀過的書籍中，這本是名列前茅之作，人人都需要一本。

—— **蘿倫・馬格斯**（Lauren Magers），
快樂人生系統（The Happy Life System）創辦人

克莉絲汀・巴特勒的《3 分鐘正能量日誌》（*3 Minute Positivity Journal*），讓我個人和我指導的學生運動員都獲益良多，所以我早已敬重並追隨她的作品與洞見。不過，《別再跳脫舒適圈》可說是真正讓人眼界大開。她闡述人們只要去接納並擁抱舒適圈，就能擴展舒適圈，而她的寫法別具啟發性又能引起共鳴，擄獲我的心。這份指南寫得十分精采，我們可以據此調整我們看待自己的目光，真正活出最美好的人生。

—— **多明尼克・莫恰努**（Dominique Moceanu），
奧林匹克金牌體操選手、《紐約時報》暢銷書作者、
多明尼克・莫恰努體操中心
（Dominique Moceanu Gymnastics Center）創辦人

序言

由此開始

關於待在「舒適圈」這件事，我希望你把所知的一切全都拋在腦後，因為現在正是時候，你終於要站在輕鬆、自然又舒適的地方，去創造你喜愛的人生，或許甚至是去達成你最遠大、最大膽的夢想。

有些人誤以為，待在舒適圈裡就無法活出美好人生，本書會揭穿這種錯誤的觀念。現在該顛覆過時的典範，轉而跨進嶄新的典範。

你覺得自己所在的地方還不錯，就此呆坐不動，這樣的地方才不是舒適圈。有障礙阻擋你實踐夢想的地方也不是舒適圈。其實，本書即將探討的舒適圈，是成長、可能性、喜悅的真正源頭。美好人生就在伸手可及之處，我想向你證明，你不用筋疲力盡，就能得到美好人生。

我在本書中要跟各位分享的內容，不是你常從別人那裡聽到的概念。其實，我要冒昧地說一聲，你一定沒聽過有人這樣談論舒適圈。我想要親自歡迎你接納這種嶄新的典範，你工作和玩樂的方式即將有所改變，而你的人生是舒適還是痛苦，是成還是敗，是退縮還是成長，端賴於此。

我在舒適圈外的人生

「如果只是做夢，哪裡都去不了，你一定要更實際一點。」這種話我小時候很常聽到，因為記憶所及，我一直很喜歡做夢。我的內心深處傳來召喚，我懷抱的願景比我自身還要遠大。我透過過於樂觀的態度去體驗這個世界，不管遇到什麼情況，都會快樂又盡力地找出一絲希望。就算處於失能、動盪、不適的人生時祺，我也依舊不改初衷。

誕生在這世上的頭幾年，母親出外工作，所以我跟祖父母相處的時間很長，而家族的艱辛處境，我並未把它內化成我身分認同的一部分。母親過得很苦，而我渾然不覺。我覺得你可以說，我這個人活生生證明了「無知便是福」。後來，我們從祖父母的住處搬走，我開始上小學，也開始感受到別人的反應。

每天早上，我走進教室，就被同學嘲笑，我的制服上有汗漬或破洞。我的制服通常是二手衣，一整個星期反覆穿，有時也沒洗。到了午餐時間，學生餐廳的櫃台小姐用同學都聽得到的大嗓門說：「你的午餐不用錢。」

下課時間，同學擠在鞦韆附近，大聊嗜好、有趣的活動、家族旅遊，他們往往有爸爸也有媽媽。這些事情從來就跟我無關，我母親是單親媽媽，領福利津貼，一個人養四個小孩。我爸那時已經離開我們。我小時候，有四個男的會叫我「女兒」，我爸不過是其中一個。

年復一年，別人說我不夠聰明、不夠瘦、不夠受歡迎，

這些指責和嘲笑我都忍過去了。然而，一直以來，這種「不夠」的訊息跟我內心感受到的深層靈性價值相互衝突。

不只是同學覺得我這個人不一樣，老師也注意到我的學習程度低落，對課程內容的理解速度也比不上其他學生，老是表現不佳，額外花時間教我。

家庭生活也不容易。其實，不管遭受多少排擠或嘲笑，有機會上學，我還是心懷感激。那個時候，學校算是避難所，在學校就算感到不適，我也習於乖乖忍受。

其實，別人都一直對我說，不適是好事。

老師說：「想要做大事，就一定要跨出舒適圈。」我祖父也抱持同樣看法：「過得太舒服，什麼事也做不成。」有一次上體育課，我在更衣室聽見某個女生對另一個女生說：「美麗是痛苦的。」

每個人好像都很贊同這個奇怪的觀念：一個人成功的程度和價值的高低，跟他願意忍受的痛苦程度、不適程度多少有所關聯。按照這種觀念，若我想要改變自身的處境，就一定要跨出舒適圈，並且感到不適。

儘管面臨重重挑戰，但我確實想要改變自身的處境。我長大後，想做大事，幫助別人，讓這個世界變成更美好的地方。這個真理深植我心，但身邊的人對我的目標和願景卻不太有信心。

我首次的嘗試是在習作課上寫一本講述林肯總統的假書，我把它交給三年級老師，大聲說：「有一天，我會寫出真正的書，那本書會改變世界。」我還記得她那副嘲諷的表情，

她那道鄙夷的笑聲所透露的言下之意，比什麼話都還要大聲。
她說：「克莉絲汀，你閱讀寫作能力很差。在我的課堂上，你
連一本小說都無法從頭到尾讀完，你永遠也寫不出書來。」

回首當年，我發現一件事，我的真實樣貌，還有我覺得
理所當然的一切，向來都飽受批評。我要是喜歡說話，就會
被說太吵，或者話太多；我要是沒辦法立刻消化某個概念，
就會被說反應慢，或者缺乏技能；我要是嘗試領導別人，就
會被說很愛發號施令；我要是嘗試為自己挺身而出，就會被
說太敏感。當時的我還是信心滿滿，但是一年一年過去，我
愈來愈放任外在世界的意見削弱我的自我形象和自我價值。
最後，我開始抑制我所有的天賦，甚至開始認為自己「太過」
小女生，資源太少，什麼事也做不成。我質疑自己：「我是誰
啊，竟敢想要更多？」

可是，我真的想要更多。那麼有什麼辦法呢？我該怎麼
改變命運、獲得成功？根據我所知的一切，我覺得自己知道
答案：「要更努力工作，要更感到不適！」

我跟很多人一樣，把這句話銘記在心，把自己丟進這種
生活方式。如果要努力工作、過得不適才能達成夢想，那麼
我會把吃苦當成是自己的一部分。每當我意識到內心有了不
想吃苦的念頭，就好像聽見我敬佩的人說：「你一定要跨出舒
適圈。」這樣一來，我就會覺得自己過度的辛苦獲得認可。

就算討厭那種感覺，我還是對自己說：「看吧，我走在
正確的道路上，也許我需要更遠離舒適圈，才會覺得更好過
一點。」

　　這種生活方式有個危險的副作用，那就是我愈感到不適，我的個性就愈會不經意地去努力討好別人，以求獲得關愛、接納、認可。當我發現自己可以戴上面具、用微笑掩飾自己肩上的重擔，我還以為自己很聰明，當時的我，覺得那是很厲害的生存機制。

　　我渴望突破自身的處境並達成遠大的夢想，而這份渴望在我上高中後變得更強烈。我一定要成功！所以我把內心覺得一定要做的事情全都做了，極盡所能去忍受一切的不適。我每天清晨五點起床，對目標變得十分執著，想也不想就討好別人，開始減重，一天運動兩次，同時仔細研究我擁有的每一個機會。

　　我付出的努力帶來驚人的成果。我開始讓老師刮目相看，在班上的成績也接近名列前茅。我的體重開始減輕。同學都開始接納我，跟我交朋友。我對自己說：「我終於破解成功祕訣了。」

　　把自己逼到極限，成了一種執著，而我還以為這樣就能帶領我往夢想邁進。於是我把痛苦埋藏起來，在波濤洶湧的人生海洋上，「更努力工作」成為我的錨，讓我穩住。只要我繼續逼迫自己遠離舒適圈，我就不需要有才能或技能。我只需要努力再努力，撐過不適感，掩蓋日益增長的內在壓力和焦慮感。

　　然而，就算我過著這種不平衡的生活，但我深深覺得，我做出的選擇真的沒有道理。不適的狀態會造就舒適的人生，我內心質疑這個邏輯，但就算這樣，我還是無法清楚把

這樣的直覺表達出來。此外，由於我目睹自己在歷經不適後獲得進步，所以就加倍投入於讓自己處於更不適的狀態。

大學期間，我排滿課程，在大學雜誌找了一份工作，開始做起網路生意，把社交生活縮減到最低程度。我還是戴著面具，遮掩未治癒的過往去努力。我偽裝為成功人士，追逐成就，還以為自己終於找到真正有用的方法。

表面上看來，我的狀況很不錯。我住在宿舍，我擁有自由，我提早到教室，我被選為優秀學生。沒人看見我的內心出了什麼狀況，我的內心充斥著恆久的痛苦和壓力，感受到的壓力也愈來愈難以忍受。

最後，因為我沒有方法可以讓自己一直保有正能量，身上背負的重擔釋放不了，也治癒不了，更無法應付我給自己的壓力，所以我的人生開始崩解。我把自己逼到身心倦怠，表現出來的症狀有荷爾蒙失調、體重增加，甚至極端焦慮的狀況幾度發作。上課的時候，我開始出現恐慌症發作的狀況，這是我從未經歷過的事；我會立刻起身離開教室去廁所，等發作完了再回教室。我心慌意亂，疲憊不已，最後不得不休學，告別大學生活。

我當然心碎不已，認為失敗很丟臉。在腦海裡，我聽到「沒有痛苦就沒有收穫」的諺語。我回到自己所知的唯一途徑：任由熱忱、行動、不適這三者進一步刺激我往前邁進。

我那強迫生出的韌性，讓我處在一種狀況中，我現在把它稱為「生存圈」。在那裡，我在逆境中生存，不管碰到什麼情況都盡力而為。雖然無法繼續住在宿舍，但我還是往前

邁進，學著在自己的公寓裡工作。我製作網站，利用社群媒體，變成 eBay 的超級賣家。我對自己在做的事情再次樂在其中，同時卻忽略內在的一些跡象，比如壓力、倦怠、不堪負荷等。

我的腦海裡播放著這樣的主題：「克莉絲汀，你一定要不斷跨出舒適圈，這是唯一的途徑。」每次一達到極限，我就逼自己跨越極限。我很以自己為榮，畢竟我順利「做到了」，拒絕放棄夢想。如果我需要學會某種技能，我就努力學到精通；如果我的眼前出現機會，我就孤注一擲。休息、停機時間、自我照顧、樂趣，這些要素很少是我等式裡的一部分。我總是再努力一點，把自己再往上提升。

我還要再出現幾回身心倦怠的狀況，才會開始把內心那道沉默的聲音給聽進去，那道聲音一直質疑著我：「有必要忍受這麼多的不適嗎？」其實，非得等到我完全跌到谷底並放棄人生，那些逼我忍受不適的一堆聲音才會安靜下來。

當時的我才二十幾歲，卻把自己逼到心力枯竭，再也沒有什麼能夠給出去了：對自己、對別人，我再也無法付出。我憂鬱、緊張、肥胖、破產、茫然又迷惘。我把自己逼到遠超過極限程度，疲憊不已。其實，我把自己從「生存圈」裡給推出去，進入我現在稱為「自滿圈」的地方，導致我的健康狀況崩潰。我會在第 3 章更詳細解釋生存圈和自滿圈，現在你只要知道一點，那就是待在自滿圈，就會被恐懼支配，我躺在床上好幾個星期。我人生的各個方面都崩解潰散，活著，就只是設法撐過一天，又一天，而且往往是要撐過一小

時，又一小時。我全部的時間都在床上度過，沉溺於負面情緒，比如擔憂、怪罪、怨恨、憂鬱、焦慮等。我掉進很深的黑洞，失望又自我厭惡，不曉得該怎麼爬出來，甚至也不知道有沒有方法爬出來。

我記得第一次接受治療是大約二十五歲的時候，當時的我住院，經醫生評估後，必須接受治療。家人跟醫生說，我想輕生，思緒煩亂，無法下床。

第一次進入診間見治療師，我不知道會有什麼情況。我覺得很難為情，不太想把自己的人生故事說出來，但終究還是說了出口，結果，那是個療癒的一晚。我稍微吐露身上背負的重擔，這輩子第一次把痛苦和內心的羞愧感訴諸言語。淚水和如釋重負的嘆息聲把我吞沒。治療師的回應出乎我的預料。

「你有沒有看過《怪胎一族》？」她問。她是指當時正在重播的熱門電視劇。我跟她說，我看過。

「好，」她繼續說：「你就像劇中的角色瑪麗蓮，你很正面又正常，只是需要更活出自己。」

我這輩子第一次覺得有人懂我。

問題不是出在我這個人身上，不是出在我怎麼看待這世界，更不是出在我覺得哪件事有道理或沒道理。問題出在於我否定自己，還忽略內心的指引和直覺。我就像《怪胎一族》的瑪麗蓮，也很「正面又正常」，卻屈服在「我錯了，別人沒錯」的觀念底下。我確實打造我的人生、我的世界觀、我的成功計畫，可是這些都是聽從別人意見、害怕別人嘲笑才打

造出來的。

　　體悟到這點以後，我不再那麼認真看待外在的意見，還讓自己回歸到真實的面貌。以前的我放任別人在我身上貼一堆標籤，後來的我撕掉標籤，順從內心的真實感受，終於可以回歸自我。我獲得莫大的撫慰，再也沒有回頭，我的療癒旅途和深度個人成長工作，就此開始起步。

回到舒適圈

　　我分享自己的人生故事，是要幫助你體會到，想要獲得成功，不需要過得不適，不用老是覺得壓力大、緊張又擔心。

　　但令人遺憾的事情是，這樣過著不適日子的人，並不是只有我一個人。儘管有一大堆的心靈勵志和正向思考的資料，但是根據研究顯示，半數以上的美國人每天都會感受到壓力、擔憂或挫折。前陣子的蓋洛普調查更是發現，每五位美國人當中，就有一位「感到非常緊張或憂鬱，無法繼續從事固定的日常活動」。在這個時代，過勞會獲得回報和讚美。在現今的社會，大家都把享樂和休閒往後延，把更多的工作視為優先，而這樣的想法竟然被認為是完全正常的。如果你為了家人請假，或休假出遊，那麼在那段期間裡，壓力感或內疚感往往伴隨而來。

　　本書會不時提起我的人生故事，會更詳細描述我怎麼離開壓力與過勞的循環，進入心流狀態，那裡是我真正的舒適圈。至於是哪些具體的方法和技巧對我有幫助，我會在書裡

跟大家分享，希望這些方法和技巧也會對大家有幫助。我還會分享別人的成功故事，而他們獲得的那種成功，也正是我開始待在舒適圈後，終於也能獲得的那種成功。只要各位待在自己的舒適圈裡，也能夠獲得那種成功。

目前的社會採用「跨出舒適圈」典範，造就一堆壓力超大的工作狂，他們多半時候都緊張不安又不滿足。我有點嚇到，竟然有一堆人寫信給我，說他們好想休息一天（或一星期）恢復精力，可是一旦有了這個念頭，他們就感到內疚。憂鬱症和其他心理疾病日益增加，恰好反映出這種生活方式。

雖然今天的社會跟以前的社會截然不同，但社會的運作還是基於舊有的信念系統和價值觀，而舊體制在今天已經行不通了。人們依舊對你說：「你不成功，是因為你逼自己逼得不夠緊。」

可是，我要請你提出一個問題：「你真的需要『跨出舒適圈』嗎？」

在這裡我要說，我經歷過，也實踐過，但那套做法沒有用。

不適的狀態不會促使你有所成就或表現卓越，反而會導致你的內在資源消耗殆盡，讓你原本就面對的問題變得更嚴重。

追逐著不適的狀態，就會被拴在不適的狀態。真相是：你感到不適，就無法創造圓滿人生。

儘管社會對於舒適圈的話題有著一套錯誤的說詞，但是我讓自己待在舒適圈裡以後，才終於可以治癒過去的創傷，創造出我一直想擁有的人生，而且是按照我的主張去做。我

做的時候是處於心流狀態，我自己的心流狀態。我按照自己的步調做，聆聽自己的身體，有需要就慢下來，尊重我的需求。我體會到，在我的頭頂上方，沒有時鐘滴答作響，提醒我快要太遲了。我獲得真正的力量，而我真正的本質，也就是我真實的面貌、我在這裡的原因，還有我應該做的事情，這真相唯有我能看見、感受並創造，並且允許它蓬勃發展。

> 追逐著不適的狀態，就會被拴在不適的狀態。真相是：你感到不適，就無法創造圓滿人生。

你正在拿著的這本書，是我在舒適圈裡（不是外面）打造夢想人生時，學到的一切累積得來的成果。當你逐頁翻閱時，我希望你也會因為花時間待在舒適圈，而開始覺得愈來愈舒適。

你一踏進舒適圈，就會覺得奇怪，當初一直待在舒適圈外面，到底是怎麼做到的？最後，你會獲得內在的智慧、創造力、使命感。在舒適圈裡，你會舒適又真誠地發揮正能量的力量。當你對自己所在的地方感到舒適，就會變得更有創造力、更有活力、更有信心、更有力量。

待在舒適圈裡，我的人生有所改變，還是正面又明顯的變化，很多人可能會把我的人生旅程說成是奇蹟。你再怎麼

低潮，也不會比我十五年前的感受還要低潮許多。現在的我卻能透過我的品牌「正能量的力量」（Power of Positivity），啟發全球各地數百萬人，「正能量的力量」已經成為各式各樣想法的全球匯聚中心，追蹤人數超過五千萬。我沒仰賴藥物，就打敗對抗多年的重度焦慮、恐慌發作、憂鬱；我的體重減輕一半，比以前還要健康；醫生說我永遠沒辦法生小孩，但後來我生了兩個漂亮的女兒；我原本破產，後來財務富足；我原本失業，後來成功創業，從事我喜愛的工作。

我實踐內心的熱忱，實現我的使命，把真誠的自我展現給世人。我發自內心感到快樂。

當然了，我還在成長，還在學習，還在轉變。雖然我的人生還是有著需要處理的挑戰與改善的地方，但是我在這趟旅程裡十分快樂，也心懷感激，因為我的成長再也不痛苦，再也不用付出健康和人際關係的代價。在舒適圈裡，我的成長像呼吸一樣自然，成長是我的一部分，自然而然發生。

撰寫本書的原因

想像一下，你一直想做的事情，你全都做到，也不會損及內心的平靜、健康、壽命、關係、快樂。想像一下，在更少的壓力下，善用更多的心流，創造出富足又圓滿的人生，不用覺得一定要費盡千辛萬苦。

這種輕鬆達成又呈現指數成長的擴展，是我在舒適圈裡有過的經歷，希望你也能擁有同樣的經歷。這就是我撰寫本

書的原因。

　　我雀躍不已，我們會一起踏上旅程。我也很有信心，只要你運用我在本書提出的方法，你就一定會成功。只是要注意，本書不是要你選擇我走的路，而是請你開闢自己的路。你的舒適圈自有獨特之處，所以你的舒適圈會是什麼樣子，全要靠你自己找出來，這樣一來，你就能跟舒適圈培養終生又健全的關係。

　　我對於你這個人、你的夢想、你走的那條獨一無二的路，都有信心，而你也該相信自己！我很有信心，在舒適圈裡，你一定會找到真實的自我，會愛上自己的真實樣貌。要在人生中茁壯成長，舒適圈是最好、最有成效、最愉悅的那一條路。

　　我們來到地球上，不是為了受苦，也不是只為了生存。我們是極其強大又廣闊的一種存在，有能力去體驗莫大的喜悅、幸福感、自由、愛。

　　我在舒適圈已經待了十年以上，因此我十分確信，只要好好利用舒適圈，就能創造快樂又圓滿的人生。我還調查、研究其他快樂又茁壯成長的成功人士，並且觀察到他們也都待在舒適圈裡，有時他們甚至沒意識到自己是在舒適圈裡。

　　我終於體悟到，人類天生就會努力活得舒適。對於人生中的每一件事情，我們幾乎都會加以簡化又條理化，以便創造出更多的舒適感。活得舒適，其實是人類固有的存在狀態。

　　逼自己跨出舒適圈，就是一種自我否定。所以當你堅持待在舒適圈外，就會覺得迷失了自己。在長期的不適狀態

下，你對自己的直覺、價值、被愛的能力，就會產生質疑。
當你逼自己跨出舒適圈，就會開始對自己、對別人失去信任
感，對自己的能力失去信心，還會開始把這世界看成是危險
又有威脅性的地方。

> 本書不是要你選擇我走的路，而是請你開
> 闢自己的路。你的舒適圈自有獨特之處，
> 所以你的舒適圈會是什麼樣子，全要靠你
> 自己找出來，這樣一來，你就能跟舒適圈
> 培養終生又健全的關係。

在舒適圈這個地方，可以感受到最深刻的圓滿感，所以
我才會這麼熱心分享我在舒適圈的發現，以及待在舒適圈裡
的方式。我希望你活出夢想人生，同時又感到舒適、安全、
有信心又圓滿。你的夢想跟我的夢想也許看來不同，你也許
想要拿到學位、建立家庭、轉換事業跑道、克服疾病、鍛鍊
身體、擁有住所、把嗜好當成事業、學習語言或環遊世界。
待在舒適圈裡盡情創造，有個很棒的優點，那就是不管你有
什麼渴望，只要待在舒適圈，就都行得通，還能配合人生的
起落，隨時調整。其實，舒適圈好比是錨，就算外在處境波
濤洶湧，也不會有一絲動搖。無論你處在人生中的哪個位
置，無論你正在做什麼，只要進入舒適圈，就會輕鬆穩步地

邁向你的每一個渴望，同時感到舒適、有信心又平靜。

但願你也能有同樣感受。

但願你明白，不管內心渴望什麼，都能得到。

但願你快樂，就算面臨挑戰，也會愉快因應。

但願看見你快樂活出夢想人生。

但願看見你運用人生之流，盡情揮灑創造。

但願你在舒適圈就能做到這一切。

本書的使用方式

開始閱讀本書時，我希望你相信全新的開始具有強大的力量。沒錯，改變確實很可怕，但是在舒適圈裡做出改變，其實會令人雀躍不已。

閱讀本書的最佳方式，就是從頭開始，按照順序逐章閱讀。當我們閱讀時，有時先跳到後面的部分會很有趣，但請不要在閱讀本書時這麼做，我分享的概念都是奠基於前面的章節。本書內容分成三大篇：

在〈Part I：為什麼舒適感很重要〉，我描述哪些想法、研究、故事，促使我的旅程進入舒適圈，幫助我寫出這部作品。希望這些章節會啟發你不斷更深入鑽研本書內容，這樣你就會學到在舒適圈裡茁壯成長的方式。這些章節還會介紹一些大概念，我們會不時回頭加以探討。這類的概念包括「局限的信念」、「三個人生圈」、「用『舒適圈流程』來創造人生」。請把這些章節想成是我們正在一起建造建築物的地基。

　　在〈Part II・用「舒適圈流程」來創造人生〉，我講述需要了解的所有概念、方法、技巧，幫助你在舒適圈茁壯成長。這部分的內容是本書的重點，還提出強大的3步驟過程，過去十年我就是運用這個過程，在安全的舒適圈裡，創造我的夢想人生。

　　讀完這兩篇，就可以進入〈Part III：成為舒適圈專家〉，Part III提出其他的方法、想法、過程，幫助你把「待在舒適圈裡」變成長久的習慣。我在這裡分享的策略，都是我實際用過的策略，它們有助於強化我的各種關係，而不會損害關係。就算我選擇的生活方式跟多數人能接受的生活方式截然不同，這些策略還是很有用。

　　很多章節都附有練習，可以用來擴充你學到的知識，更貼近你會碰到的實際情況。要獲得最大的好處，請在開始閱讀本書時，在旁邊放一本空白的筆記本或日誌，還要有一枝筆。每閱讀完一章，一有念頭、頓悟時刻、想法，就趕快寫下來。當你進行到練習的時候，請暫停一下，然後在日誌上面完成練習。

　　請你務必要練習。我在本書分享的概念，你若想要真正理解並付諸實踐，就一定要願意親自去做才行。在日誌上練習以後，就能探究出你跟這些概念之間的關聯，找出你可能會碰到的阻礙，然後解決它們，這樣你的旅程就可以開始起步，幫助你待在舒適圈裡盡情創造。此外，很多練習都是以前面練習寫下的答案做為出發點。

　　讀完本書並做完練習以後，可以回頭翻看。只要跳到

各個部分，就能想起內容，也可以重做練習。然而，在這之前，強力建議你依照順序閱讀。本書的用意是要帶你踏上內在的旅程，和緩引導你進入舒適圈盡情創造。

最後，在你細讀本書時，務必要跟我和「正能量的力量」社群相互交流，請分享你的念頭、頓悟時刻、見解，讓我們的社群成為你的盟友。為了在這條路上協助你，我的團隊和我整理出資源網頁，在那裡，你可以下載其他資料，還可以閱讀一些啟發人心的故事，看看人們怎麼在舒適圈裡採取行動，怎麼跟我們的社群相互交流。詳情請造訪 www.thecomfortzonebook.com/resources。

我很想看見你開始起步！我們一起探究吧！

本書附有「留在舒適圈更成功的27個簡單練習」，一步步帶領讀者，創造自己「真正熱愛的人生」。請自行掃描 QR Code 下載檔案，搭配本書內容來練習，效果更佳。

相互交流的四大方式！

我們正在進入令人雀躍的嶄新領域，願你在這趟旅程中，沒有一分鐘感到孤單。那麼我們就利用以下的方式相互交流吧：

1. 在你最喜歡的社群媒體tag我／加我朋友。請打個招呼並宣布你要踏上旅程，只要上傳本書相片並Tag我（@Positivekristen）就行了。

2. 把「Comfort Zone」（舒適圈）這個詞用簡訊傳送到828-237-6082（適用於美國和加拿大居民），就能免費獲得靈感。

3. 分享你感到舒適的地方。成為你所屬社群的創新者，並且分享你「在舒適圈裡」（in the zone）的相片！Tag我，並使用 #comfortzone 主題標籤。

4. 加入舒適圈社團。跟當地和各國具有遠見且正在閱讀及應用本書的人們相互交流！請造訪我們的網站：thecomfortzonebook.com/club。

附註：既然有了聯絡方式，隨時來打個招呼吧！當你出現頓悟時刻或喜愛某句名言的時候，請不吝分享，並且tag我。我會盡量留意大家分享的圖文！

Part I

為什麼舒適感
很重要？

舒適圈就是讓你有安全感、感到輕鬆、毫無
壓力的地方。在舒適圈，你可以充分活出自
己，不用擔心受怕。舒適圈是你內在的住
所，也是你的庇護所。

第 1 章

「一定要跨出舒適圈」
是錯的

「你一定要跨出舒適圈。」這令人厭倦的短語，像常識那樣經常有人提起。這句話反映出我們在社會中達成的共識，大家覺得處於舒適狀態很難為情，彷彿滿足感跟進步會相互牴觸。

「你的夢想是在舒適圈的另一面。」這句話成為我們的真言，結果壓力和焦慮成為我們平常的存在狀態。

高生產力、競爭力、過勞，全都流行起來。很多人沉迷於擬定更遠大的目標，逼自己跨出舒適圈，冒著莫大的風險，就為了有所進步。我們擺出「日夜不斷工作到疲憊不已」的態度，好像那就是別在身上的榮譽勳章。我們還覺得有件事無法改變，那就是：多數人都是壓力大到身心緊繃。但在同時，我們又有壓力，要自己能夠保持正面、平靜、健康，還要維繫有意義的關係。

如果你覺得這種意識型態好像違背你對快樂、圓滿、人生使命的直覺，那麼你想得沒錯！你不可能把自己逼到極限，同時又處於幸福狀態。也許你會達到目標，但要付出什

麼代價？而且這樣做，你是會真正享受這趟旅程？還是把快樂往後延，等到抵達終點再得到快樂？然而，把快樂往後延的話，快樂也許再也不會來到你的面前。

處於舒適的狀態，到底有什麼不好？讓舒適和進步相互排斥，你會得到什麼好處？

在我看來，你什麼也得不到，反而要放棄大部分會讓你想活下去的事物。**要是為了追求成長而拋下喜悅，那麼你就會忘了，成長原本應該要讓你有活著的感覺，要讓你在達到目標後感到活力十足，甚至是精神振奮，不會疲憊又倦怠。**

那麼進步和舒適可以同時存在嗎？我知道兩者可以同時存在。在我自己的人生，在別人的人生，我都看見兩者同時存在。然而，你要怎麼為自己創造這樣的人生呢？在本書中，你會學到方法。

我希望你學會跟真誠的自我培養關係，在你所在的地方，發揮真實自我的力量。我希望你不要聽從別人提出的成功建議或成功路線圖，你要製作自己專屬的可靠藍圖，打造出你真正想要的人生。畢竟，最了解你的人就是你自己，對吧？要取得這張特有的藍圖，你就必須待在舒適圈裡。

你也許會心想：「好啊，可是藍圖在哪裡？而且，是什麼樣的藍圖？」

所謂的舒適，就是一種輕鬆自由的狀態，沒有辛苦的掙扎。其實，舒適感就是你每次解決問題時努力追求的東西。人類發明輪子，是為了努力追求舒適感；人類利用木頭磚塊，打造出可以居住的建築物，也是為了努力追求舒適感。

看看周遭吧。你覺得有什麼東西不是用來讓你的人生更舒適？椅子、桌子、枕頭、遙控器、你手中的書本的裝訂、你的筆的設計，這些全都是用來讓你的人生變得更舒適。

「舒適圈」是讓你有安全感、感到輕鬆、毫無壓力的地方或情況。在舒適圈，你可以充分活出自己，不用擔心受怕。舒適圈是你內在的住所，是你的庇護所，是你的安全處。在舒適圈，你就會有信心，而且沒錯，你還會感到舒適。

> 要是為了追求成長而拋下喜悅，那麼你就會忘了，成長原本應該要讓你有活著的感覺，要讓你在達到目標後感到活力十足，甚至是精神振奮，不會疲憊又倦怠。

我們全都想要茁壯成長，想要找到長久的快樂、更大的圓滿、內心的平靜，還想要更快達到更好的結果。我深信，你這輩子想要的一切都能輕鬆達成，只要你從安全的舒適圈往目標邁進就行了。學習怎麼持之以恆做下去，就是本書的宗旨。

成功與舒適圈

「不舒適才能達成夢想。」這個想法向來無法引起我的共鳴，所以過去二十年來，我才會一直觀察舒適與成功之間的

關係。

從小我就敬佩成功人士，記得國中寫作文的時候，老師說：「隨便挑選一個詞，用它當作主題，寫十頁的作文。」一聽到要用一個詞當作主題，耗費不少心力寫出十頁的作文，同班同學多半一臉沮喪，可是我一想到要探討成功這個詞，就雀躍不已。當時還沒有Google，所以等於是天賜良機，讓我可以藉機廣遊圖書館多加學習。我出身貧困，天生就想知道成功人士是靠什麼才成功，想知道成功人士為什麼成功。我的內心懷抱著夢想，也心知肚明，想達成夢想的話，就必須走出去，親身實踐夢想。不過……該怎麼做呢？

長大以後，只要是以成功為主題的內容，不管是什麼，我全都讀了。經過深刻的鑽研，我認為成功人士分成兩種：

1. **快樂的成功人士**：過著茁壯成長又真正圓滿的人生。
2. **壓力大又過勞的成功人士**：過著犧牲一切的人生。

我心裡明白，這兩種成就之間肯定存在著一些關鍵的差異。雖然我不確定具體的差異有哪些，內心卻十分篤定，我想成為第一種人。

然而，當我探究成功人士做了哪些事才獲得成功，有句老生常談卻迴盪在我心中：「你一定要跨出舒適圈。」

我不斷逼迫自己，獲得出乎意料的回報，但在親身經歷這番過程後，我內心卻很清楚，一定有更好的方法。這道難題，我一定要破解。

年復一年，我觀察並研究多數人難以想像的成功人士精采生活，也研究極不快樂、連微小目標都難以達成的人。

到底是什麼原因讓這兩種人有了區別？

這兩種人抱持著什麼樣的心態和信念系統？

這兩種人採取行動時，是在舒適圈外？還是在舒適圈裡？

對於「待在舒適圈裡」的意思，我的內心逐漸形成新的認識，而對於成功跟舒適圈相輔相成的樣貌，我也開始形成自己的看法，而這個看法跟我讀過的所有內容恰好相反。

我的發現很有意思，恕我直言，這項發現足以改變人生，千真萬確！

我發現到，輕鬆達到最狂妄夢想的成功人士，投入最多的活動，都是他們覺得自然又舒適的活動。當他們投入不熟悉的新事物時，就會運用本書提及的一些方法（例如適應、搭支架、想像等），用心去拓展自我，並擴展目前所在的舒適圈，把目標與夢想包納進去。成功人士會去展望更壯大的自己是什麼模樣（我把這稱為擴展的自我），會去採取特定類型的行動，藉以創造吸引力與動力。在後續幾章中，我會帶領讀者學習及練習這些技巧與方法，以及其他技巧與方法。

我仔細探究待在舒適圈裡過著圓滿人生的成功人士，並做出以下的重要結論：我們對於舒適圈的定義與認識，其實是錯誤的，或者最起碼可以說是不完整的。沒錯，若要獲得長遠的成功，就不能待在舒適圈外，而是要待在舒適圈裡。在人生的旅途上，愈是樂在其中，就愈快達成夢想。

從童年時期到青年時期，我都會因為想過得舒服一點而感到難為情。我逼迫自己遠離自然舒適的狀態，其中一個原因是我以為想輕鬆過生活是不對的念頭。

美國知名勵志作家吉格・金克拉（Zig Ziglar）有句名言：「成功之路沒有電梯可搭，必須走樓梯。」這句話有些道理，要持續不斷跨出一小步又一小步，才能走向成功。不過，這句話蘊含的費力、辛苦、勤奮的意義，並未反映出待在舒適圈裡可以獲得的圓滿成功。這樣的圓滿成功跟你的使命會協調一致，所以人生旅途帶來的感受，會神奇得像是搭電梯衝上摩天大樓的頂樓。

我想搭電梯衝上成功頂峰，如今我對於這個念頭再也不會感到難為情。我希望各位可以待在舒適圈裡，用輕鬆愉快的方法獲得成功並達成夢想，並且對於這個念頭同樣心安理得。

在探究本書提出的全新舒適圈理論之前，讓我們先看看舊有的理論錯在哪裡。

舒適圈為什麼被誤解？

為了獲得成功而跨出舒適圈，並不是什麼新穎的想法。然而，二〇〇八年，企管理論學者艾拉斯戴・懷特（Alasdair White）發表〈從舒適圈到績效管理〉一文，講述他在這個主題上的發現，此後這個想法就成為主流。

懷特的文章強調三項不同的研究，以全新方式闡述這個

老生常談，明確主張人們唯有跨出舒適圈才能達到最佳表現。

根據心理學家的定義，舒適圈是「人在焦慮中立的情況下所處的行為狀態，會運用為數不多的行為來達到穩定的表現，通常不會有冒險的感覺」。此外，心理學家認為，雖然過度的焦慮感具有削弱的作用，有可能會讓人失控，但是一定程度的焦慮感，卻可以促使我們改善自己的表現。然而，多少程度的焦慮感會帶來好處，多少程度的焦慮感會造成危害，卻有很大的灰色地帶。

在懷特發表文章的那個年代，這種講述舒適圈的見解可以說是十分新穎。懷特只是採用心理學家對舒適圈的認識，更進一步去塑造社會對舒適圈的定義。懷特在這場對話交流裡做出的重大貢獻，就是定義人們達到最佳表現時所在的圈子，他把這個圈子稱為最佳表現圈，並且放在舒適圈外。

之後有數以百計的文章、迷因、勵志的貼文、金句名言陸續呼應這種觀點。網路上有一堆人說，要達到最佳表現，就一定要跨出舒適圈。而這個主張多半沒有受到質疑，但現在情況有了變化。

我們現在就要來仔細探討，這樣就能開始提出質疑。

想像一下，你夢想的工作跟你現在從事的工作並不相同，也許是成就的程度不同，甚至是領域不同。現在想像一下，你這輩子都聽別人說，要得到你想要的東西，就一定要跨出舒適圈。那你要怎麼知道自己已經跨出舒適圈？嗯，根據你從別人那裡聽來的說詞，那就要看你願意承受多少不適感，願意忍受多少壓力。

於是你開始從事一些費力的工作，做一些你覺得不自然的事情。你甘冒風險，也許甚至會額外付出時間和金錢，以求達到目標。你把自己逼到超過極限，並且「孤注一擲」。

你覺得壓力很大，對自己說：「這樣很好！我努力付出，會有回報。我一定要不斷跨出舒適圈。我就快要達到目標了！」

你也許會跟親朋好友聊說，自己是怎樣忙碌，付出多少努力，這樣將來有一天就不會這麼忙。將來會有回報，一定要有。

一段時間過後，有些工作可能會變得容易一些；有些工作令你生畏，但你還是逼自己完成工作。不久之後，你開始感到倦怠。你應該做的事情，你愈來愈沒動機去做。而你完成的工作，卻不一定帶來預期的結果。你更用力逼迫自己，以為自己離舒適圈可能不夠遠，所以才沒成功。

你一直處於不適的狀態，最後你經歷的壓力和焦慮感成為你既定的存在狀態。不久之後，你開始以為活著等同於過勞，以為恐懼感是自然又必要的人生同伴。在極少數的情況下，你的身體會關機，迫使你休息，但你卻覺得自己懶散、沒生產力、自滿，甚至感到內疚。

你想要的那份工作，你也許拿到了，卻又立刻心生不滿，因為你現在已經習慣不去停下腳步珍惜手中擁有的事物。現在的你總是處於壓力狀態，因為有壓力就表示有進步。你成功改寫自己的腦袋和人生，踏上阻力最大的途徑，因為你認為壓力感等同於活著，滿足感等同於死亡。你也許會說這種話：「等

我死了再休息。」也許還會把內心的抱負當成是燃料，逼自己落到疲憊不堪的地步。

這可怕的情境實在太過熟悉。你也許這樣活過，也許現在就是這樣活著。你也許親眼目睹周遭的人們是這樣過活。這種生活方式已經成為我們的一部分，我們甚至不會停下腳步、提出質疑。你說：「要獲得成功，我就要過得不舒適才行。」然而，你從來沒有停下腳步，去檢驗這句話是不是正確無誤。

在我看來，這是一種落後的心態，而大家在廣為接受這種心態後，造就出落後的世界。

如果你對此有所懷疑，就看看平常會發生的以下例子吧：

- **我們頌揚努力工作和犧牲**。我們不惜一切代價，努力達到目標。然而，沒有人會在臨死的時候說：「要是我之前有更努力工作就好了。」我們反而會後悔沒有花更多時間陪伴家人，沒有更常放鬆，沒有更常旅行，沒有更常跟別人交流，沒有去做更多讓自己感覺很好的事情。由此可見，在一個方向正確的世界裡，我們會把關係、交流、放鬆、自己喜歡的事情全都視為優先事項。相反地，在落後的世界裡，我們隨時願意犧牲自己覺得最珍貴的事物。

- **我們在自身之外，尋找著通往夢想的途徑**。然而，唯有我們自己，才掌握著我們尋求的方向。在一個方向正確的世界裡，我們反求諸己，找出神聖的指引。不

過，在落後的世界裡，我們不信任內心的指引，反而
期待別人為我們指出方向。結果，很多人都覺得自己
茫然失措又不快樂。

- **我們大部分的時間都在專注探究周遭世界出了什麼問
  題，什麼地方不順利，我們反對哪些事物。**我們每天
  隨時都會打開電視，還花好幾小時把心思全放在周遭
  可能會發生的最壞情境。然而，我們同時也承認我們
  有自由意志，可以把注意力集中在某個地方，創造自
  己的現實。如果注意力和心力多半都在集中觀察什麼
  地方不順利，那又怎能創造出美好、公正又廣闊的世
  界？在一個方向正確的世界，我們會著眼於辦法，不
  會聚焦在問題上，因為我們都曉得，要是聚焦在問題
  上，就只會產生更多問題。

待在落後的世界裡，有個危害很大的特點，那就是落後的
世界會頌揚不適，還羞辱那些選擇待在舒適圈裡的人。

多數人在絕大多數的時間裡似乎都覺得人生很不快樂，
這難道不奇怪嗎？

我們對於自己所在的地方、自己的真實樣貌、自己在做
的事情，長久感到不快樂，這個情況其實是因為我們對抗舒
適圈而直接導致的結果。這實在蠢透了。

好比我們站在房間的中央，房間擺滿最美味的佳餚，我
們卻不願吃，反而堅持走到外面的荒野，以採集和狩獵的方
式，取得我們該吃的東西。這種做法毫無道理，卻成為大家

認同的意識型態，引導著我們的人生和決定。

在落後的世界，我們以為舒適感的意思是自滿，但其實自滿自成一圈，第3章會探討。

在一個方向正確的世界裡，當我們一跨出舒適圈時，就能馬上對此有所認知。此外，因為**我們知道自己的真正力量是在舒適圈裡，所以我們會把回到舒適圈視為優先。**在方向正確的世界，我們全都待在舒適圈裡並擴展舒適圈。在舒適圈裡，我們會擁有安全感、相通感、平靜心。在這種生活方式下，生活中與社會裡的大部分衝突就會大幅縮減，甚至也許會消滅殆盡。人類是多元的種族，肯定會意見不合，但是在舒適圈裡，我們會擁有充分的安全感和信心，可以表達自己的喜好，同時又不用攻擊別人。只要我們能表達並滿足內心的需求，也就能更寬容地看待別人的喜好。

待在舒適圈裡，就會獲得自由，並且處於心流狀態。只要讓自己展現真實樣貌，就可以基於自身的使命，自由做出選擇。

不過，在一個希望我們聽從別人的系統、想法、理想的落後世界裡，我們怎麼能活出待在舒適圈裡的生活？落後的世界羞辱這樣的生活方式，你要怎麼在這樣的世界裡選擇活得舒適？有時，光是承認自己喜歡在舒適圈裡採取行動，甚至可能會感到丟臉，因為我們害怕別人的指責。

以上幾個問題，我們會在後續幾章一起回答。

你目前的成果

　　你已經來到第1章的結尾！現在我們才剛開始共同踏上旅程，我在這一章的目標，是分享我在舒適圈領域獲得的一些重要體悟。希望你在閱讀的時候，會開始質疑自己對舒適圈的認知，並且最起碼會開始理解到，待在舒適圈外，可能導致你在成長期間覺得壓力很大或不安，或許你現在正有著這樣的感覺。

　　下一章，我們會探討有關舒適圈的一些信念。落後的世界經常在舒適圈的主題上傳達一些說法，導致我們自動內化這些信念。希望你在閱讀下一章時可以保持開放態度，並且願意檢視自己的念頭和想法。同樣地，如果你在這個主題上覺得有點不堪負荷或需要支持，請在社群媒體上面跟我交流，我支持你！

第 2 章

你的信念讓你感到不適

我們反對待在舒適圈裡,而反對的其中一大主因是我們相信社會對我們訴說的虛假說法,於是我們對於舒適的狀態,還有達到夢想要付出的努力,形成錯誤的看法。

情況不順利的時候,你也許會以為待在舒適圈裡導致一切不順利,以為唯有跨出舒適圈、進入未知地帶,改變才會發生。而情況順利的時候,你也許會覺得自己在舒適圈裡太輕鬆了,於是所有的進步將會消失不見。

可惜你不明白,這種信念系統其實奪走你的快樂、健康、幸福、富足。你避開舒適圈,是基於許多錯誤的信念,而那些信念都是別人教你的。

本書會挑戰那些信念,而且提出更輕鬆、更自然、更有趣的全新方式,讓你實踐並創造夢想。不過,為了讓你順利應用,你一定要仔細探究你抱持的信念。

接下來幾頁,請慢慢細讀,這幾頁也許是整本書當中最重要的內容。慢慢細讀這幾頁,並且誠實參與後續的評量,這樣就能記錄你的進度,在本書後面章節再度回頭查看時,

就可以當成參考。

我知道自省要付出努力才行，但我可以向你保證：「只要你付出努力，就會獲得成果。」在這裡，所謂的努力就是找出你的信念，所謂的成果就是擺脫那些擋路的信念，改用有趣、輕鬆又令人雀躍的方式，達到你內心最狂妄的夢想！

略談信念

在找出哪些信念擋住去路之前，你必須先理解「信念」實際上是什麼。

當你頻繁出現某個念頭，你的大腦就會用以下極有效率的方式運作：大腦會把念頭轉成自動程式，而在你每天都有的所有其他有自覺的念頭底下，這個自動程式會不停運作。一旦念頭轉成自動程式，你就再也不用選擇去想那個念頭，那個念頭會自動出現，變成你心中「無法改變的事實」，也就是「信念」。

你的大腦會不斷把念頭化為信念，因為大腦裡一次存放有自覺的念頭是有數量限制的。一有任何念頭，大腦就會盡量自動處理，這樣才能騰出空間。

這種能力很有幫助，因為你可以把過去經驗得來的資訊保留下來，不用一直去回想它們，也不用把一開始導致念頭產生的那些處境記在腦子裡。

舉例來說，如果你碰到很燙的爐子，你也許會產生「爐子很燙」的念頭，而這個念頭一旦被轉化成無法改變的事

實，那麼你靠近爐了時，就會一直很謹慎小心。至於你記不記得第一次被爐子燙到的經驗，這件事並不重要。

雖然這種能力可以把念頭轉化為無法改變的事實，但是如果化為信念的那些念頭在本質上有所局限或造成限制，那麼你的經驗就會被嚴重扼殺。舉例來說，如果你的信念是「公開演說會導致我的恐慌症發作」，那麼你體驗到的公開演說機會，跟那種相信「公開演說很刺激」的人就是不一樣。

「所有問題都可以解決」的信念會啟發很多的獨創性，「我永遠找不到正確答案」的信念會嚴重抑制你的創造力和成長。

相信什麼，就會得到什麼

我有個朋友，他相信自己運氣很好，結果好運總是發生在他的身上。他抽獎都會中獎，街道的交通再怎麼繁忙，他都找得到停車位，而陌生人也好像總是有他需要的東西。有一次，他的駕照掉了，他還沒發現駕照不見，就有人找到駕照，寄回給他。

信念是人腦理解及詮釋周遭世界的方式。信念源自於我們所在的環境以及我們經歷的事件，但是歸根究柢，每一個信念都起源於一個選擇。**我們必須選擇徹底相信某個念頭正確無誤，那個念頭才會化為信念。**我們必須先認同那個念頭才行。

心理學教授兼《懷疑論者》（Skeptic）雜誌創辦人麥可‧謝爾默（Michael Shermer）表示，人們會先形成信念，然後再開始蒐集有利的證據。

某個信念形成以後，大腦會開始根據那個信念，去確立

一套說法、讓它站得住腳,並用它來解釋事情。舉例來說,我那位運氣好的朋友不管去哪裡,都會找到讓他好運的方法。我還有個朋友覺得,指甲要是不完美,就會錯失跟她約會的男人。會討厭指甲裂了或沒修的女人的男人其實很少,但她約會的對象卻好像剛好總是這樣的男人。

這就表示你的信念會影響到你的現實,而不是你的現實會影響到你的信念。

所以亨利‧福特(Henry Ford)才會說:「無論你是認為自己做得到,還是認為自己做不到,你的想法都正確無誤。」

> 信念是人腦理解及詮釋周遭世界的方式。
> 信念源自於我們所在的環境以及我們經歷
> 的事件,但是歸根究柢,每一個信念都起
> 源於一個選擇。

於是以下的情況會出現就很合理:相信「人生很苦」的人經歷的人生都不順遂,覺得「我數學很爛」的人總是數學不好,認為「富豪是騙子」的人們要等到自己成為騙子才會變成富豪。

想要成功,就不要自找失敗

我認識的某位熟人想要擁有美好的東西,非常努力工

作，說著有一天要贏得樂透，甚至一星期要玩樂透好幾次。然而，她認為有錢人很貪婪，認為金錢很邪惡，最後會引發人們最壞的一面。她用錢也花錢，她工作也是為了錢，但是她對金錢的信念導致她留不住錢。結果，她負債累累，生活中的各個層面都受到財務危機的影響，不管她工作多麼努力、加了多少薪水，她對金錢的負面信念導致她的金錢匱乏。

我們過的人生，就是不可能跟我們的信念不一致。

由此可見，改變信念非常困難。一旦某件事成為無法改變的事實，就愈來愈難證明那件事虛假不實。有時候，我們蒐集一大堆證據來證明那件事，那件事就會變得好像不可能是假的。如果你的信念是在童年形成，那麼你也許已經累積數十年的證據，用來證明你的信念正確無誤。

如果你過的現實生活是你不喜歡的現實生活，那就表示你實踐的信念很可能對你沒有幫助，那些信念限制了你的創造力、你的靈感啟發、你茁壯成長的能力。

不過，還有希望！改變你的信念確實有可能做到！

因為信念一開始是念頭，所以唯有決定再也不要相信最初的念頭，局限的信念才會產生變化。此時，你可以改而選擇別的念頭，對你有所幫助、讓你產生自主力量的念頭！

在後面的練習，我們會找出你對舒適圈抱持哪些局限的信念。不要跳過這個步驟。只要認知到現在的你處於什麼地方、你秉持的信念又是怎樣，就能在閱讀本書其餘內容時，對自己的信念提出質疑，並且改變信念。

舒適圈練習1：
你對舒適圈抱持的信念

　　只要你的內在還是同一套老舊的程式在運作，你就無法改變人生。同樣地，只要你沒意識到自己目前抱持的信念，你就無法改變人生。這個練習設計得超級簡單，我列出一些最常見的舒適圈信念，藉此輕鬆評定你目前對舒適圈抱持的信念。請你務必做這個練習，這樣在本書的結尾，你可以藉此衡量自己的進度，並且見證自己的轉變。所以現在請花一點時間獨處自省，閱讀每一個句子，讀到有句子能引發你的共鳴，或有句子你目前覺得正確無誤，就在句子的旁邊打勾。如果你發現有的信念沒有列在這裡，請務必寫在這份清單結尾的空白行。

目前的你對於待在舒適圈所抱持的信念

❑ 待在舒適圈裡會阻礙你的發展。

❑ 你處於舒適的狀態，就不會成長。

❑ 改變始於你的舒適圈的界線。

❑ 你一定要不斷跨出舒適圈。

❑ 待在舒適圈裡，成不了大事。

❑ 你的夢想是在舒適的另一面。

❑ 跨出舒適圈，人生才開始。

- 沒有風險,就沒有回報。
- 要獲得成功,就要過得不舒適。
- 如果你想擁有美好人生,就一定要跨出舒適圈。
- 沒有痛苦就沒有收穫。
- 如果你採用安全的方式,就永遠贏不了。
- 舒適圈充滿著一堆藉口。
- 在舒適圈裡不可能有所成長。
- 你在舒適圈外的時候活力最十足。
- 你待在舒適圈裡就不可能做到高生產力。
- 你要先跨出舒適圈,才會意識到自己的潛力。
- 你待在舒適圈裡,就表示沒在為自己的人生負起責任。
- 待在舒適圈裡,不可能有所成長及改變。
- 待在舒適圈裡,就表示放棄夢想。
- 如果你總是採用輕鬆的方式,就永遠離不開舒適圈。
- 感到恐懼和焦慮,就表示你正在朝正確的方向邁進。
- 唯有你感到不適的時候,才算是達成你真正的使命。
- 舒適圈是成就的敵人。
- 你愈是待在舒適圈裡,就會變得愈自滿。

☐ 處於不適的狀態，就會連帶產生想像力和創造力。

☐ 如果待在舒適圈裡，就是在欺騙自己並捏造藉口。

☐ 你的舒適圈會限制你、約束你。

☐ 當你感到舒適，就表示你很懶惰。

☐ 你沒有跨出舒適圈，就表示你沒有成長。

☐ 待在舒適圈裡就等同於放棄夢想。

☐ 選擇舒適圈就等同於放棄。

☐ 想獲得舒適感，很難為情。

☐ 舒適圈是輕鬆的出路。

☐ 跨出舒適圈，才會有奇蹟發生。

☐ 唯有跨出舒適圈，你的創造力和才能才會蓬勃發展。

☐ 待在舒適圈裡，表示你限制了自己和人生。

☐ 如果你待在舒適圈裡，表示你做得不對。

☐ 待在舒適圈裡會有內疚感，是很正常的事情。

☐ 待在舒適圈裡，損己又損人。

☐ 你的舒適圈是固定不變的地方，不會改變，也不會演變。

☐ 如果你感到舒適，表示你是在欺騙自己。

☐ 你待在舒適圈裡，就無法適時採取行動。

☐ 待在舒適圈裡，你的夢想就會死去。

你目前的成果

　　萬歲，你已完成第2章！處理局限的信念並不容易，但是你做到了，做得好！你剛才做了練習，這非常重要，因為在本書的結尾，可以用來追蹤你的進步。更棒的是，既然你已經找出你目前對舒適圈抱持的信念，以後就會以開放的胸襟，改變信念。最棒的是，其他事情其實你都不用做，只要你繼續做著現在在做的事情，信念就會有所改變。你閱讀本書並做著書中練習的時候，就會發現自己在這個主題上的信念自然而然開始有所改變。不久，你就會放下局限的信念，轉而接受那些能帶來自主力量的信念！

　　我知道，你已經準備創造出壓力更少、心流更多的人生，所以接下來，我們要探究三個人生圈。你是待在哪一個圈子裡？找出來吧……

第3章

人生狀態有三種圈子

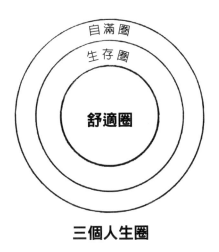

三個人生圈

　　我們在三個人生圈度過一生，這三個圈子分別是：自滿圈、生存圈、舒適圈。我們在一生當中通常都會在這三個圈子之間跳進跳出。你花最多時間待的圈子，會影響到你所做的選擇的品質，還有你的生活品質。

　　就我所知，要過著更快樂的人生，並且創造愉快又圓滿的經驗，最有效的方式就是要認識三個人生圈，要隨時意識到自己所在的地方，還要不斷跨進可提升內心平靜感和相通感的圈子。

自滿圈

　　大家在講舒適圈的時候，其實多半想的是自滿圈。基於這個原因，要認識自滿圈，就必須更深入去探討。

　　就算他們也許會說自己很滿足，但是待在自滿圈的人們，距離真正的舒適感其實很遠。主要待在自滿圈的人們經常說，基於某種程度的恐懼感（就算沒意識到恐懼感潛藏在自滿圈裡），他們覺得自己被困在原地，無法採取行動，不過，就算這樣，他們還是感到心滿意足。

　　有時，這種缺乏動機的情況會顯現為普遍的冷漠感。待在自滿圈的人們過日子的時候，什麼事情都不太在乎。他們也許會「滿意」現況，但這是因為他們沒有心力、沒有清晰的思路、沒有方向，無法奮力取得更多事物。他們也許經歷多次失敗，在嚴重的疑慮下，他們不會要求更多，因為他們會心想：「有什麼意義呢？為什麼還要再試一次？」待在自滿圈的人們，甚至可能很難跟別人、計畫或活動有更深入的交流，他們覺得自己的弱點太過明顯又容易暴露。另一方面，他們可能會分享太多或解釋太多，藉此掩蓋他們的興趣缺缺。

　　在自滿圈，我們可能會不太喜歡自己。實際上，我們有時甚至會討厭自己真實的內在和外在面貌，討厭自己有能力或沒能力。我們對自己吹毛求疵，嫉妒別人，看到有人過得比我們輕鬆，甚至可能會心生怨恨。此外，還很容易去怪罪他人和處境，但這兩項因素明明都超乎我們掌控。我們還很常使用「一直」、「永遠無法」這類的用語，造成以下局限的

信念長久存在：

「我永遠無法順利。」

「我永遠無法達成目標。」

「我一直被忽視或忽略。」

多數人在人生中的某個時候都待過自滿圈。在自滿圈，活著就只是設法撐過一天又一天，我們每天感受到的負面情緒很容易就吞噬掉我們的歲月。當我們習慣待在自滿圈，我們的意識和潛意識就會切換到自動駕駛狀態，所以我們目睹的周遭狀況又鞏固內心的恐懼、匱乏、局限。

你肯定看過身邊的人出現這種情況。你可能有某位家人具備許多未開發的才能和技能，卻無法發揮出來。他們停滯不前的狀況，呈現在習慣性的抱怨或冷漠的態度上，對自己的人生漠不關心。這類的情境有個共同點，這種人沒有設法追求自己想要的目標（或者我們以為他們應該想要的目標），原因在於他們對於目前的情況太有「舒適」感，但這其實恰好跟事實完全相反。**我們在自滿圈裡體驗到的感覺，不是舒適感，也不是滿足感，而是恐懼感**，比如：害怕失敗、害怕成功、害怕示弱、害怕心裡在意的事情、害怕真正的相通感。

自滿圈會出現行動麻痺的情況，需要做的事情，其實更是想要做的事情，我們都做不到。如果我們不願探究背後的狀況，也許就會聲稱，我們在原地很快樂，藉此合理化自己的不作為。我們會說，我們是基於喜好，所以才不想要更多。我們對自己、對世界抱持的局限信念，會導致我們困在自滿圈，如果我們不願或無法掀開表層，認不清這點的話，那麼我們就會

太過輕易去否定自身的不快樂。原因就在於我們待在自滿圈的時候，會覺得每件事好像都做不到，導致我們跌跌撞撞走在停滯的邊緣。我們往往覺得自己努力做的每件事好像都會瓦解，我們渴望達成的一切好像永遠不會發生。自滿圈帶著一股絕望感，感覺非常非常沉重，令人不適。

自滿不是舒適

自滿的人並不是待在舒適圈裡，他們其實根本就不舒適。待在自滿圈太久，就會感到茫然失措。

你有過這樣的感覺嗎？

我有過。當我跌到谷底時（本書開頭描述過這個經驗），我深陷於自滿圈。我的內心充斥著恐懼、寂寞，還會檢討、懷疑自己，甚至冒出自殺的念頭（只是從來沒有久留不去）。我的心理健康不穩定。我的身體受到損害，大聲呼救。

我無法阻擋這個衰落的螺旋，其中一個原因是我在這條路上踏出每一步，都以為自己在做的事情會帶來滿足感。我太過害怕，無法更深入探究自己的行動，而對於把我推進自滿圈的那些恐懼和錯誤的信念，我也找不出來。

在自滿圈，我覺得自己被困住了，倦怠又絕望。我以前一直是個重視解決辦法的人。沒有辦法的話，我會找出辦法或想出辦法。不過，在自滿圈，我感到無助，不知道該怎麼辦，所以就去吃東西。我體重增加，再增加，又增加。我以為食物會帶來滿足感，但其實我是無法追究自己的暴飲暴食

是在掩飾什麼恐懼。

　　我吃得愈多，就愈討厭我的身體、愈討厭我自己，人也變得愈憂鬱。我周遭的一切也開始每況愈下，連收入也變少。我原本是eBay的超級賣家，網路商店的生意蒸蒸日上，後來太過憂鬱，處理不了所有的訂單，結果網路商店沒了。我逃避親朋好友的聚會。對當時的我來說，一切再也沒有意義。我放下內心的夢想，困在原地，不在乎人生。就算只是做個簡單的單一行動（例如刷牙）的念頭，似乎也無法打動我。我不聽電話，躺在床上，然後睡覺。

　　你的谷底跟我的谷底也許截然不同，這點我也理解，畢竟當時我還是有床可以睡，有物質財產，還有在乎我的人們。不過，我們有一點是相同的，那就是內心的感覺：深層的絕望和失望。如果我們放手不管的話，自滿圈這個地方會毀掉我們。但另一方面，這個地方也會讓我們認識到自己最深處、最黑暗的一面，最後獲得成長。

　　待在自滿圈不一定表示你跌到谷底。你可以把自己想成是手機，以電力不足的警訊狀態撐過一天的時間。你甚至可能會不時關機，雖然會去充電，但也只剛好充到足夠撐過去。你也許沒想要把自己充飽電，也許電池沒辦法充飽，需要修理。我們在下面會探討的生存圈筋疲力盡以後，就會進入自滿圈，我們在這裡待的時間愈長，就愈是會跟自己切斷連結，就離那些讓我們感到真正喜悅、舒適、滿意的事物愈來愈遠。所以夢想才會在自滿圈死去，不是在舒適圈死去。

　　你有可能找到方法離開自滿圈並茁壯成長，我就是活

生生的證明。我能夠離開那片黑暗，就是運用本書分享的技巧。所以如果你現在是在自滿圈裡，不要擔心，我會在這裡向你伸出手。

待在自滿圈裡投入創造的人們，他們的內心想的是：我覺得自己所在的地方很好，為什麼要設法拿到更多東西？畢竟，這世界是個辛苦又不公平的地方。對我而言，什麼事情都不容易。懷抱夢想毫無意義，因為希望會帶來失望。

生存圈

如果你追求高成就，習慣逼自己跨出舒適圈，那麼你大部分的時間可能都是待在生存圈。大量的努力是生存圈的動力，這裡還會有無止盡的比較和競爭，所以會引發羨慕感、對別人的指責、怨恨感。在生存圈，總是會一直往外看，你會跟擁有你想要事物的人比較，老是覺得需要向世人證明自己。

在生存圈，每件事好像都起伏不定。你的信念、你的願景、你的恐懼、你的疑慮，全都是上一刻高漲、下一刻低落，結果就是儘管成功很多次，卻轉瞬即逝，成果不穩定，突然挫敗。在生存圈的時候，你經常會衡量自己的進步，像在記錄分數那樣，還會費力去建立並維繫真誠的關係。

在生存圈裡採取行動，情況確實會順利，但是必須付出大量心力才行，也無法預料自己獲得的回報。滿足感轉瞬即逝。有些日子，表現優異，覺得像成功人士；有些日子，卻

就只是歹戲拖棚。

在生存圈，常會感到疲憊不已，原因可能是以下其中一個：

1. 儘管耗盡心力，成果還是很普通。
2. 成果極為成功，但需要付出更多心力去加以維持。

在生存圈，人們會逼自己進入一些情況，雖然它們往往可以帶來需要的成果，但最後卻引發有害的副作用，例如失敗、倦怠或疾病。

生存圈到處都是陷阱，因為那裡有足夠的前進動力，讓我們誤以為自己正在做的事情很有用。於是，雖然那些事情讓我們感到不適，但我們還是一直去做，而成果可能微不足道，也可能不穩定。我們活著是為了那些小勝利，還有看似達不到的大勝利，所以我們不停忙碌、過勞、壓力大。

安排時間休息，不然你的身體會替你作主

在生存圈，你很容易就推崇辛苦的工作，誤以為壓力等同於進步，一有意識型態挑戰這種生活方式，你的態度就變得冷嘲熱諷。你也許擁有金錢所能買到的所有最好的東西，但是會犧牲掉所有的時間和心力，最重要的是，你還會犧牲掉自己的健康。

我親身目睹過這種情況。我祖父——我親暱地叫他阿公——在匹茲堡鋼鐵業爬到頂尖業務員的位置，而在二十世紀中晚期，鋼鐵業很熱門，他是傑出的人才。

在職涯期間，他全家人搬了好幾次家，跨越多州，證明他對公司的忠誠和奉獻。週末，他在國內到處出差，有時是培訓，有時是完成交易。上班日，他很早進公司，很晚才離開，上下班的通勤路總是很塞。等回到家，他會聽商業廣播節目自學，為的就是在職場上更往上爬。

他努力工作，活出美國夢，也就是在生活中擁有更好的東西，為家人帶來保障，過著不錯的退休生活。就他所知，他這輩子都盡力履行義務、努力工作、貢獻良多。付出愈多，就愈成功。

我小時候把他當成偶像。他有豪華的市區辦公室、漂亮的住家、古董車。我認識的人當中，他最成功。我跟祖父母住在一起的時候，清晨五點就急著起床，跟他說再見，而祖母和我要等到天快黑了，吃晚餐的時間才會再見到他。

他回到家以後，多半時候都壓力很大、疲憊不已、煩躁不安。他一回到家，我就看著他把菸草塞進菸斗裡，然後走到廚房，倒一杯純威士忌加冰塊。當時的我不太清楚那杯是什麼，但是等我年紀大了一些，我才曉得他是個酒鬼。為了幫助他，家人什麼方法都試過了。他參加匿名戒酒會（Alcoholics Anonymous）的聚會，但是他的轉變向來維持不久。

隨著他的年紀增長，工作狂傾向的背後動力讓他陷入麻煩，他的因應機制再也幫不了他。他退休不久後，就被診斷患有癌症，經歷辛苦又可怕的幾年時光，就離開人世。

我阿公就跟埋頭工作的上班族一樣，想在努力履行義務後退休，最後享受人生。他誤以為只要年輕時盡心盡力工

作，辛苦的工作終將獲得回報，有一天就能輕鬆過日子。不過，他沒能做到，他退休時，想要的東西全都有了，卻失去了健康。

我從他身上學到很多，卻也體會到，他的人生就是在生存圈獲得成功的明證。而直到今天，美國各地的人們還是主要在生存圈裡採取行動。美國的上班族大半輩子都在壓力大、過勞、倦怠的狀態下生活，因為這就是他們所知的生活方式。公司到處都是生存圈的跡象，比如：跟我開會的高階主管，辦公桌上面擺滿一堆堆的文件；從我旁邊走過的員工，露出疲憊的雙眼，大白天就打呵欠；報告書說產能欠佳；部門之間缺乏信任；茶水間放著一桶桶的糖果和咖啡。**在生存圈，我們只是設法勉強餬口度日，設法生存下來。那些坐擁我們想要事物的人們，我們總是以渴望的眼神看著他們，心想：「如果我再多做一點，也許就可以擁有那些。」**

你在這裡是為了茁壯成長、感覺自己活著

當人們說著「辛苦」或「忙碌」時，是在講生存圈的事情。當人們說出「沒有痛苦就沒有收穫」或「努力工作，努力玩樂」的話，表示他們是在生存圈裡和人溝通。當他們對自己的孩子說著「金錢不會從樹上長出來」、「嗜好不是事業」，表示他們是在生存圈裡教養孩子。實際上，你沒辦法持續逼自己過著某種人生。你必須任由理應展現的情況自行展現。你覺得不錯的事情，讓你重獲新生的事情，你都必須去

做，這樣才能茁壯成長。

在生存圈，解決問題的時候，通常會採取更多、更大的動作，彷彿你的人生全看那個辦法了。因此，如果是比較情緒化的人，或需要獨處來幫自己充電的人，那麼生存圈會是相當不利的環境。我花了幾年的時間才明白，我在生存圈感到不適，並不是因為我有什麼問題。假如我的同理心少一點、更外向一點，那麼我待在生存圈裡面的時間也許就會久多了，不會那麼快被壓力壓垮。我原本可以像我阿公那樣，一輩子都待在生存圈，而且永遠不會跌到谷底。不過，我的脾性跟生存圈不合，如果你跟我一樣，比較敏感內向，那麼生存圈可能也會把你壓垮。

另一方面，你具備的人格類型，也許能夠讓你長期撐過生存圈裡的多變氣候。

生存圈有個普遍共識，要獲得成功，就要過得不舒適。如果你相信這個觀點，主要又是在生存圈裡採取行動，那麼你很有可能難以理解本書的前提！如果是這樣的話，請思考以下問題：「假如我說的沒錯呢？假如你想要什麼就可以得到什麼，又不會有壓力呢？如果真的有方法可以做到，你難道不想知道方法嗎？」

待在生存圈裡投入創造的人，通常會堅守以下的主張：「這個世界很競爭，形勢對我不利。成功很難，所以我一定要更努力。有壓力就表示我走在正軌上，而且努力邁向目標前進。」

舒適圈

你喜愛在心流狀態下盡情創造嗎？你會把自我照顧視為優先嗎？你覺得真誠很重要嗎？你有沒有熱忱？你會尋找使命嗎？你會努力成長嗎？你都是用心去做嗎？「你的一切都會很順利，人生最終會被安排得對你有利」，你相不相信這樣的說法？

如果你對前述任何一個問題的答案是肯定的，那麼你現在可能就是待在舒適圈裡，或者你可能正在努力用這種方式過日子。加油！做得好！現在請繼續讀下去，你在本書學到的內容會幫助你運用更大的心流和獨特性，創造夢想的人生。

如果這些問題會讓你充滿憤怒、怨恨、絕望、恐懼或歉意，請不要擔心。若有內在習慣會讓你無法待在舒適圈裡，過著輕鬆又廣闊的人生，那麼本書會幫助你消除那些習慣。

你可以把舒適圈想成是住家，你可以擁有安全感，充分自由展現自己，不用怕被指責。讓自己和人生都受到鼓舞又感覺很好的那些事物，全都會包納在舒適圈裡。舒適圈裡的事物，全都感覺舒適又自然。舒適圈是很個人的空間，面對外在威脅、壓力很大時，你可以待在舒適圈，盡力保持堅強。

當你在舒適圈裡的時候，你的杏仁核（大腦的壓力中心）多半都是不活躍的。除非你面臨迫切的危機（比如廚房失火），否則你都是覺得平靜又安全。這樣一來，你會處於「休息與消化」模式，你的身體會獲得治癒並恢復。此外，你的腦波會慢下來，變成 α（alpha）波，解決問題時會更有創意。

舒適圈心態

　　美國的心數學院（HeartMath Institute）針對心臟和大腦的互動情況進行科學研究，結果發現，在生理上，人擁有安全感，心跳率會趨於一致。由於體內所有器官都跟心臟同步，因此這就表示器官會趨於一致，在這種狀態下，器官的治癒速度會更快，器官的運作也會更有效率，所以在舒適圈裡盡情創造，就會產生強大的力量：你在生理上、心理上、情緒上獲得的健康程度，是你在為自己的人生奮鬥時無法獲得

的。結果,你會輕鬆邁向內心的渴望,同時變得更健康、更
有創造力、更平靜。

　　**舒適圈不是固定不變的地方。其實,只要我們肯的話,
舒適圈會不斷成長及擴展。**舒適圈會一直向外擴張,因為人
類是學習的動物,喜愛擁有各式各樣的經歷。人類的本性,
就是會不斷去拓展自身能力和經驗的極限。

　　我喜愛讓孩子待在舒適圈裡多加體驗。孩子採取行動會
很輕鬆,行動也充滿喜悅,孩子不太會有疑慮,打算要做什
麼就可以去做,也樂於拓展自身的極限並從中學習。

我們天生渴望著舒適和擴展

　　我女兒還在學走路的時候,我經常帶她去住家附近的大
公園。頭幾次我們去公園的時候,她不太想離開我的身邊。
她會冒險往外走到離我幾公尺的地方,然後就想回到我周邊
的安全範圍內。她忘了要跟別的小孩玩!在她眼裡,媽媽以
外的人好像都不存在。她的舒適圈把我納進裡面,不太有別
人存在。

舒適圈不是固定不變的地方。其實,只要
我們肯的話,舒適圈會不斷成長及擴展。
舒適圈會一直向外擴張。

　　我就在附近的時候，她覺得很安全。她喜愛到處探索，前提是我也一起的話。她在公園裡走動，輕鬆又舒適。就算她正在嘗試新的事物，也很放鬆，樂在其中。她會說笑、探索、冒險。可是，她一感到不適，就會停下腳步，害怕起來，甚至努力緊挨著我，就好像她的性命有賴於此。

　　我們母女倆不斷回到同一個公園，而我目睹女兒的舒適圈開始向外擴展。不久，她溜滑梯的時候，不用我牽她的手。她可以冒險走到離我更遠的地方，她跑來跑去，不在意我的存在，就算我坐在長椅上，在旁邊看著，她也沒關係。她開始跟其他小孩講話，輕鬆又自然地交起朋友來。

　　說來有意思，我們大人願意把小孩需要的空間給小孩，方便小孩逐漸擴展舒適圈，但我們大人卻不讓自己享有這樣的好意。我們大人全都明白，小孩要茁壯成長，就要讓小孩覺得夠安全、夠舒適，可以探索周遭，不用面對受傷或被拋棄的危險。不過，對象要是換成我們大人，我們卻突然覺得安全感和舒適感會把我們困住。

　　待在舒適圈裡，就表示我們個人會意識到自己當下的感覺，我們選擇的是，會讓自己感到安全舒適並獲得支持的途徑，不會選擇引發焦慮、恐懼、壓力的途徑。舒適圈的源頭是安全又有保障的地方。一旦這些簡單的需求獲得滿足，舒適圈就可以往外擴展。

　　我就是利用這種方式，讓「正能量的力量」社群成長到數百萬人。很多人都請我擔任教練、導師或講師，跟他們的團隊聊聊我的成功訣竅。成功訣竅當然牽涉到經驗、技能、

過程，但不見得跟你在其他地方學到的方法不一樣。一堆商業書籍、課程、教練比我還更懂得解析我的日常業務過程，其實我還在學習中。

我眼裡的成功訣竅就是，我努力持之以恆配合自己的舒適圈，然後再向外擴展舒適圈。有了跌到谷底的經驗以後，我就決定不要再逼自己跨出舒適圈，不再逼自己做事做到疲憊，不再依照別人的成功路線走，反而向內省思，我覺得什麼事自然又舒適就去做，然後從那處空間向外拓展及擴展。

你的舒適圈就是你的力量圈

當你待在舒適圈裡，早上醒來會懷有使命感，你的頭腦清晰，獲得啟發，並且基於這份啟發，付諸行動。因為舒適圈的特點就是安全感，所以你待在這個空間的時候，那些有趣又帶來滿足感的活動、關係、工作，你自然就會視為優先。

你會問自己一些問題，比如：「我今天能為這個世界做什麼？」、「今天我可以做哪一件有趣的事情？」還有「我可以用哪一種不錯的方式解決這個難題？」

當你在舒適圈裡採取行動，你會聆聽自己內心的指引，不會聽從別人的建議。你會信任自己。你不會再拿自己跟別人比較，因為你明白每個人踏上的旅程各有不同。你畫下健康的界線，並且尊重界線。結果，你開始按照你的方式活出人生，不依循別人為你繪製的路線圖。

舒適圈好比是你為自己創造的防護泡泡，可以幫助你

懷著安全感、信心、清晰感、創造力，順利度過人生。信任感、相通感、踏實感、清晰感、使命感，全都是舒適圈裡會有的真實情緒。在舒適圈，就能輕鬆茁壯成長，毫不費力創造。當你在舒適圈裡，度過的每一天都普遍帶有使命感、輕盈感、樂觀的態度。

　　待在舒適圈裡盡情創造的人們，所秉持的一般主張如下：人生要經過明智的籌畫，每件事總是以對我最有利的方向順利進行。我要成功，就只要活出自己，依循內心的指引。如果我可以勾勒夢想並主張夢想會成真，那麼我就會實現夢想。

「待在舒適圈裡」的常見疑慮

1. 待在舒適圈裡，就表示放棄夢想。

很多人真的很怕自己對現況感到滿意或快樂，因為他們誤以為滿意感等同於放棄。

反面的說法雖然好像違反常識，其實反倒才是正確無誤。

不先坦誠面對自己的出發點，就沒辦法想去哪裡就去哪裡。比如說，想導航去某家餐廳，就不可以先把餐廳地址設成目的地，再把別人的地址設成出發點。雖然這樣會獲得方向指示，但是那些指示對你沒幫助。這就像是你害怕被困在你所在的地方，就去否定目前的情況和處境。

待在舒適圈裡，意思就是接受你這一刻所在的地方，接納你現在的真實樣貌。這跟放棄夢想沒有關係。事實是，這樣做反倒更容易達成夢想，因為你能夠真正邁出步伐，離開你所在的地方，前往你想去的地方。

2. 待在舒適圈裡，就表示我永遠不會去做讓我不適的事情。

詹姆斯・克利爾（James Clear）在《原子習慣》（*Atomic Habits*）探討過金髮女孩原則（Goldilocks

Rule）：「人類要體驗最高程度的動力，那麼處理的任務難度就要剛好落在目前能力的極限，不要太難，也不要太簡單，只要恰到好處的難度。」

我們身為人類，天生就喜愛挑戰，喜愛成長。喜愛做一些可以拓展能力的事情。不過，任務要是變得太過困難，我們就會失去動力，往往撒手放棄。

也就是說，我們就算待在舒適圈裡，本來就會去做那些不一定舒適的事情。然而，在舒適圈裡做一些不適的事情，跟在舒適圈外做，這兩者之間存在著莫大的差異。

舉例來說，假如我的身體很僵硬，那麼伸展到舒適的極限，可能會感到有一點不適，甚至有一點痛苦，但只要我學會放鬆去做伸展，那麼伸展動作反而會幫助我的肌肉放鬆下來。然而，假如我強迫自己劈腿，就可能受到嚴重的傷。

當我們待在舒適圈裡時，我們會憑著直覺，利用自己覺得舒適的方式來拓展舒適圈。也就是說，我們面對著自己想完成卻又感到害怕的一件工作，自然而然會開始尋找一些方法，讓工作變得比較簡單，比較不那麼可怕。我們為自己打造橋梁，是因為我們都心知肚明，人生本來就不該艱辛或危險。我們會尋找支援系統、導師、方法，幫助我們走自己的路。這個過程叫做搭支架，稍後會有進一步的

探討。

3. 待在舒適圈裡，是輕鬆的出路。

說的沒錯，想走輕鬆的出路，有什麼不對呢？

如果你要去健行，你會寧願走一條已清除碎石斷枝的步道？還是想要每次都開闢新的路徑？

對於人生中的每一件事情，我們幾乎都會簡化及條理化。我們創造鍵盤，這樣就能用兩隻手的十根手指打字，有效又快速。我們創造引擎，把燃料轉換成能量，這樣就能在更短的時間，跨越長途的距離。我們精心設計廚房，這樣備餐時需要的走動就會大幅減少。我們把前述的努力稱為「聰明工作」。就連人體的構造都是為了節約能量、充分利用能量，這樣組成器官的數兆細胞就能有效又和諧地運作。人體的構造，其實就是要讓人生變得更有效率、更舒適。

那麼，我們過著自己的人生時，為什麼會不願走「輕鬆的路」？為什麼會覺得一定要逼自己進入不適狀態才能茁壯成長？

在我看來，我們現在該讓自己放輕鬆，感到舒適，並且用自然的方式活出最精采的人生！你覺得這算是激進的念頭嗎？

三個人生圈
你是待在哪一個圈子裡?

請記住,處於不同的人生階段,在三個人生圈之間進出,其實很平常。根據剛才讀過的說明,你可能已經知道自己現在待在哪一個圈子。如果你不確定自己目前是待在哪一個圈子,請花幾分鐘的時間,填寫下面這份評量,這樣你就能更清楚知道自己是在朝哪個圈子移動,還有背後的原因。

當你閱讀以下句子並評估你跟這些句子的關係,請務必誠實作答。你永遠不用把這份評量的結果告訴別人,但務必要誠實作答,別怕暴露弱點。

我很清楚,要你承認某些句子是正確的,也許會讓你感到內疚,甚至難為情。如果是這樣,我鼓勵你要對自己溫柔、關愛。請把這些內容當成是認識自己的資訊,不要當成是攻擊自己的彈藥。當你終於願意看穿自己並徹底接納自

己，就會感到相當自由自在。

　　如果你很難不去批評自己，請謹記：每一個句子都是我曾經有過的經驗。我在人生中有一度經常感受到這些情緒，並且秉持這些信念。**在回歸自我的旅程上，我所跨出的第一步，就是去認知到哪些思考模式和行為模式會讓我一直待在舒適圈外。**

舒適圈練習2：
你正處在哪一個圈子裡？

在每一個句子的旁邊，根據你贊同的程度，寫下1到5之間的一個數字。

1：從未

2：偶爾

3：有時

4：經常

5：幾乎總是

		你的答案（1-5）
1	我擔心將來。	
2	我很容易忽視自己的需求。	
3	我把自己放在第一，會有內疚感。	
4	別人好像都是想要什麼就得到什麼，但我從來沒有這樣過。	
5	我很怕別人知道我的真實樣貌。	
6	我覺得不堪負荷。	
7	我晚上很難入睡。	
8	我早上醒來時，沒有精力充沛的感覺。	
9	我不相信自己的直覺。	

10	我很難按計畫把自己的承諾貫徹到底。	
11	我的快樂超乎我所能掌控。	
12	我想獲得快樂,卻不曉得方法。	
13	我不喜歡我的工作,或是不喜歡我為了謀生而做的事情。	
14	我的人生中有很多有害的人。	
15	我對將來的願景,讓我焦慮不安。	
16	當我思考將來的時候,很難採取任何行動。	
17	人生很苦。	
18	不確定感很高的時候,我覺得很難懷抱希望。	
19	我吃的食物讓我感覺不好,對我也沒好處。	
20	我對自己的看法很刻薄。	
21	我對別人的看法很武斷。	
22	我經常頭痛、肌肉緊繃或有健康問題。	
23	我往往孤立自己,跟親朋好友保持距離。	
24	我使用酒精、藥物、菸草等物質來轉移注意力。	
25	我的情緒起伏不定,常常感到煩躁、灰心、悶悶不樂、惱怒。	
26	我很難表達我自己和我的需求。	
27	別人會利用我。	
28	我不知道自己想要什麼。	
29	我一直想躺在床上。	
30	我覺得自己不重要又被誤解。	
	總分:	

　　請將以上所有句子都用1分到5分評分，然後把分數加總，填到「總分」的格了裡。總分呈現出你大部分的時間是在哪一個圈子裡採取行動，還有你離附近的兩個圈子有多近。

30分至90分：舒適圈

　　如果你的總分落在這個範圍，表示你大部分的時間都是待在舒適圈裡採取行動。也就是説，當你投入於自己的成長和擴展時，你會花時間尊重自己的需求，你會願意在需要時請求協助，還會秉持正面態度並重視解決辦法，找出你正在尋找的那扇敞開的門，度過重重挑戰。

　　挑戰：待在舒適圈裡，最大的挑戰就是要一直待在裡面。這世界會讓你誤以為，若是情況輕鬆順利進行，就表示某個地方不好，或是讓人難為情。「提心吊膽等待下一個問題發生」、「來得容易，去得快」，這類短語意謂著大家對於「人生本來就該輕鬆又愉快」的看法有著抗拒感。不要上當了！這種意識型態是那些沒待在舒適圈的人們創造的，他們不懂得舒適圈具備的強大力量和潛力。

　　好消息：幸好，你在舒適圈裡待得愈久，你的人生就會變得愈輕鬆，你的運氣會變得更好，你還會更輕鬆獲得更多機會。在生活中，你愈是把這些

成果看得很平常,並期盼它們的出現,你就會變得愈舒適,你的舒適圈也會自然往外擴展。

後續步驟:堅持不懈,持續修正心態來保持正面,不斷培養內心的環境,繼續運用本書的方法來定義舒適圈並精進能力,以便待在舒適圈裡採取行動。你愈是這樣做,你在這份評量得到的分數就會愈低,你的人生也會變得更愉快圓滿。

91分至120分:生存圈

如果你的總分落在這個範圍,表示你主要是在生存圈裡採取行動。在生存圈,努力工作的結果會是好壞參半。如果總分是落在這個範圍的下半部分,表示你對於自身的努力實際上應該抱有良好的感覺。你可能會覺得自己在做的事情很順利,畢竟你都看到成果了。你可能會基於信念,逼自己採取更多行動,還說出這樣的話:「沒有痛苦就沒有收穫。」、「等我死了再睡。」儘管你感到不適,還把自己逼到超過極限,但你可能還是會對自己的工作能力深感自豪。如果總分接近這個範圍的上限,表示你可能瀕臨身心倦怠。你付出的努力可能產生成果,卻導致你出現健康問題和壓力,你跟別人的關係產生衝突。你可能會開始覺得燃料和動機好像快用完了,疲憊和倦怠即將發生。

挑戰：待在生存圈裡會碰到一個挑戰，你在生存圈裡確實會看到前進的動力，而這股動力會讓你以為生存圈是個好地方。你付出的努力確實有一陣子都在產生成果，但接著你開始注意到自己的身心幸福受到有害的影響。

好消息：幸好你隨時都可以把鏡頭往內轉，開始尊重自己的需求。在生存圈裡，只要付出小小的努力，就能獲得莫大的助益，在內心創造出安全感、平衡感、踏實感。換句話說，要體驗如釋重負和輕鬆的感覺，不一定要對人生做出重大改變。

後續步驟：在生存圈，你送給自己的最棒禮物，就是針對那些導致你疲憊的信念和意識型態提出挑戰。你要願意開口說：「可能會有比較輕鬆的方式，如果真的有，而我又找到的話，不是很好嗎？」接著，請你採取我在本書中強調的步驟，逐漸邁向舒適圈。我向你保證，你愈是把自己的舒適感、輕鬆感、安全感視為優先，你的人生就會變得愈輕鬆、愈愉快。而這正是你今天就能送給自己的大禮。

121分至150分：自滿圈

如果你的總分落在這個範圍，表示你是在自滿圈。你也許覺得自己被困住，並感到絕望。你也許遠遠超過疲憊不已的程度，再也沒有一絲心力去嘗

試任何的新事物。你曾經喜愛的事物也許不像過去那樣重要，而你的內心出現放棄的感覺。你也許正在應付健康上的考驗。

　　挑戰：待在自滿圈裡，最困難的一點就是你會經歷的情緒。恐懼、絕望、不堪負荷、憂鬱，覺得困在你不想要的人生，這些都會讓你很難思考出路。也許你會問自己：「為什麼要在意？」也許你會跟隨這樣的念頭，對自己大肆發出負面指責。

　　好消息：待在自滿圈裡有個好處，一旦待在這裡，就表示終於可以放棄。你舉白旗投降。你的做法全都行不通，那為什麼還要再費心嘗試？等你確實放棄，全部的抗拒感就會被釋放出來，而你終於能夠遠離你對自己的指責和期望，體驗到如釋重負的感覺。就在這一刻，你開始翻轉自己的人生。如果你可以維持這種沒有壓力的狀態，就能夠引導自己進入舒適圈，而且付出的努力會比你以為的還要更少。

　　後續步驟：放棄，不要再那麼努力嘗試，放鬆，放下掌控感和抗拒感。其實你正處於可以跨進舒適圈的完美位置，本書的「用『舒適圈流程』來創造人生」會引導你一步一步跨進舒適圈。請繼續讀下去，充分參與練習。眨眼間，你就會發現自己過著活力十足又愉快的人生。

你目前的成果

恭喜，你已完成第3章！雖然這章的內容很多，但是希望三個人生圈的説明能讓你記住自己在不同的人生時期待過的圈子。請注意：如果你是待在生存圈或自滿圈，不用感到難為情，你待過的每一個圈子都塑造出今日的你。每一次的經驗，甚至是最糟糕的經驗，都造就出你的真實樣貌。

就我所知，要改善生活品質，最有效的方式就是認識三個人生圈，隨時意識到自己所在的地方，並且不斷跨進那種可提升內心平靜感和相通感的圈子。你找出自己現在所在的地方，就等於是找到了起點，更能夠抵達你想去的地方。而想要創造愉快又圓滿的經驗，是你與生俱來的權利。

在下一章，我們會探討待在舒適圈外會碰到哪些危險。你的體內會發生一些生理變化。之前已經提過，待在舒適圈外會觸發杏仁核（也就是大腦的壓力中心），還會對成長及學習新事物的能力造成妨礙。當你持之以恆在舒適圈裡採取行動，你的大腦就有機會可以學習新事物，你會因此對自己的能力有信心，重新建立你對自己的信任。

前進吧！

第4章

跨出舒適圈的後果

　　當你對別人的信任瓦解時，你在那段人際關係裡感受到信心的能力也會隨之潰散。你跟自己的關係也是同樣的情況，當你不信任自己，就會產生疏離感、困惑感、不安感，而這些狀態都會削弱自信心。當你不斷待在舒適圈外，就會創造出無止盡的負面情緒循環，擊倒你的自尊心，瓦解你的自我信任。

　　你對自身能力的信心程度、你的可信度、你的價值，全都跟你的自尊心有密切的關聯。自尊心的角色很重要，會影響到你覺得別人怎麼看你。當你的自尊心受損，你很常會以為別人不喜歡你，甚至討厭你。你很容易會懷疑自己、檢討自己、指責、羞愧、寂寞。

　　請回想你還小的時候，家長、朋友、家人或老師把你從自然又舒適的地方推到外面，進入某種會讓你覺得緊張又壓力大的情況。

　　你也許個性害羞，卻被要求在全班面前報告；你也許個性外向又精力旺盛，卻被要求坐著不動，不要再調皮搗蛋。

那種時候，你的感覺是什麼？經歷那種情況以後，有關你個人和你的能力，你對自己的說法是什麼？之後，在情緒和行為上，有了什麼不良後果？

如果你是害羞的小孩，被迫站在全班前面講話，那麼你也許一輩子都很討厭演講，也許會對自己說，自己有問題。

畢竟，別人站在朋友面前講話，好像都不會焦慮。有些人甚至會期待那樣的時刻，公開說出內心的想法。反之，你可能一輩子都很害怕在職場上發表簡報，怕在大小聚會上開口說話。

你也許會說：「我演講超爛的，我從來沒有做好過，就算是小時候也做不好。」。

如果你是外向的小孩，卻被要求安靜坐好，那麼你也許會覺得自己的活力、發言權或某種自我展現出現嚴重的問題。當你覺得自己又開始「大聲」而「搗蛋」時，也許會覺得不自在，甚至內疚。

你也許會問自己：「為什麼我沒辦法跟別人一樣正常？」

自尊心如何受損

如果在你還小的時候，別人就對你說，你覺得很自然的事情其實並不重要，還說你用自己覺得舒適的方式過生活是你有問題，那麼你也許會認為那些話是在說你不重要，是在說你覺得自然舒適的事情其實是不對的或不正常的事情。這樣一來，你會開始用負面的角度去看待自己、批評自己，導

致自尊心受損。最後，你會開始遵循周遭人們訂下的標準，而那些標準通常跟你的天賦和才能並不一致。

你的自尊心以及你跟別人交流的能力，兩者之間有著密切的關係。根據研究顯示，自尊心愈低，就愈難交流，愈會感到寂寞。

當我聽見人們說「我的數學一直很爛」或「我就是很難專心」，我往往會想要知道，他們的童年到底經歷什麼壓力才會產生這些信念。

還有研究顯示，自尊心和信任感有密切的關聯。1974年，《人格與社會心理學期刊》（*Journal of Personality and Social Psychology*）刊登一份研究報告，研究員克雷格·艾里森（Craig W. Ellison）和艾拉·費爾史東（Ira J. Firestone）表示，自尊心的高低程度會影響到我們信任自己、信任別人時所具備的能力高低和意願高低。我們必須先信任自己，然後才能信任別人；我們必須先接受自己，然後才能要求別人接受我們。

只是有一點很麻煩，如果你的自尊心受損，你的信任能力也會跟著受損。自我信任受損，就會開始對自己的直覺、想法、喜好、行動產生懷疑。因為你在這世上展現自己的方式，會反映出你跟自己的關係，所以自我信任瓦解，你對周遭人們的信任也會跟著瓦解。

歐普拉·溫弗蕾（Oprah Winfrey）在OWN TV主持的《超級靈魂課程》（*SuperSoul Session*）節目，有個談話段落叫做「解析信任感」（The Anatomy of Trust），研究員兼作家布芮尼·布朗（Brené Brown）把一罐彈珠當成類比，用來解釋

信任感培養的方式。她說，信任感的建立和瓦解，就在於微小又看來不重要的行為上。記住別人的名字、參加喪禮、請求幫助、說會打電話就真的會打電話，這些微小的行為就像是把彈珠放進玻璃罐裡，建立信任感。在這些微小的時刻，你可以建立信任感，也可以背叛信任感，把彈珠拿出來。

在我看來，我們跟自己之間，我們跟他人之間，建立信任、破壞信任的方式都是一樣的，都是在轉瞬即逝、看來不重要的人生時刻，做出微小的行為。然而，一說到要信任自己，我們面對的時刻往往是由超乎我們掌控的力量所創造出來的。

例如，小孩被大人要求去做某件不適的事情，小孩在學業上或社會上的幸福感會因此受到影響，而這就是那樣的時刻。在那種情況下，要麼建立你對自己的信任感，要麼背叛你對自己的信任感。有的小孩站上講台，在全班面前發表很棒的報告，發現自己在群眾面前很舒適；有的小孩站上講台，覺得尷尬，講得結結巴巴，感到難為情，不相信自己在群眾面前能做好。這兩種截然不同的經驗之間，有個主要的區別因素，那就是小孩個人的舒適圈。對第一個小孩來說，演講是在舒適圈裡或舒適圈邊緣；對第二個小孩來說，演講距離舒適圈很遠。

當我看著這些小孩的時候，我看見各種不同的表情和興趣。每個小孩各有一套獨特的喜好，看似與生俱來。我的小孩具有差不多的基因組成、類似的教養過程，但他們的性格和喜好卻是截然不同，所以他們的舒適圈也截然不同。老大覺得毫不費力又有趣的活動，老么可能會覺得無聊或非常焦慮。這清楚顯現，小孩覺得有信心的活動和情況各自不同。

生理上的後果

　　說來遺憾，也許只要有一次被推到舒適圈外，你的自我形象就會受到負面影響。一旦你的大腦判定某個活動會對你產生威脅，那麼大腦一碰到那個活動，就總是會製造焦慮感。所以童年時期的經驗，往往會跟著我們進入成年時期。

　　你也許沒有意識到，逼自己跨出舒適圈，就要承受生理上的後果。腦科學家吉兒‧泰勒（Jill Bolte Taylor）在著作《奇蹟》（*My Stroke of Insight*）寫道：「若傳入的刺激被當成是熟悉的刺激，杏仁核「人腦的壓力中心」會很沉穩。……然而，一旦杏仁核被不熟悉的刺激或帶有威脅性的刺激觸發，那麼大腦的焦慮度就會升高，注意力會集中在目前的情況上面。」

> 對於花時間待在舒適圈裡，你愈是對抗、愈是羞愧，就愈有可能損害到你對自己的信任感。

　　假如你是在野外被老虎追，那麼你的杏仁核活躍度增加，會帶來很大的好處。不過，杏仁核的活躍可能會對日常生活造成很大的損害，因為你的注意力會轉向自我保護，不會投入任何一種學習，也不會用創意的方式解決問題。也就是說，你身為小孩、身為成人，愈是遠離舒適圈採取行動，那麼你大

腦的學習能力和保有新資訊的能力，就愈會受到妨礙。

你能不能信任自己，還有你跟舒適圈的關係，這兩者之間有著密切的關聯。對於花時間待在舒適圈裡，你愈是對抗、愈是羞愧，就愈有可能損害到你對自己的信任感。

失去自信心

在舒適圈裡，你會獲得自我信任、自尊心、自信心、真誠。你待在舒適圈外面的時候，就會下意識對自己說，你的真實樣貌不正確，你心目中的自然事物不重要或沒有價值。你會對自己說，要有所成就的話，就必須成為別人，必須去做別人做的事，必須依照別人的生活方式過日子。然後，你覺得奇怪，你是在活出自己，怎麼會感覺不好？怎麼變得很會批評自己？

不過，有人忙忙碌碌、努力工作、辛苦過頭，卻一副心滿意足、自信滿滿的樣子，那又該怎麼說呢？你也許會想到有些朋友、家人或同事很明顯是待在生存圈裡，卻一副自尊心很高的樣子，甚至還會膨脹自我。這種人看起來身心平衡，好像永遠都不會對自己的能力、意見或行動產生懷疑。你也許甚至會想：「哎，她好自大。」或者「好希望我也有他們那種無窮的信心。」

務必要把對方的自負感掀開來看，才能看清對方外在行為的背後其實是被哪些情緒所推動。真正的自信來自於內在的安全感和舒適感，不需要自我證明，不需要掌控別人，也

不需要為了說自己是對的就指稱別人是錯的。在我看來，這些行為是一種跡象，顯露的是不安、自我檢討、自負，而不是顯露自信心和自尊心。當我們覺得自己的價值或自我感受到威脅，我們會以為自己一定要為其辯護或捍衛。

當我看見我們社會裡的大人是怎麼對待小孩，就更能理解我們世界裡的大人跟舒適圈之間的關係為什麼會這麼失衡，為什麼很多人會覺得自己不值得、不安又不足。大人往往不會去問小孩對什麼事物感到舒適，在小孩教育的課程規劃階段，也不會去問小孩意見。

在社會裡，大人沒有習慣去留意小孩自然受到哪些事物的吸引，沒有習慣去幫助小孩培養那類的技能，反而在教育方面採行一體適用的做法。我們把教育、甚至教養給標準化，對小孩說，要在社會裡正常運作，就一定要能塞進某一種箱子裡，而這種箱子害很多小孩都感到不適。你談到自己有興趣的事情，別人會說：「你喜歡的事情就當成興趣，去找一份正當的工作。」這句話你有多常聽見？而你有多常對自己的小孩這樣說？

反過來說，小孩覺得安全、舒適、無拘無束的時候，不可思議的創造力時刻就會誕生。小孩是為了展現自己而活，當小孩覺得舒適時，各自展現出的自我會讓人看得驚嘆不已。

為了展現自己而活的，不只是小孩而已。身為大人的我們，探索自身想像力的極限，還有展現個人的想法，這些都能帶給我們喜悅。我們過的生活要是能讓我們沉浸在有趣又令人雀躍的經驗當中，這個時候，我們最是幸福。

　務必要留意，讓你雀躍的那些經驗，永遠都不是在舒適圈外，就算是「可怕的」經驗也是如此。某件事要是令人雀躍，要是很有趣，要是覺得做起來很輕鬆或最起碼做得到，就表示那件事是在舒適圈裡。內心浮現的情緒要是會讓你覺得活力十足又很想採取行動，就表示你正在處理的想法是你覺得很自然的想法。

　當你待在舒適圈裡，你會讓自己展現真實的樣貌。當你持之以恆在舒適圈裡採取行動，你的大腦就有機會可以學習新事物，然後你會對自己的能力有信心，對自己的信任也會重新建立起來。你要把以下的訊息傳達給自己：你不用去做其他事情，不用去展現其他樣貌，你正在做的事情就繼續做下去，你正在展現的真實樣貌就繼續展現下去。在多數人的生命中，這可以說是強大的轉捩點。對我來說，就在那一刻，我終於能夠呼吸。

　忽然之間，重擔從我的肩上卸了下來，我終於開始問自己：「我今天想做什麼？」我不再聽從世人口中的「應該」，終於根據我的舒適度，選擇我要採取的行動，而在那一刻，我跨出第一步，重建我跟自己之間的關係。幾週的時間內，我開始覺得好轉，以前喜愛做的事情也想去做了。讓我雀躍不已的在家工作機會開始出現在我的人生中，滿足感就此扎根，有回到家的感覺。不久，滿足感化為希望、雀躍、喜悅。

你目前的成果

你已來到第4章的結尾，做得好！現在你很清楚吧，跨出舒適圈會對自尊心造成負面影響。當你待在舒適圈裡，你的大腦就有機會可以學習新事物，然後你會對自己的能力有信心，對自己的信任也會重新建立起來。意識到這點，就是你的轉捩點，你終於可以讓自己展現真實的樣貌。

你接納自己的真實樣貌，就會開始往前邁進，創造出你真正想要的人生，而這就帶領我們進入下一章：汲取和聆聽內在智慧的重要性，因為你想要的人生，唯有你才真正懂得創造出來。我在這裡引導你，訴說我的旅程經歷，實在感到雀躍不已。我相信你會開始更常聆聽內心的指引。在下一章，我會介紹自己是怎麼運用舒適過程、盡情揮灑創造，這有「藍圖」的作用，你可以藉此創造自己的舒適圈。

第5章

夠舒適才能邁向成功

想像一下，你跟某個人同住，你講話的時候，對方從來不把你的話聽進去。想像一下，你訴說內心的渴望、想法、喜好，對方卻忽視你，裝作你根本不存在。想像一下，在某一刻，對方判定你說的話不正確，從此以後，每當你提出建議，對方都會唱反調。對方就算聽到你說的話，也還是回答：「哎呀，那樣不對吧，我要聽聽別人對這件事的看法。」而你就是這樣對待自己，忽視自己的真實樣貌和內心的指引。

在你的腦海裡，隨時都有好幾種聲音對你講話。要創造你真正想要的人生，關鍵就在於聆聽正確的聲音。在你的腦海裡，有嘮嘮叨叨的聲音，對周遭的世界不斷提出批評，還會分門別類記錄下來；有末日般的聲音，這聲音具有不尋常的能力，就算是最枝微末節的風險、最微不足道的錯誤，都看得到並且加以誇大；不過，還有一種聲音是內心的直覺、內在的智慧、神聖的指引、高靈、上帝，你想怎麼稱呼它就怎麼稱呼，你會認得那個沉穩溫柔的輕語聲，那個聲音對於你的一切、你想前往的地方、抵達的方式全都瞭若指掌。那

個聲音從不武斷，也不可怕。那個聲音從不要求你行動或順從，只會提出建言。就算你一輩子都忽視這個聲音，它還是從來沒有背棄你。

內在智慧的聲音，唯有待在舒適圈裡才聽得到，待在外面是永遠聽不到的。要把這個聲音聽得清楚，就要前往聲音的所在之處。站在充滿混亂和恐懼感的自滿圈中央，還要設法把聲音給聽進去，是做不到的。好比你站在紐約時代廣場中央，還要設法聽到朋友在電話裡輕聲對你說的話，而且那通電話還是從寧靜的鄉間住處打來。如果你想聽到朋友說的話，就一定要親自去朋友家一趟。

你的內在智慧就是你的朋友，而且是住在沉穩又安全的舒適圈裡。

良好的感覺會造成內在的轉變

我年紀還小的時候，天生就會聆聽內在智慧的聲音。我祖母常會拿童話故事裡吉米尼蟋蟀對小木偶皮諾丘說的話來提醒我：「永遠要讓你的良知當你的嚮導。」不過，隨著我長大成人，在周遭人們的連番要求下，我的內在智慧逐漸被噤聲。大人給我的建議都在我的舒適圈外，於是我開始對內在智慧的溫和指引產生懷疑。就算大人其實是把我的最大利益放在心上，但是他們基於好意而提出的建議，反而讓我遠離我覺得良好又自然的事物。等我失去一切才明白，我沒有聆聽內心的指引，反而討好別人，迷失自我。

　　我把自己逼入困境，不是必須了結自己的性命，就是得去做一件很久沒做的事：聆聽我的身心靈實際需要的事物。我首先做的其中一件事，就是拋棄掉「我不知道該做什麼！」「我不知道自己的感覺是什麼！」這類句子，轉而向自己提問：「我想要做什麼？」「現在有什麼會讓我感覺很好？」每一個問題，都要給一個答案。我相信自己給的答案就是正確的答案。

　　那麼久以來，我還是第一次不去批評內心的渴望、感覺、喜好。若我覺得很累，想躺在床上的話，我不會說自己很懶惰，反而會對自己說：「我現在就是需要休息，休息很好。」我們的言詞具備強大的力量，我們的自我對話也會對我們的經驗造成莫大的影響，但我們卻都低估了。

> 你的內在智慧就是你的朋友，而且是住在
> 沉穩又安全的舒適圈裡。

　　我讓自己從所在的地方獲得慰藉，我置身於安全的地方，我有舒適的床鋪，我有溫暖的衣物，我的直覺成為我的嚮導，感恩和肯定語成為我的日常儀式。我愈不批評自己的情況，愈讓自己在現有環境下感到舒適，那麼我的感覺就會愈好。我讓我活出自己，我的活力就回來了，我再次找回自己。

　　我在床上躺了兩個星期，才出現這個內在的轉變，我獲得啟發，下床，伸展。我找到舒緩的體能活動，開始攝取營養的食物。我愈是做出會讓自己感到舒適的選擇，我的感覺就愈好，腦海裡開始湧現的想法也愈來愈多。我的體重開始逐漸下降，不是因為我討厭自己的身體並希望改變身材，而是因為我學習去愛原本的身體，用正確的方式照顧身體。

　　我慶祝微小的勝利，用關愛的語氣對自己說話，並且開始相信一切終究都會沒問題。我的人生很快就發生變化，我開始看見正面的念頭對我的人生產生的影響。我創造正面的回饋循環，跨進舒適圈以後，我就能夠汲取正面的念頭，正面念頭又幫助我待在舒適圈裡。我開始為自己創造專屬的舒適圈儀式，**而所謂的舒適圈儀式，就是我覺得輕鬆、自然、舒緩的習慣**。人生讓我開始感到不自在的時候，是我的儀式讓我能一直待在舒適圈裡。正能量的力量很快就會顯現出來！

　　在我眼裡，我的嶄新人生彷彿是奇蹟，我想把自己獲得的啟發跟大家分享。深獲啟發的我，決定幫助別人轉念來改變人生，所以我每天都努力在網路上張貼名言和肯定語，我建立的社群開始快速成長。這件事當然要付出不少心力，但是我很愛自己正在做的事，所以我的工作時間就這樣飛逝而過，就算是「漫長的工作時間」也是如此。**我處於心流狀態，那裡是熱忱和使命交會的地方**。在後續幾章，我會說明自己確切採取哪些步驟來進入心流狀態，這樣你就可以照樣跟著做。

一段時間以後，我回頭去看當年的奇蹟時刻，想知道自己的內在到底發生什麼轉變，竟然能這麼輕鬆讓我做出重大的人生改變。**我體會到，在那段正面轉變的時期，我做出的每一個決定，不是幫助我更有安全感，就是基於安全感才做出的決定。安全感就是一切，要往前邁進、獲得治癒、有所成長，安全感就是我最需要的感覺。** 安全感就是我當時一直欠缺的要件，而我只要問自己喜歡什麼，就等於是開始在人生中創造安全感。

不過，為什麼我要花好幾年的時間才認同自己所在的地方沒問題？為什麼當時的我會非常強烈反抗舒適的狀態？

待在舒適圈外所創造的生活方式，會讓我們一直向外尋求圓滿感，而帶來圓滿感的事物向來不存在於我們的自身之外，所以我們的人生注定不斷尋求卻又遍尋不著，這種人生會在我們的內心製造創傷。

如果你一輩子都待在舒適圈外，那麼等你終於回到舒適圈，有可能很難調整自己適應舒適圈的輕鬆狀態。你會產生疑心，好比你一輩子都待在戰區，等你終於找到回家的路，回到安全又遠離戰場的家，你還是會經常往背後看，每一個和諧寧靜的房間，你都覺得可疑，窗外每一道把鮮亮葉片吹得沙沙作響的微風，你都質疑背後的動機。

幸好你再也不用這樣活著，你可能會適應舒適的生活。生活變得愈好，情況就會變得愈順利，並且繼續順利下去。

用「舒適圈流程」來創造人生

這時，你也許會說，克莉絲汀，我懂！我支持你！不過，我要從哪裡開始起步？

好，首先，太好了！我們一起走了這麼遠，我很感謝。對於即將到來的情況，我也超級雀躍不已。

其次，你開始起步的地方就是每一趟旅程的起點，就是你現在所在的地方。你就在正確的地方，掌握正確的時機，做著正確的事。**只要繼續閱讀本書，好好做練習，眨眼間，你就會待在舒適圈裡，在更少的壓力下，善用更多的心流，創造夢想的人生。**

你遲早會說出這樣的話：「這未免感覺太輕鬆了吧。」而我會這樣回答：「很好！本來就應該要這麼輕鬆。」

人生本來就應該輕鬆又有趣，我們本來就應該擁有我們夢想的一切，只要終於體悟到這點，我們就會展現出截然不同的樣貌。

在我的人生中，我待在舒適圈裡，採用Part II〈用「舒適圈流程」來創造人生〉的方法和技巧，自始至終按照自己的意思創造人生。在後續幾章，我會確切說明如何進入舒適圈並一直待在裡面，這樣你就能以自然又直覺的方式獲得成長，而在這條路上跨出每一步時，都能接納自己的真實樣貌。只要學會這種做法，那麼每當你在人生中覺得被困住時，每當你想要增強動力、邁向更大的夢想時，都可以運用這個有效又強大的3步驟過程。

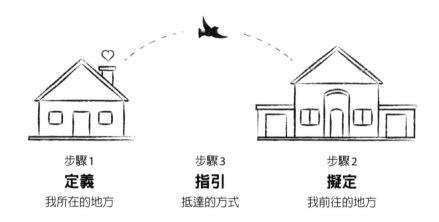

<table>
<tr><td>步驟1</td><td>步驟3</td><td>步驟2</td></tr>
<tr><td>**定義**</td><td>**指引**</td><td>**擬定**</td></tr>
<tr><td>我所在的地方</td><td>抵達的方式</td><td>我前往的地方</td></tr>
</table>

用「舒適圈流程」來創造人生

你在 Part II〈用「舒適圈流程」來創造人生〉會學到三大步驟，概略說明如下：

- **步驟1：定義**——在這個部分，你會詳細又坦誠地觀察你所在的地方。你會使用 SEE 金字塔，創造出具有以下三大特色的內在環境和外在環境：安全感（Safety）、展現力（Expression）、愉快感（Enjoyment）。你會審視自己在目前人生中所展現的樣貌，這樣就能秉持坦誠、透明、用心的態度，對你的選擇和界線加以改進。

- **步驟2：擬定**——在這裡，你會找出你前往的地方。你會運用「擴展的自我」、「舒適圈願景板」、「肯定語」、「情緒」等方法，創造出你想邁向的未來願景。

只要你活出圓滿人生，有自覺做出的選擇也跟你特地想過的人生一致，那麼你就是定義自己想展現的樣貌。

- **步驟3：指引** —— 最後，在這個步驟，你會探索抵達的方式。你會採用「適應」、「靜坐」、「習慣」、「強大的立場」、「心流」等方法，穩定擴展你目前的舒適圈，讓舒適圈可以把你真正想要活出的人生包納進去。你下半輩子可以運用這些方法，創造出將來幾十年的幸福人生。

這三大步驟會分成幾章進行說明，一個步驟只著眼於一種方法、技巧或心態轉變，幫助你在舒適圈裡茁壯成長。一旦你覺得舒適，就可以根據自己的需求，隨心所欲運用其中一種方法，幫助你坦誠看待自己所在的地方，明確知道自己要前往的地方，或者獲得啟發、採取行動。

請注意，在「用『舒適圈流程』來創造人生」圖表，最後的步驟3指引：抵達的方式不是位於結尾，而是位於步驟1和步驟2的中間，因為要採取行動、得到你想要的事物（步驟3），就一定要先定義你所在的地方（步驟1），然後再找出你前往的地方（步驟2）。你不會隨便在海洋中央蓋橋梁，還希望最後橋梁會蓋到陸地。你會先找出一座島嶼，客觀審視自己所在的地方跟島嶼之間的情況，然後考量距離和其他眾多因素，再決定要蓋哪種橋梁，方便你前往該座島嶼。

你要用以下方法活出自己的人生：在你所在的地方和你前往的地方之間，興建一座橋梁。結果，等你做到步驟3，你

採取的行動會變得更有成效，真正把你帶到內心渴望的目的地。

等你讀完本書，並且實踐我分享的眾多方法和技巧，表示你已經做好萬全準備，可以成為舒適圈專家。在周遭人們的眼裡，也許會覺得你不知怎地好像變得不一樣。他們也許想要知道你到底怎麼了，為什麼你的壓力變小了，你是怎麼輕鬆吸引到眾多的新機會來到你的人生。在你心裡，會覺得自己好像每天都變得更像自己一點。你愈是讓你活出自己，你的安全感和自信心就會逐漸提升。你的夢想也許會變得更宏大清晰，你也許會開始覺得你愈來愈應當獲得你想要的一切。就連你跟周遭人們的關係，也可能會有所改善。

你在後續幾章落實三大步驟並且做練習的時候，建議你不要指責自己。我們全都有內在的混亂需要清理乾淨，這就是生而為人要做的。秉持著坦誠、不指責的態度，就有機會把內在的混亂給清理乾淨，進而連結到個人力量的源頭。在人生中，要是偶然碰到一些太過脆弱或太過困難而無法改變的領域，請不要困在裡面，請繼續閱讀本書內容，盡力參與每一個練習。我向你保證，只要你盡力繼續做下去，就能待在舒適圈裡，開始獲得舒適圈的好處。

你目前的成果

你已讀完第5章！我要給你一個大大的擁抱。你一路走來，都做得很好。我為你感到雀躍不已，你體驗並接納自己的真實樣貌，藉此擁有自己的力量，並且跟全世界分享！有大事要發生了，但你也一定要相信大事會發生才行。你要知道，當你待在舒適圈裡，其實是倚靠自己的力量過日子，所以你在舒適圈裡所做的每一個選擇和行動都有圓滿的感覺。舒適圈是輕鬆的出路，本來就應該這樣。當我們待在舒適圈裡，就會更展現出自己的真實樣貌，並且聆聽神聖的內在智慧，開始活出自己真正想要的人生。

現在，翻到Part II〈用「舒適圈流程」來創造人生〉，首先要落實步驟1：定義 —— 你所在的地方。在關於步驟1這章裡，你會有機會把你的真實住家和你的內在居所 —— 舒適圈 —— 給連結起來，找出我們為什麼一定要用心創造一處空間來呈現。

Part II

用「舒適圈流程」來創造人生

你做出清楚的決定，你的人生就會給予回應。你愈是用心做出決定並擬定宣言，就會愈快速、愈輕鬆地看到結果在你的人生中產生回響。

恭喜！你即將踏上壯闊的旅程，探索自己！我輕鬆創造夢想人生時所運用的所有知識、方法、資訊，都涵蓋在這幾章裡。我已經盡自己的一份力，把這些資訊化為書頁，而能把我所知的一切跟你分享，我感到雀躍不已！

　　然而，在你移往從第6章開始的〈用「舒適圈流程」來創造人生〉的步驟1之前，我需要你幫我、幫你自己一個大忙。現在請花一點時間，有自覺又用心地擬定宣言給自己。

　　你做出清楚的決定，你的人生就會給予回應。你愈是用心做出決定並擬定宣言，就會愈快速、愈輕鬆地看到結果在你的人生中產生回響。

　　為了助你一臂之力，我寫出下方的宣言。如果這些文字引起你的共鳴，請隨意寫在本書提供的空白處。如果沒有引起你的共鳴，請寫下你自己的文字。慢慢來，感受著你正寫下的句子，堅定實踐你做出的選擇。請在宣言底下簽名並註明日期，然後前往第6章的**步驟1：定義你所在的地方。**

　　我〔你的姓名〕已經準備好活出夢想人生。今天，我會讓自己的人生順勢而為。我會把自己的舒適、自我照顧、幸福感視為優先，做到尊重自己。我很清楚，我來到這世上有其原因，而享受人生是我與生俱來的權利。我已經準備好把自己的安全感、愉快感、自我展現視為優先，這三者是我啟發及鼓舞周遭人們的手段。我閱讀本書時，會盡力活出可以照亮自身存在的人生。我已經準備好在舒適圈裡創造出我喜愛的人生。

我的宣言：

_____

_____

_____

_____

_____

_____

_____

_____

_____

_____

签名和日期_____

步驟 1：定義你所在的地方

第 6 章

找到舒適圈，
就能找回自我

花一點時間想像你的住家處於最理想的狀態，乾淨、整齊、有情感的支持、安全、具備實質的吸引力。在你的住家，你需要的所有東西都有該擺放的位置，容易找到並拿取。你的住家採用你最愛的裝潢風格，色彩和質地都帶來舒緩又踏實的感覺。你的住家有家具、電器、藝品、配件、其他物品，帶來喜悅和舒適的感覺。每一個房間的用途都是根據你的需求，每一項細節都是根據你的喜好，精心挑選出來。門把的質地和感覺、換床單的頻率、整理抽屜的方式等細節，都是謹慎做出的決定，為的就是帶給你最愉快的體驗。

我曾經問過「正能量的力量」社群讀者，他們覺得理想住家有什麼樣的意義，以下列舉一些最常見的答覆：

• 安全的地方，我覺得受到保護，免於外在威脅。

- 充滿愛又平靜的地方，我覺得舒適又安全。
- 乾淨又整齊的地方，根據我的品味和喜好量身打造。
- 私人又熟悉的地方，我可以真誠展現自己，不怕被指責。
- 待在這個地方，我覺得自己跟家人、愛、笑聲、寧靜之間，享有深厚的相通感。
- 這地方處處都有著神祇、祝福、自然。
- 這地方描繪出我的樣貌。
- 這地方讓我可以說這裡是「我的」。
- 這地方讓我找到平靜、愛、安全感、輕鬆感。
- 這地方充滿快樂和相通感。

　　我的問卷調查收回的份數有一千多份，反覆出現的詞彙有安全感、平靜、愛、舒適等，這一點也不意外。我們全都渴望著家，家會讓我們感到安全又平靜。在根本上，我們想要的是金錢買不到的簡單事物。

　　舒適圈好比是理想的住家、內心的庇護所，只存在於你的內在，無法外求。在舒適圈，你會聽見自己的聲音，並且治癒自己；在舒適圈，你會回歸自我，你會體驗到最平靜的感覺；在舒適圈，你終於可以放鬆下來，不受拘束，盡情享受。就算在這麼放鬆的狀態下，你還是能夠獲得最成功圓滿的經驗。待在舒適圈裡，你會覺得有信心、平靜、安全，處於心流狀態。你會擁有清晰感和使命感。舒適圈跟實體的住家很像，你愈是用謹慎關愛的態度打理照料，你待在舒適圈的體驗就愈愉快。

如果你沒有感受到踏實和平靜的感覺，表示你的人生可能充斥著一堆局限的念頭、信念、行為、習慣，在這一團混亂當中，你認不出自己的樣貌。這就好像把你的住家塞滿一堆郵件、隨便擺置的家具、你不喜歡的藝術品、你沒讀完的書、你覺得沒有意義的東西。居住的環境亂七八糟，就很難體驗到平靜感；同樣地，身體裡的心智，要是充斥著一堆對你沒有幫助的陳舊信念和習慣，那麼你在這身體裡也會不舒服，還會把你擋在舒適圈外。

找到舒適圈

要待在舒適圈裡，第一步就是找到舒適圈。找到舒適圈，就會找到自己。

我也知道，「找到舒適圈」聽起來可能有點奇怪或傻氣，尤其是你不知道該找什麼的時候，所以我來幫你吧。

我希望你暫時停下來，在閱讀這些文字時，做幾次腹式深呼吸。舒服坐著，繼續做幾次深呼吸。這時會覺得有一波溫暖又舒緩的輕鬆感向你湧來，請沉浸在其中，繼續用心做幾次深呼吸，做到你的呼吸速度變得緩慢又有規律。現在，想像燦爛的白光把你整個身體都包圍住，白光具有強大的力量，無窮無盡。隨著每一次的呼吸，你覺得愈來愈放鬆，白光愈來愈燦爛。白光帶來非常舒緩的感覺，你覺得很輕鬆。在溫暖的白光裡，你的身心徹底放鬆下來。你覺得很安全，你在自己的身體裡，就像在家裡一樣自在。現在你就是在舒

適圈裡！

這個練習就是證明，要找到舒適圈，不一定要前往他處。要找到舒適圈，反而要回歸自我。你這一刻所在的地方，就可以找到你自己、找到舒適感、找到安全感。

你現在的樣貌已經完整又完美，只要體悟到這點，就能產生最強大的自主力量。辨識內在的混亂並且清理乾淨，最能幫助你應對痛苦，因為去除混亂以後，留下來的東西全都是你的優點。

你閱讀後續幾章的時候，務必謹記在心，舒適圈不只是存在於你的實體住家。我使用實體住家的類比，是為了幫助你對這個想法有概念，不然你可能會覺得很難理解。另外，也是為了證明你可以不時跨出舒適圈。你也許會注意到，待在舒適圈裡，並不是那種要麼都在裡面、要麼都在外面的情況。也許你人生中的某個領域是在舒適圈裡，另一個領域是在舒適圈外。你也許還會注意到，當你把「人生中的某個領域是在舒適圈裡」視為優先，那麼其他領域也會跟著開始進入舒適圈。

愛是舒適感的催化劑

我有個朋友展現出斐然的人生成就，但是她在職場爬上的位置並不是她想前往的地方。實際上，她儘管很成功，還是往往會感到絕望、困惑、憂鬱。我請她跟我分享她內心的對話，她說：「我好像永遠無法擁有自己實際想要的事業。別

人都朝他們的夢想邁進，我總是被拋在後頭。」

對我的朋友來說，被拋在後頭顯然是一種恐懼和痛點。她抱持著以下根深柢固又頑強的信念：我想要的事物，我不應該擁有，因為我配不上。結果，我總是被拋在後頭，而配得上的那些人拿到他們渴望的一切。

說來矛盾，我朋友其實過著幸福至極的人生。很多人從外面看，會很想過著她所創造的人生。不過，因為她抱持著這樣的信念，所以她真正的渴望總是在她無法觸及的地方，而她的成功混雜很多東西，有挫敗，也有失望。

另一方面，我也見過這位朋友在談戀愛的時候，十分輕鬆就達成眾多目標。作家兼心理學家布魯斯・立普頓（Bruce Lipton）在其著作《蜜月效應》（*The Honeymoon Effect*）也寫過這個現象，他發明「蜜月效應」一詞來描述這種奇蹟般的效應。

立普頓認為，愛會讓你開放胸襟，接納這個世界，獲得你尋求的喜悅、活力、快樂。在這種狀態下，你的樣貌會跟你希望、渴望的活力達到一致。只要你處於當下此刻，沉浸於這類高度正面的情緒狀態，那麼「蜜月效應」隨時會發生。

要待在舒適圈裡，第一步就是找到舒適圈。找到舒適圈，就會找到自己。

　　拿我朋友的情況來說，她的不滿主要跟事業有關，所以每當她有了新的感情，事業上的挫折感就會稍微減少。她原本特別關注她在生存圈裡常會投入的領域（也就是她的事業），後來改成關注她在舒適圈會投入的領域（也就是愛和陪伴）。一旦在舒適圈裡，她就會放下防衛，樂在其中，不再想著那些害她被困住的念頭，開始有安全感、有能力、有魅力、有力量。這裡有個關鍵的重點，愛是一種強大又正面的感覺，可以立刻把你帶到舒適圈裡。愛帶來的舒適感，讓人愛上了舒適感。

意識到什麼是舒適

　　待在舒適圈裡，人生就會過得順利又輕鬆，我朋友就是這樣。她進入舒適圈以後，就沒有什麼可以阻擋她實現願景。

　　這種情況也有可能發生在你的身上，只是也許看起來有點不一樣。我們每個人都是獨一無二，我們的舒適圈也同樣是獨一無二，而我們創造及擴展舒適圈的方式也是獨一無二。到頭來，其實重要的問題就只有一個：「你是在舒適圈裡面還是外面？」

　　要回答這個問題，就要意識到你心目中的舒適到底是什麼，也就是說，你要找出自己的舒適圈。然後，等你知道舒適圈裡會有什麼感覺，就可以學著去辨識自己什麼時候不在舒適圈裡。一旦你發現自己在舒適圈外，最重要的就是找到回家的路。你有可能一天內在三個人生圈之間進出，所以請務必注意

這點，而剛開始做的時候尤其要注意。混亂的日子會被情緒淹沒，心情起伏劇烈，很容易在三個人生圈之間忽進忽出。沒關係！只要持之以恆，終究會學會在各個圈子導航，輕鬆回到舒適圈。等你駕輕就熟以後，就會自然而然回到舒適圈，而且一進入別的圈子，也很快就會有所認知。

很多人都沒有發現自己反覆被困在生存圈和自滿圈，因為這些人開始執著於生存圈和自滿圈裡的念頭和情緒，沒有去關注自己想要的事物。他們執著於自己正在經歷的壓力，問著以下的問題：「為什麼我就是做不好？」、「為什麼我一直都沒有充分的時間？」他們相信內心的負面嘮叨，放任這些局限的念頭在腦袋裡反覆播放。

有些人會被困在這兩個圈子，是因為他們試圖去了解這兩個圈子，以為只要研究自己所在的圈子，就可以找到出路。這也是個陷阱。日復一日研究自己所在的圈子，就絕對會一直待在圈子裡出不去。

意識就是關鍵，對於你不想待太久的地方，絕對不要去關注。如果你想從原本所在的圈子跨出去，就要轉而關注你想要跨進的圈子（也就是你想要待著的地方），不要關注你目前所在的圈子。與其關注生存圈和自滿圈，不如一直關注舒適圈，這樣有效多了。**只要去學習、定義、研究舒適圈，不只會懂得怎麼一再回到舒適圈，待在舒適圈的時間也會大幅增加。**基於這個原因，本書的其餘內容會帶領大家認識舒適圈，讓大家懂得怎麼在舒適圈裡運作。我們會意識到什麼是舒適，並且一直關注舒適圈。當我們討論生存圈和自滿圈

時，內容會很簡短，而且也是為了讓大家更認識舒適圈才會提，好嗎？說好了！

現在回到你目前所在的地方，因為唯有從你站著的地方出發，才能展開旅程。

從你所在的地方出發

回到你的評量結果，也就是你在第3章的結尾完成的評量。從評量結果，就會大致知道自己大部分的時間是待在哪個圈子裡。如果你已經待在舒適圈裡，恭喜！本書的其餘內容會讓你跟舒適圈的關係變得更加深厚，還會提供一些方法，讓你在舒適圈裡持之以恆創造你渴望的人生。如果你沒有待在舒適圈裡，那也沒關係，大部分的人都沒有在舒適圈裡。你很快就會學到一些方法，並在這些方法的帶領下，進入舒適圈並且待在裡面。不過，現在請你務必坦誠面對自己所在的圈子。

你要做的第一件事，就是對你所在的地方釋懷。如果你大部分都是在生存圈裡採取行動，請現在就跟自己說，在生存圈裡也沒關係。如果你困在自滿圈一陣子，請你明白，這樣也沒關係。

不管你現在是在哪裡，那裡都是你該在的地方。對抗現況或希望現況改變，只會引發抗拒感，把你推得更遠離舒適圈。坦誠面對自己所在的地方，接受現況，並且釋懷，就是把「你沒有問題」的訊息傳達給自己。我們在這裡做的事

情，不是設法「修正」你。不需要修正，因為你沒有問題。

現在我們稍微更深入挖掘，再次看看舒適圈就是實體住家的類比。

實體世界有很多種類的家。在你眼裡，家也許是一間公寓，也許是你在別人房子裡租的一間房間。不管家的樣子是什麼，目標都是要打造一個安全處，讓你有地方可以回去，讓你問心無愧地充分活出自己。

然而，在很多人的眼裡，家根本就不是他們渴望的安全避風港。也許是因為他們在打造住家環境時沒有自己想得那麼用心，也許是因為他們覺得住處不安全。在某些人的眼裡，家就只是晚上睡覺的地方，大部分的時間、注意力、心力都花在住家以外的地方，設法獲得成功或維持生計。還有更多的人想要打造舒適又安全的實體住家，卻覺得自己沒有手段可以做到。如果你打造的住家還沒帶來安全感，也還沒打理到可以展現出你的真實樣貌，那麼接下來幾章的內容會幫助你開始著手進行。

時間、金錢、資源，這三者跟住家的打造其實不太有關係，甚至可以說是毫無關係。很多人擁有的東西非常少，卻能把住家打理得安全又舒適，不但能滿足自己的需求，還能展現自己的喜好。我認識的某個人碰到一些意外情況，不得不離開海灘附近的漂亮住家，搬到幾公里外、位於內陸的露營車裡。她賺的錢不多，只好使用自己原本就有的東西湊合一下。她負擔得起的露營車起初差強人意，但是一段時間以後，她把露營車徹底改造得很漂亮，在她看來十分完美。事實上，現在露營

車的氣氛跟她在海灘的住家很像。能擁有一處小巧卻溫馨的地方，她就很感激了，畢竟這裡是她親手打造的。

我們跟實體住家之間的關係，我們跟舒適圈之間的關係，這兩種關係有很多相似的地方，我們可以從中獲得絕佳的洞察力，在打理舒適圈的時候，知道舒適圈可以展現什麼樣貌、帶來什麼感受。有時，我會對將來感到擔心、困惑或恐懼，這種時候，我會做好內在的工作，著眼於舒適圈。有時，我就只是把實體住家清理乾淨，我會徹底打掃、重新布置、擺放水晶飾品或盆栽，而這麼做的時候，能量就會有所轉變。打理實體住家，我的內在就能獲得信心和清晰感。在此希望，不管你的實體住家是什麼狀態，你都會懂得這個類比原本的用意，也就是要給你一張容易理解的藍圖，讓你更認識自己的舒適圈。

雖然這個類比相當有利於詳盡解釋舒適圈，但還是希望你不要緊抓這個類比不放，畢竟舒適圈跟實體住家不一樣，並不是實際存在的「地方」。舒適圈比較像是你可充分發揮自身力量時，可以獲得的舒適感、安全感、信心感、歸屬感，所以我才會把舒適圈稱為內在居所：這是一種存在狀態，會讓你擁有安全感，你的內心會有如在家裡一樣自在。

我把舒適圈類比為內在居所，是希望你會知道，無論是實體住家混亂，還是舒適圈裡的能量混亂，混亂就只是混亂而已，不代表你這個人、你的價值、你的可愛、你茁壯成長的能力、你的其他方面是混亂的。「混亂」只表達出一件事情，那就是混亂。如果你不喜歡混亂，或是混亂讓你感覺不好，那你可以清理乾淨。

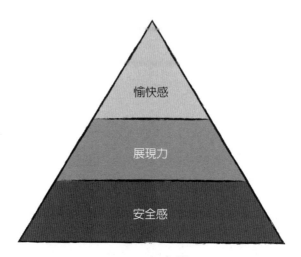

SEE 金字塔

現在我們開始著手進行吧。記住，我支持你！

我發現，我們跟實體住家的關係有以下三個獨特的層次，而且也適用於舒適圈：

1. **安全感**：「我的住家／舒適圈保護我，免於外在的威脅。」
2. **展現力**：「我的住家／舒適圈給我空間展現自己。」
3. **愉快感**：「我的住家／舒適圈帶給我喜悅。」

我把這三個層次整理成SEE金字塔。SEE金字塔的各個層次是上下相疊，第一個層次是安全感，它位於最下方。從這樣的演進看來，當我們在較低的狀態達到一定程度的滿足

感，較高的狀態就會供我們取用。只要擁有充分的安全感，就可以舒適展現自己，而你的自我展現在經過充分的探索後，會產生愉快感。

根據心理學家亞伯拉罕・馬斯洛（Abraham Maslow）的需求層次理論，人類的動機背後有五大基本需求，安全感是其中一項人類基本需求，僅次於庇護所、食物、水的需求。要先滿足低層次的需求，然後才能處理高層次的需求。要是沒有安全感、保障感、舒適感，就很難觸及高層次的需求，比如關係、成就、自我實現等。當我們感到不安，無法展現自己，就很難讓自己追逐夢想。

SEE金字塔跟馬斯洛提出的層次需求理論很像，可以幫助你更深入鑽研舒適圈的根基。前文提過，舒適圈好比是你的住家。你會根據自己的喜好來裝潢住家，同樣地，你也需要有自覺又細心地去定義並熟知你的內在居所。

以下舉例說明兩者的平行關係：你實際的住家存在於實體世界，也就是說，你跟住家的關係如果有受到損害的地方，你只要環顧四周就會立刻知道。要是有實體的混亂需要清理乾淨，你會看得到；要是有危及性命的瓦斯外洩，你會聞得到；要是有闖入者出現，害你感到不安或不適，你也能輕鬆辨識出來。如果你是在不友善的鄰里打造住家，你會聽見自家牆壁的另一側傳來威脅的聲響。如果你的住家胡亂擺滿家具和雜物，你可以親手拿起這些物品，移到你的空間以外的地方。

你可以在實體住家打造雜亂又不友善的環境，同樣地，

你也可以在內在居所打造這種環境。不過，因為內在狀態不像實體住家那樣具體，所以很容易就沒注意到凌亂的跡象。你可能沒發現自己的內在居所受到危害，等到內在居所瀕臨瓦解才發現。然而，有一些跡象會顯示你的舒適圈裡的哪個地方很混亂，會顯示你做了什麼事，威脅你的安全感、舒適感、歸屬感。要認出這些跡象，就要很熟悉你的舒適圈，然後學習怎麼隨心所欲地跨進舒適圈。SEE金字塔會提供準則，幫助你做到那樣。

當你根據SEE金字塔，重新布置住家和人生時，會讓你無法充分認識自己的那些習慣、思考模式、信念、人們、行動，你都必然要開始拋開，接著改採其他的念頭、經驗、人們、習慣，藉此獲得內在的安全感，進而能夠坦誠展現自己。你會著眼於你的真實樣貌、讓你快樂的事物、帶來平靜感的事物。

我在後面幾章跟你分享的每一個練習、例子、念頭，都是為了幫助你跟自己共處當下，這樣你就會知道自己在每一刻展現的樣貌、你心目中的重要事物、哪裡的混亂需要清理乾淨、什麼樣的人生選擇會讓你覺得舒適又自然。每一個新喜好塑造的新渴望、新選擇、新行動，都會跟你的樣貌一致，最後你的舒適圈就會獲得強化或擴展！

你目前的成果

　　做得好，你已讀完第6章！現在你明白了，要待在舒適圈裡，第一步就是要辨識自己現在所處的是哪一個圈子，並且對此釋懷。只要沒有抗拒感，我們就總是會往舒適圈邁進，因為舒適圈就是我們存在的自然狀態。

　　在接下來3章，我們會逐一探討SEE金字塔的三個層次，無論是實體住家還是舒適圈，都具備這三個層次。你跟其中一個層次的關係，往往會反映在你跟另一個層次的關係上，所以清理其中一個層次，也有助於清理另一個層次。那麼現在就來探討SEE金字塔的第一個層次，也是最基本的層次：安全感。

第 7 章

舒適圈裡有安全感

你要是選擇在安全的舒適圈裡茁壯成長，那麼你為了生存而採用的習慣，對你來說就再也沒有幫助。安全感是我們生存的要件，但是說來矛盾，我們一跨出舒適圈、進入生存圈，安全感就會消失不見，所以SEE金字塔的第一個層次才會是安全感。用心決定自己在人生中、在住家裡的喜好，可以說是獲得安全感的重要環節，卻常常遭到忽視。

在這一章，我們會探討安全感的兩大要素，分別是界線和自我照顧。我對這兩個流行語的用法，跟你習慣的用法也許稍有不同。因此，請你在閱讀接下來幾頁時，把你對這兩個主題的看法先擱置一旁，這樣你就能保持開放的態度，聆聽我在這裡跟你分享的想法。

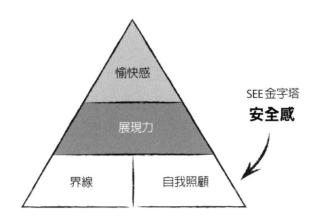

就 SEE 金字塔的安全感層次而言，**界線代表的是你對外的需求和喜好，自我照顧是指你對內的需求和喜好**。要在舒適圈裡打造穩固的安全感根基，就必須認識及培養界線和自我照顧。你在對外需求（界線）和對內需求（自我照顧）的照料上達到平衡，就會產生安全感，因為你的念頭、行動、言詞、情緒的形成 —— 無論對象是你自己還是別人 —— 有很多都是來自於你在這兩種需求上的喜好。

你閱讀本章時，要是想清理或重新布置你的實體空間，要是想在日誌裡記錄你的內在空間，要是想好好思考我分享的想法，你隨時都可以暫停一下，休息很多次也沒關係。如果你是用這種方式投入其中，那麼本章會幫助你奠定基礎，讓你待在舒適圈裡茁壯成長。我納入幾個日誌書寫練習，為的就是鼓勵你暫停一下，好好思考，讓這些內容融入你的人生。不要匆促讀完這些概念。

界線有益健康

「我該怎麼打造健康界線？」這個問題我經常在「正能量的力量」社群裡被問到，提問者通常是那種表達自身需求會感到內疚的人。提出這個問題的人，通常不曉得自己的需求和喜好是什麼，可能是因為他們不重視自己的想法、成就、渴望，也可能是因為他們會費力去討好別人。

界線是你擁有的喜好，會幫助你保護自己，免於外在世界的危害。這類喜好不只限於你跟他人的關係，還有可能包含事件、想法、說法、觀點，甚至有可能包含事物和歸屬感。

你要是不曉得自己想要什麼、需要什麼才能擁有安全感，那就無法對自己、對別人展現自己的渴望，在人生中也無法專心創造出符合自身安全感的經驗和關係。

畫下健康的界線，不只是尊重你自己，也是在要求別人尊重你。想要求別人尊重你、想接受別人給你的尊重，**第一步就是要對自己展現出你想要的尊重。**

內在的探索會幫助我們定義自身的獨特需求和喜好，但我們太常沒探索過內在就這樣虛度一生。我們想被怎麼對待，「尊重」這麼簡單的事情是什麼樣子，我們都沒能定義。多數人都想擁有更好的感覺，但在自己的內心裡面，卻很難找到安全、舒適、感覺更好的地方——這些地方，其實就是是舒適圈。

沒定義舒適圈，你的喜好就會不斷受到外在世界的危害。沒定義自己的喜好，就沒有界線，結果就會覺得別人好

像不斷在越界。你思路不清晰而產生的情況和互動，會導致
人們不曉得什麼沒關係、什麼有關係，結果別人好像都在利
用你、踐踏你、忽略你的需求。

畫下界線，並不表示要興建更高聳、更穩固、更堅不
可摧的牆壁，反而是要往內邁進，建立心目中覺得良好、自
然、舒適的關係，這樣就能把自己的喜好表達給別人。

第3章提過，當你覺得壓力很大、焦慮不已時，你的杏
仁核（大腦的壓力中心）就會活化。因為杏仁核的作用就是
保護你的安全、避開迫切的危機，所以杏仁核活化後，你就
會進入「戰或逃」的狀態。你的內在要麼是準備好為你的人
生奮戰，要麼是準備好逃走。

你身體外面的世界有可能具有相當的威脅性。假如你住
在野外，沒有遮風避雨的地方，受到天氣、動物、人類、車
輛等的擺布，想像一下這樣會是什麼情況，所以我們才會住
在有牆壁和屋頂的住宅裡，把討厭的人類、動物、天氣給擋
在外面。我們裝設具有隔絕作用的牆壁以及雙層窗戶，用來
隔絕噪音和多變的天氣。我們甚至還根據個人感覺、生理限
制、生活方式喜好，來挑選環境及打造住家。

在實體的住家，有很多東西可以幫助你定義你對外的需
求和喜好。以下一些簡單的例子可以用來建立你跟外在世界
之間的實體界線：

- 住家的實際界線：牆壁、窗戶、門、隱私圍籬、大
  門、樹木、灌木叢等。

- 安全防護措施和習慣；門和大門的鎖、保全系統、監視器等。
- 行為守則：訪客時段（晚上八點後不接待訪客）、家規（腳不要放在家具上）、溝通（不講閒話或不說粗話）、誠信（晚回家要打電話）等。

當你開始注意實體住家的細節，自然就會開始改進自身的需求和喜好，並且定義出新的需求和喜好。舒適圈也是同樣的道理，當你開始注意自己的內在需求和喜好，就會開始改進內在需求和喜好，並且定義出新的內在需求和喜好。舒適圈就跟住家一樣，並不是固定不變的地方。如果你充分享用舒適圈，並且持續跟舒適圈相互作用，那麼你就會發現，舒適圈會不斷進化、不斷改變、不斷向外擴展。

待在舒適圈裡，有很多方法可以定義你的需求和喜好，並且表達給外在世界。以下一些例子可以用來表達你的舒適圈界線：

- **生理上的喜好：**你喜歡多少的生理接觸、你想要多常跟朋友見面與相處、你用什麼方式展現自己的生理需求、你用什麼方式表示自己的喜好等。
- **關係上的喜好：**你要跟誰來往、你用什麼方式請求幫助及接受幫助、你什麼時候坦誠又示弱、你用什麼方式保護自己的時間、你用什麼方式說我愛你等。
- **自我保護：**你拒絕的方法和時機、你期待別人用什麼

方式尊重對待你、你用什麼方式表達不適感等。

- **行為守則**：對於施虐行為採取「一次就出局」的政策、為錯誤負起責任、不要帶著怒氣入睡、表達你的情緒和念頭、吵架時不准人身攻擊等。

請謹記，畫下界線，並不是要把經驗和別人擋在你的人生之外，也不是要去控制別人和情況。**畫下界線，是為了澄清及表達你的喜好，這樣你度過一生時，才會擁有安全感和舒適感。**

然而，別人要怎麼做，是他們的選擇。舉例來說，如果你晚上十點後不想接電話，卻有人在十點後打電話過來，那麼隔天你可以用沉著的語氣，把你沒接電話的原因告訴對方：「晚上十點以後，我通常不會接電話。」另一方面，假如你沒有下定決心晚上十點後不接電話，那麼深夜有電話打過來，你也許就會一直去接，你的個人時間會受到侵害，而別人依賴你，還漠視你的私人空間，你也許會因此開始感到怨恨。

如果對方一直在傷害你，那麼最後的界線也許就是要把對方完全踢出你的人生。然而，就算是碰到這種情況，如果你坦誠面對自己實際的需求，願意把內心的需求表達給那位相處不融洽的對象，那麼你也許能夠找出不那麼激烈的辦法。

你定義自己的喜好以後，就不用不開心，因為你知道自己的立身之處。別人的行動此後就不會讓你觸發強烈的情緒反應，你可以更清楚表達自己的需求和喜好 —— 也就是你的界線 —— 又不用感到內疚。你做出的決定和生活的方式會跟

你的真實樣貌一致，而這又會反映在你的身上。

所以你做的事情務必要讓你擁有安全感。如果你想過著安靜的生活，早睡早起，在黎明前靜坐，那你應該就不會在繁忙的市區租公寓，畢竟在市區，不管是白天夜晚什麼時候，都會聽到警笛聲和吵雜的城市聲響。如果菸味讓你覺得不舒服，那你就不會想跟抽菸的人住在同一個屋簷下。如果你喜愛跟人互動交流，那你就不會想選擇一整天都要孤單坐在辦公桌前的工作。

用心決定你要花時間跟誰相處，讓誰進入你的私人空間，可以說是創造安全感的重要環節。

界線不明確反而會受到限制

我大學的時候，有個好朋友的室友是透過隨機抽樣的方式指派給他的，他們兩個人的個性截然不同，我朋友週末喜歡待在宿舍讀書，過著健康又不碰有害物質的生活，有自覺地挑選相處的同伴。另一方面，他的室友在派對上超受歡迎，參加完派對後，會隨便帶人回宿舍，還讓人過夜，也沒先問過我朋友。我朋友上完課，回到宿舍，卻發現室友翹課，跟一群朋友待在宿舍裡打混，而且不只一次。朋友經常來我這裡住，因為他覺得室友不尊重他。可以想見，這個經驗會讓人很緊張不安，他下個學期就搬出宿舍了。我朋友沒跟室友畫下明確的界線，使得他受限於別人的自由意志。

再舉一個更極端的例子，想像一下，你讓某個人搬進你

家，而那個人很暴力、反覆無常、還虐待你。你在自己家沒辦法放鬆，在外面很有可能也沒辦法放鬆。

　　重點：我們讓人或物進入住家或生活空間，導致我們在住家裡和外面的生活經驗都受到影響。

　　對於待在你家的人或物，你有時會覺得自己好像無法掌控。就你記憶所及，待在你家的某些人或物好像一直都是待在你家。你媽的沙發最後放到你的客廳，長輩的干擾、脾氣或嗜酒有可能全都成為你日常環境的一部分。如果你發現童年創傷或失能狀況一直如影隨形跟著你，那麼如果有一些資源可以幫助你更深入探究，這樣你就能找出有害的模式並且放下。我在自己的人生中，不得不找出一堆這類的模式，並且放下，所以我可以告訴你：「居住在我們的空間又干擾我們內心平靜的，全都驅逐出去吧。為我們帶來愛和支持的人們、習慣、念頭、信念、想法，全都邀請進來吧。這樣一來，人生就會變得美好安全多了。」

　　也許，以前跟你同住的長輩會虐待你，就算那位長輩現在再也沒跟你同住，但每當你的腦子裡出現負面的自我對話時，虐待就會依然繼續居住在你的空間裡。所以你的自我對話、想法、說法、觀點、生活方式，要是跟你現在的樣貌或你想要成為的樣貌並不一致，那麼在這些方面，請務必注意界線、畫下界線。你不一定要接受每一件進來的事物，某個想法要是對你沒幫助，你其實可以說：「拒絕！」這就是畫下界線。

　　如果不畫下界線，這些想法會成為你的一部分。同樣地，當你在消費媒體（比如你看的電視節目、你聽的音樂、

你看的電影、你讀的書籍或雜誌）時，你該留意哪些內容會進入你的實體住家，這樣一來，你就始終都能掌控哪些內容朝你而來，哪些內容住進你的心理空間和情緒空間。

你讓某些事物進入你最私人、最神聖的空間，那些事物多少就會成為你的一部分，並在那一刻，成為你的樣貌延伸出來的部分。你的界線會幫助你用心做出選擇，這樣一來，你在自己的住家、在自己的身體，都會覺得很安全。

舒適圈練習3：
用以下問題畫出界線

在你的日誌裡，回答以下的安全感和界線相關問題：

- 你在自己的住家有沒有安全感？在自己所在的鄰里呢？如果答案是肯定的，是什麼原因讓你覺得安全？如果答案是否定的，是什麼原因讓你覺得不安？你該怎麼把住家打造得更有安全感？
- 誰跟你住在一起？你跟這個人或這些人的關係怎麼樣？
- 在你跟別人的關係方面，你有哪些需求和喜好？表達你的界線，是簡單還是困難？

- 大部分的時間，你是跟誰相處？為什麼？

- 在你的人生中，有哪些關係會讓你覺得不自在或
  不安全？為什麼這些關係會讓你有這種感覺？要
  在這些關係中擁有更大的安全感，你需要什麼？

- 在你的人生中，有哪些關係會讓你覺得安全又獲
  得支持？為什麼這些關係會讓你有這種感覺？要
  在人生中的其他領域培養這些特質，你該怎麼
  做？

- 你經常消費哪些媒體（例如書籍、電視、新聞、
  社群媒體、網路等）？你消費的媒體帶給你什麼
  感受？

- 你從小到大的舊有習慣或行為模式當中，有哪些
  是你想改變的？你的哪些習慣或行為模式會讓你
  感覺很好、產生自主力量、獲得支持、擁有安全
  感？

- 你的內在對話聽起來是怎樣的？是充滿關愛和鼓
  勵？還是充斥著批評？

- 別人對你的意見，你有多在乎？你展現自己的喜
  好時，是否感到舒適？

自我照顧就是自我意識

要維持住家的內部狀況，就需要一定程度的維護。如果有瓦斯洩氣、漏水、電線走火、管線生鏽、地板和地面之間的夾層發霉或有老鼠，那麼你的住家很快就會變得不安全。如果你不密切留意，住家的內部系統就會在你不注意時開始腐蝕或瓦解。也許要等到火災發生，你才會知道電線走火；也許要等到你生病，你才會知道有地方發霉。

實體住家需要維護，內在狀態也同樣需要保養，這樣才會覺得安全，又能達到最佳表現。所謂的自我照顧，就是內在狀態要達到健康安全狀態所需的一切。

為了找出自己的路，進入舒適圈，我把重點放在自我照顧的四大方面：

1. **生理上的自我照顧**：身體上的需求，讓身體達到最佳表現。
2. **心理上的自我照顧**：心理上的需求，讓你對念頭、信念、心理習慣上的認知與掌握都達到最佳狀態。
3. **情緒上的自我照顧**：有能力理解及引導自己的情緒狀態和幸福感。
4. **靈性上的自我照顧**：你跟自己非實體、非物質部分（也就是你的靈性）之間的相通感。

有時，就連該從哪裡開始照料這些方面，也很難知道。

住家漏水，最起碼可以關水，修理管線，可是你體驗到的漏水如果完全是內在的，而且多半隱而不顯，那麼你該怎麼做呢？

我學到的是，自我照顧的四大方面會提醒我們。只要你願意留意一些跡象，那些跡象就會提醒你，你是在哪裡經歷痛苦、緊張、不適，還會提供緩解和治癒的方法。

自我照顧的關鍵環節就是自我意識。所謂的自我意識，就是留意自己的內在目前發生的情況，你在這種情況下有什麼感受，有什麼可以幫助你覺得好轉。

你要是不自我照顧，身體最後會開始屈服於疾病，你會陷入憂鬱或絕望，負面情緒會開始主導你的人生，而你跟自己、跟世界之間的相通感會消失不見。你要是忽略內在狀態，就會發現自己陷入健康上、心理上或靈性上的危機，在極端的情況下，還會覺得活不下去。反之，如果你把自我照顧當成是人生中重要又固定的環節，那麼你創造出的內在環境，會給你帶來安全感，並且支持你的夢想。

生理上的自我照顧，是指你跟自己身體的關係。

舒適圈和身體健康之間，存在著實質又直接的關係。我們對待自己身體的方式，往往反映出我們跟舒適圈的關係。

習慣待在舒適圈外，就會開始忽視身體健康。你也許會縮短睡眠時間，再也不運動，吃進的食物只是用來填飽肚子，營養價值很低，甚至毫無營養價值。你的身體開始反抗這類的對待，你也許會忽略這些反抗，或者更糟的是，你也許會試圖麻木自己或不予理會。

這樣的迴避總是會造成負面後果。如果住家需要維修，你卻忽視不理，那麼損壞的情況會持續惡化。你的身體也是同樣的道理，受傷卻不照料傷口，一段時間後，傷口會惡化。要是一直放任受傷部位惡化，傷勢就會變得格外嚴重。如果你不保養自己的身體，那麼對自己和別人來說，你會失去用處。如果你家的牆壁快要倒塌，那麼家裡的人都不安全。

要開始觀察、認識、定義舒適圈，有一種十分容易的做法，那就是觀察及聆聽自己的身體。開始認真留意自己的身體對什麼樂在其中：身體覺得什麼很輕鬆，覺得什麼感覺很不錯。

你喜歡走路還是游泳？做伸展運動感覺比較好的時段是在早上還是晚上？哪些食物會讓你的身體覺得輕盈又有活力？哪些食物會讓身體覺得遲緩又沉重？如果你只想吃會讓身體感覺很好的食物，那麼你要在飲食當中加入或去掉哪些食物？你睡六小時和睡八小時的時候，身體分別有什麼感覺？你的身體喜歡坐在哪種椅子上？哪種運動會帶來很好的感覺？

我練習生理上的自我照顧，我會健行、泡澡或早睡。你那副獨特的身體具有獨特的喜好，有別於外面其他大多數身體的喜好。既然是你的身體，認識自己的身體難道沒道理嗎？既然你一輩子都會住在自己的身體裡面，好好照顧自己的身體難道沒道理嗎？

要做到心理上的自我照顧，第一步就是要意識到自己的念頭、信念、心理習慣。

有時，你的大腦好像有自己的主見，念頭不斷冒出來，

好像沒辦法控制。我腦海裡那些嘮嘮叨叨的聲音，有時我也會覺得無法控制或改變。通常只要意識到腦海裡的念頭，就足以讓念頭慢下來。不一定要讓腦海裡的念頭停下來，光是觀察念頭，就已經足夠了。能夠做到這點，就是掌控大腦思緒的第一步。

心理習慣會對生活品質造成重大的影響。你在髒亂的環境無法茁壯成長，同樣地，你的大腦思緒混亂又困惑時，就很難在人生中獲得成功。

如今，大家都會討論心態。很多老師都會強調，大腦務必要充滿正面或鼓舞人心的訊息，這類的訊息稱為肯定語。我運用肯定語，多年來也把肯定語分享給「正能量的力量」社群。我們以心態為主題，打造龐大的圖書館，因為社群讀者一直詢問正能量的方法有哪些，而肯定語就是其中之一。

現在可以獲取的正面內容資源，可以說是史無前例地多。然而，我每天都會收到社群讀者寄來的訊息，他們說肯定語沒有用。其實不是肯定語沒有用，而是「心懷二意」的態度造成妨礙。他們想要財富自由，卻詆毀富人；他們想要內心平靜，卻不願原諒別人；他們想要健全的關係，卻常沒必要地小題大作。

我明白！有些局限的信念是傳承下來的，要突破那些信念並不容易，而有些心理習慣可以回溯到父母或祖父母，是我們從他們那裡學來的。假如我們生活在貧困之中，我們也許會對擁有財富感到不自在；假如我們在成長過程中受到創傷，我們也許會很難信任別人。在本書的後面，我會介紹一

種強大的方法，幫助你適應你選擇的任何現實，不管你是在哪些心理習慣下長大成人，都很適合運用這種方法。不過，現在，你務必要先意識到自己目前的心理習慣。

如果你喜好混亂的住家和混亂的腦海，請把這樣的喜好給記下來；如果你想要擁有更多的金錢，但身處昂貴的餐廳卻覺得不自在、格格不入，請留意這樣的差異；如果你想擁有平靜的關係，但情況只要變得太順利，你就會找麻煩，請意識到這樣的行為。

雖然這是一件苦差事，但是根據經驗，我要跟你說，是你的不安感和壞習慣在引導你，這些是讓你脆弱的因素。它們是巨大的紅色閃光燈，讓你知道自己哪方面需要努力。只要觀察，不要指責，也不用改變。最重要的一點，不要指責自己。

在任何的改變發生以前，必須先意識到自己是站在哪個地方。好比清理實體住家以前，一定要先看見混亂的存在，承認混亂的存在。

當你練習心理上的自我照顧時，就會開始較少從事那些帶來負面情緒的心理習慣，就會開始特地花更多時間從事那些會產生自主力量，並帶來平靜感的心理習慣。

在心理上的自我照顧方面，我的例行做法是採取以下的方法和活動：正念、靜坐、重新建構、正面意念、在大自然裡長時間散步、小睡一下來恢復精神。你照料自己的心理幸福感時，可以利用「正能量的力量」社群可取得的資源，還有 thethecomfortzonebook.com/resources 專為本書提供的資源，幫助你掌控自己的念頭和心理習慣。

情緒上的自我照顧，處理的是你的情緒狀態和幸福感。

很多人會覺得自己受到內心情緒的擺布，對於內心的感受，也覺得無助，結果產生普遍的定見，以為內心的情緒超乎自己所能掌控，以為情緒的存在有別於自己，以為自己對於情緒無計可施。

布芮尼・布朗在其著作《心靈地圖》（*Atlas of the Heart*）提出例證，對於內心的情緒，只要願意去承認、精確辨識並誠實表達，就能幫助自己感到更平靜，比較不會被難以承受的情緒所擺布。

「言語是一道門戶，可以通往意義、相通感、療癒感、學習、自我意識。」布朗寫道：「如果沒有言語可以用來談論自己正在經歷的情況，那麼理解現況並向別人訴說的能力就會嚴重受到限制。沒有精確的言語，就很難獲得我們所需的幫助；沒有精確的言語，我們對情緒和經驗的調節或管理方式，就不一定能讓我們有效地度過情緒和經驗；沒有精確的語言，就會降低我們的自我意識。」

反之，布朗寫道：「懂得利用正確的言詞去描述特定的情緒，就更能夠懂得辨識別人的情緒，而我們感受到情緒時，也更能夠認知情緒並加以管理。」布朗繼續寫道：「情緒的命名過程，跟情緒調節和心理幸福感的提升有關。」

意識到自己的情緒，是重要的一步，將來可望再也不用受到情緒擺布。吉兒・泰勒博士在《奇蹟》解釋道，一個情緒的自然生命週期只有九十秒。也就是說，只要你不用自己的託辭、藉口、說法來「沉溺於」情緒當中，**那麼情緒引發**

的體感會在九十秒內離開你的身體系統。如果過了九十秒，情緒還是停留不去，就表示你選擇任由那個情緒繼續保持活躍。

我們面臨一大挑戰，多數人從小到大都不會注意自己的感覺，所以多數人很難辨識自己的情緒。還有一件事更是雪上加霜，當我們確實意識到自己的情緒，往往會試圖理解情緒、合理化情緒、解釋情緒、沉溺於情緒、對抗情緒，或把情緒推開。我們受困在情緒當中，利用情緒來合理化自己的行動。

練習情緒上的自我照顧，就表示你對於那些會減損自己人性經驗的情緒，不再迎合、不再合理化、不再沉溺其中，反而會去培養及迎合那些可以改善生活品質的情緒。你該怎麼做呢？基本上，負面情緒一冒出來，就要趕快辨識負面情緒並且釋放出去，而一留意到正面情緒，就要汲取正面情緒。

在情緒上的自我照顧方面，我的例行做法很類似我在心理上的自我照顧，而且會採用以下的方法和活動：寫日誌、感恩和珍惜、原諒、哭泣、放下指責、正面的自我對話、打電話給家人、獨處、讀一本好書、聆聽鼓舞人心的音樂等。當你照料情緒幸福感，你自然就會開始輕鬆又更頻繁地選擇你覺得不錯的事物。

靈性上的自我照顧探討的是你跟自己非實體、非物質的層面（也就是你的靈性）之間的相通感。

你的生活中有很多事物可以透過感官去體驗，並且可以用言詞去解釋或傳授。在實體住家的例子中，你做出的選擇看得到、碰得到、聞得到或嘗得到。你家牆壁的顏色、家具

的形狀、蠟燭的香味、窗簾的觸感、茶几的質地，這些都感覺得到、看得到、體驗得到、解釋得了。

除了這些之外，還有一些非實體的、非物質的、主觀的事物，無法用言詞或圖片分享出去，一定要由那些進入你住家的人們去親身感受體驗。

我早上走到外面的門廊，有時就會體驗到莫大的愛和感恩，而這段私密的經驗，就算透過言詞也無法充分跟你分享。我可以分享一張相片，可以盡量向你訴說相片中的細節，而你或許能夠從我的說法來想像我的經驗，但是除非你也體驗過同樣深刻的相通感，否則我體驗到的強烈相通感，你絕不可能感受得到。

你內在生活的有些部分，就好比實體住家，只能親身感受。你該怎麼向某個人解釋什麼是愛？唯一的方法就是展現愛，這樣對方就能體驗到愛的感覺。不過，愛這種情感，你無法代替對方去感受。愛的體驗無法教給別人，因為愛的來源並非實體，就像你的靈性、非實體世界那樣。

對我來說，愛的領域向來是個關鍵環節，有利於舒適圈的建立、探索、擴大。愛是我擁有、可引導方向的美好部分，跟每件存在的事物都有所連結，而我沒有一直與愛相通的時期，其實正是我最黑暗的日子。我茫然失措，沒有與愛相通，我也失去希望，覺得愛不存在。然而，不管怎樣，人類是一個擁有身體經驗的靈性存在。雖然我們的詮釋和信念可能稍有不同，但我們都是一樣的。雖然人人的信念各有不同，但是就我的經驗來說，我很清楚，我擁有的靈魂和靈性

可以與神相通，而當我滋養這段關係時，我也會獲得好處。這股非實體的能量，你也許會稱為神、宇宙、聖者、高我、意識、源頭，而這些只是眾多稱呼的一小部分而已。不管你認同的名稱是什麼，這個名稱描述的是你內在那個超乎實體形態存在的部分。

本書不是要你選擇我走的靈性道路，而是請你選擇自己的道路並茁壯成長。本書的重點在於交流相通。

每個人的旅程都是獨一無二的旅程。待在舒適圈裡，意謂著你對於自己的獨特性，還有他人的個人喜好和渴望，都一律認可、接受並讚美，不加指責。你跟內心的靈性建立關係以後，往往會體驗到更多的正面情緒，例如相通感、愛、信任、希望、關懷、珍惜等。你跟內心的靈性毫無關係時，往往會感到孤立、恐懼、緊張、絕望，而長期下來，這些感覺會顯現在各種難關上，甚至是疾病上。

其實，沒有靈性關係，就是忽視自己很重要的一面。因為當你認可自身樣貌的非實體部分，並且跟非實體的部分積極建立關係時，就是認知到自己是完整的。

靈性面是你內心根深柢固的部分，而且跟實體世界、跟他人都有所相通，或許你可以送給自己一份大禮，也就是意識到靈性面的存在，並且跟靈性面建立關係。我運用一些練習來加深靈性的相通感，例如祈禱、靜坐、獨處、事工、深呼吸、花時間待在大自然、自省、寫日誌、扎根（grounding）練習、讀經文、上教堂、感恩、跟志同道合者交流。

舒適圈練習4：
四個面向自我照顧的探問

生理上的自我照顧問題：

- 哪些類型的食物會讓我的身體感覺很好？哪些食物會讓我的身體覺得遲緩或不舒服？
- 我的身體有沒有疲累或倦怠，想要多休息？
- 我的身體會不會不安或焦慮，想要多行動？
- 我的肌肉有沒有覺得緊繃，需要伸展或按摩？
- 哪些運動會帶來很好的感覺？
- 腹部呼吸有什麼感覺？
- 我的身體有哪些喜好和需求是我之前一直忽略的？

心理上的自我照顧問題：

- 在平常的一天，我的念頭多半是正面的還是負面的？
- 早上醒來後，我的頭幾個念頭是什麼？我是不是已經想著待辦事項、感到不堪負荷或想著哪邊也許會出錯？我有沒想著自己對什麼事情心懷感激？對什麼事情感到雀躍不已？
- 我是不是習慣去抱怨、怪罪或合理化事情？
- 我是不是習慣去思考及談論最壞情境？我是不是

喜歡思考及談論潛在的正面成果？

- 我有哪個心理習慣會讓我覺得無助或受限？
- 我有哪個心理習慣會讓我覺得有自主力量？

情緒上的自我照顧問題：

- 我有沒有意識到自己的情緒？
- 當我留意到自己的情緒時，我能不能精確辨識情緒並表達情緒？
- 當我正在經歷負面情緒時，我該怎麼做？
- 當我正在經歷正面情緒時，我該怎麼做？

靈性上的自我照顧問題：

- 我有沒有每天花時間跟自己的靈性身體交流相通？
- 我覺得哪些靈性練習最舒適？
- 我該怎麼加深自己的靈性相通感？
- 為了讓我的靈性旅程變得豐富，我該跟誰交流？

你目前的成果

做得好，你已完成第7章！你現在有方法可以培養內在的安全感。有很多內容要吸收，你踏上這趟旅程，我以你為榮。我希望你現在已經看清住家和舒適圈呈現的樣貌。住家與舒適圈有很多相似的地方，有助於我們強化住家與舒適圈。我介紹SEE金字塔並揭露第一個層次「安全感」的時候，希望你能理解馬斯洛提出的需求層次理論的相關性。奇蹟會發生，只要我們把鏡頭往內轉，體悟到自己要負責讓自己獲得安全感，而要做到這點，就要定義舒適圈，並且待在舒適圈裡。

在下一章，我想要探討SEE金字塔的下一個層次：展現力。既然你已經認可自己的需求和喜好，無論是對外（界線）還是對內（自我照顧）都有所認知，那就表示你已經準備就緒，可以向世人展現及分享你的獨特自我。這就是第8章的重點內容！

第 8 章

舒適圈裡可展現真實樣貌

你展現自己的方式（你的**自我展現**）就是你向世人分享自己和自身喜好時所採用的手段。一旦你獲得內在的安全感，自然就會開始進入 SEE 金字塔的第二個層次：展現力。

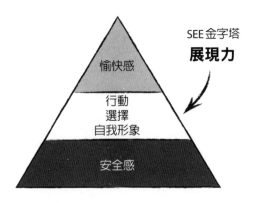

　　你展現自己的方式會讓別人有途徑可以理解你，這多少算是你的關係的核心所在，因為你在展現方式上做出的選擇，會告知及影響到別人看待你的方式，還有跟你互動交流的方式，有助於別人認識你的真實樣貌，以及對待你的方式。另外也能讓你創造某種氛圍，把跟你同類型的人吸引過來。

　　自我展現有很多形式。你做的任何事情，只要能向你以外的世界表達你的喜好，就算是自我展現的一部分。你的言詞，你選擇的衣著，你的肢體語言和舉止，你跟人爭吵時採用的互動交流方式，你的藝術作為（例如音樂、繪畫或舞蹈），還有傳統上不被視為有創造力或有藝術性的作為（例如你的職業選擇、你在政治上的想法、你解決問題的方式），這些全都是自我展現的一部分。自我展現的形式就跟地球上漫遊的人類一樣多。

　　人生中，構成自我展現的要素有三種：你的自我形象、你的選擇、你的行動。你的自我形象存在於你的潛意識，並且經由你做出的選擇，經由你基於那些選擇而採取的行動，把你的自我形象投射給世界。所以你會發現，就算採取更多的行動，就算做出不同的選擇，人生中有些問題還是無法解決，因為這類問題的根本原因，就在於你的自我形象。

　　你的言詞、肢體語言、行動，會讓你的內在狀態有了外在的生命。這些要素塑造你的個人實相，也就是你的人格。你向世界展現自己的方式，奠定你的個性和名聲，還打造出你的身分認同。

　　別人看待你的方式跟你看待自己的方式有所不同，並非罕見之事。

如果你習慣每件事都抱怨，那麼別人會說你很負面，但你也許會覺得自己是受害者。如果你習慣談論不在場的人，那麼你就會被說成是很八卦的人，但你也許會覺得自己講的又沒錯。如果你沒立刻加入對話，別人也許會說你拘謹或自大，但你也許會認為自己很害羞。如果你以事業為重，別人也許會覺得你是在追求高成就，但你也許覺得自己很不安又需要認可。

如果你不認同某個人對你的評價，那麼你可能需要審視你的自我形象，因為你看待自己的方式就透露出你在自我展現方面做出的選擇。至於你的成就，就更是這樣了。如果你擁有遠大的夢想，卻不具備「自己達成夢想」的自我形象，或者覺得自己配不上，那麼你做出的選擇或行動，都無法帶領你達到夢想。

形成自我形象

自我展現會讓你把潛意識裡的自我形象投射到外在的現實。自我展現扮演著關鍵的角色，左右別人看待你、跟你互動的方式。你在這世上展現自己的方式，就等於是在陳述自己在那一刻的樣貌。

你的自我形象可以是正面又有自主力量，帶給你信心和強大的自尊心。同樣地，自我形象也可以是負面又沒有自主力量，讓你對自己充滿懷疑和不確定感。

有個地方很棘手，如果你尚未有自覺的努力去創造你的自我形象，那麼自我形象會在你孩童時代創造出來並成形，

此後就一直以自動駕駛的狀態持續運作。幸好,你隨時都可以調整及微調自我形象。其實,我這輩子調整及微調很多次,有時甚至是在沒意識到的情況下進行。好比今天早上開始寫作之前,我花三十分鐘寫日誌,並改善我的自我形象。你的成長情況跟你認知的自我形象會呈正比。

就像第6章探討的那樣,你可以擁有理想的住家,同樣地,你也可以擁有理想的自我形象,這會依你想前往的地方、想成為的樣貌而定。我把這個稱為擴展的自我,我們在第11章會更深入探討。現在,務必要意識到你目前的自我形象。還要知道,一旦你坦誠面對自己所在的地方,有安全感可以展現自己,並且用心關注自己的內在狀態,那麼其他的一切全都會水到渠成,因為你是從舒適圈裡展現自己。

當我們變得熟悉舒適圈,並且有自覺地發展舒適圈,就表示我們是特地去選擇及塑造我們在這世上展現的樣貌。接著,我們會待在這個用心打造的安全空間,讓自己自然展現真實的樣貌。

最後,你展現出來的樣貌,就是你凝視鏡子時看到的樣貌。你的選擇和行動,永遠不會超乎你在腦海裡認知的自我形象。此外,你在改善自我形象的時候,沒有什麼能阻礙你。

每當我的自我形象受損,不覺得自己漂亮、堅強的時候,我喜歡做一項練習。我會沖澡沖很久,想像所有負面的念頭和感覺全都從我的身體離開,往下流進排水管裡。沖完澡以後,我會站在鏡子前面,對著鏡中的倒影說:「我愛你。」我會一直說「我愛你」,句子後面還會指出我愛的地

方。「我愛我的手臂。」「我愛我的臉看起來的樣子。」「我愛
我頭髮的顏色和柔軟的觸感。」「我愛我的適應力。」「我愛
我一直沒有放棄，不斷往前邁進。」「我愛我的親切。」「我
愛那個雀斑。」我會一直做到自己感受到深刻的輕鬆感襲
來，一直做到我再也不覺得自己渺小又無力。只要像這樣花
五分鐘的時間，站在鏡子前面練習，就能轉變自我形象，而
當天的其餘時間，我的選擇和行動也會有所轉變。

選擇加上行動

你做出的每一項選擇都是個機會，可以藉機測試想法、
展現創造力、改進你的喜好。當你培養正面的自我形象時，
無論你的處境是什麼，你都會覺得展現自己的樣貌很舒適。
當你充分展現自己時，就意謂著你很真誠。你可以活得精
采，因為你非常充分地展現自己。**真誠是在舒適圈裡運用，
並且透過你的選擇來表達，透過你的行動來實踐。**

我特地使用選擇二字，是因為我希望你知道，你有力量
可以選擇你在這世上要怎麼展現自己。你選擇展現自己的方
式，跟你的處境、你的關係、別人的選擇，都毫無關係。掌
控權完全在你的手上。無論你的人生發生什麼事情，你都可
以選擇用展現自己的方式來面對人生處境，只要採取你覺得
正確適當的行動就行了。

例如，你也許決定紫色用在你的臥室會是完美的強調
色，但等你把一整面牆漆成紫色，才發現自己一點也不喜歡。

也許你選擇的紫色太深，你決定改進自己的選擇，試試看比較淺的紫色；也許紫色的牆就是感覺不對，所以你決定選擇另一種完全不同的顏色。這樣一來，自我展現成為一處可供探索的遊樂場，你可以在那裡實驗，並改進你的想法和喜好。這種自我展現的探索和改進，也會發生在非實體的層面上。

舉例來說，如果你想要寫一本書，你可能會去接觸不同的寫作形式，而要是有作家和書籍的願景跟你想寫的書一致，你也要熟知。我有個女性朋友，在四十五歲的時候，報名參加詩詞創作班，然後竟然發現自己真的很喜愛寫作及發表詩作。找出你展現自我的全新方法，成為你與生俱來的樣子，永遠都不嫌晚。

當你擁有充分的安全感，可以透過自我展現，對你的個人喜好進行實驗及改進，那麼你就很容易看清，你的喜好經常處於不斷變動的狀態。我們永遠不會站立不動，我們的人生會不斷向外擴張，不過，確切來說，究竟是什麼樣的擴張呢？那就要看我們對於自己做出的選擇、對於自己採取的行動、對於展現自我的方式，到底有多麼用心。

當你對自己的選擇和行動不用心，就會習慣採用消極的或被動的展現模式，你對世界的回應會是防禦型的回應，你的念頭、選擇、關係、行動都壓得你心情沉重。那些害你耗盡心力的念頭和活動會占據你的腦海和生活，你無法有自覺又用心地展現自己。

反之，當你坦誠面對你的自我形象，並且用心做出選擇及採取行動，那麼你就能和緩地推進自我形象，以便支持你

的真實自我，也就是你覺得最平靜、最舒適、最有信心的樣貌。你會開始反抗、甚至排除那些匱乏感或不足感，於是你在自我展現方面做出的選擇會變得更為真誠，跟你最深處的價值觀和渴望也會更為一致。

> 當我們變得熟悉舒適圈並且有自覺地發展舒適圈，就表示我們是特地去選擇及塑造我們在這世上展現的樣貌。接著，我們待在這個用心打造的安全空間，讓自己自然展現真實的樣貌。

　　請謹記在心，用這種方式生活，並不表示我們把自己的價值觀強加在別人身上，也不表示我們會試圖控制別人的行動。其實，情況恰好相反，當我們內在沒有安全感和信心時，反而會試圖掌控我們以外的世界。而當我們真誠展現自我時，就不會介意別人真誠展現自我，就算我們不認同對方的選擇，也不會心存芥蒂。

　　當你選擇大部分的時間都要待在舒適圈，就等於是要讓自己去玩樂、展現、實驗、改進你的喜好，而你創造出來的人生會變得愈來愈像是你想要過的人生。同時，你也給了別人像你一樣這麼做的選擇。

　　務必要留意，待在舒適圈裡，不表示永遠不會去外面冒

險，畢竟你再怎麼喜愛待在家裡，也不會百分之百的時間都待在家裡。

我們都是凡人，我們想過著加法的人生，有時會高估自己的能力或資源，我們會犯錯，我們會跌倒失敗，而這些都沒關係。雖然我們的目標是盡量長時間待在舒適圈裡，但是這不一定實際可行。然而，只要知道自己離開舒適圈後，總是能回到舒適圈裡，就已經算是鬆了一大口氣。

舒適圈跟實體住家不一樣，不管你去哪裡，舒適圈都可以帶著走，因為你的舒適圈深植於你的身分認同。你可以開車路過一百面看板，聆聽不間斷的廣告，聆聽十幾個人談論他們害怕的事物，但如果你扎根在舒適圈裡，就不會心慌意亂。你會保有自己的力量，關注自己的喜好。

觀察你的實體住家，就可以輕鬆察覺到自我展現的影響力。如果你根據自己的特定喜好，特地裝飾某個房間，那麼你就會很喜歡那個房間，喜歡的程度遠超乎你用街上撿回的隨便物品裝飾的房間。如果不去打掃家裡，而是一天看四個小時的電視，那麼你家很快就會陷入混亂無章的狀態。如果每次你想漆牆壁的時候，想找到你喜歡的櫃子的時候，你反而喝醉酒，弄得一團亂，那麼你家牆壁就不會漆上新的顏色，新的櫃子也不會送到你家。

要看清自己在展現力方面做出的選擇，有時並不太容易，但是只要寫日誌，稍微自省一下，就能獲得莫大的助益，有利於創造清晰感和洞察力。我想要請你以這個程度的坦誠、示弱、好奇心，審視自己做出的選擇和行動。在第12

章，我會跟你分享一種方法，你可以用來改寫自己的身分認同，然後促使你的選擇和行動有所改變，這樣你就可以在世上展現出理想的樣貌。不過，**現在只要先牢記這點就好：你的意識，是你可以送給自己的最大贈禮。**

舒適圈練習 5：
展現自我真實樣貌的問題

在你的日誌裡，盡量詳細回答以下問題：

1. 我是誰？是什麼因素造就我現在的樣貌（好的一面和壞的一面）？
2. 我喜愛自己的哪些地方？別人喜愛我的哪些地方？把重複的特質圈起來。
3. 哪些信念和價值觀對我來説最重要？我的生活方式有沒有反映出這些信念和價值觀？
4. 我對什麼事情最有熱忱？我多常把這個渴望視為優先？
5. 我目前從事的哪些活動可以展現自我？有哪些活動是我想要改變的（如果有的話）？有哪些活動是我想要加進去的？
6. 我有沒有一些信念或習慣是相互衝突的？或者跟我的自我形象相互衝突？如果有的話，是哪些信念或習慣？而要清理乾淨的話，該怎麼做？

你目前的成果

很好，你已經來到第8章的結尾！希望現在的你已清楚了解，自我展現跟自我形象之間有著密切的關聯。所謂的自我形象，就是你怎麼看待自己，你覺得自己在人生中有可能做到什麼。你待在舒適圈裡，就能夠看清楚，你有多麼獨特、美好、強大。結果，你就能以沉著的信心展現自我，不用去控制或支配他人。

在下一章，我們會探討SEE金字塔的第三個層次，也是最後一個層次：愉快感。你的人生本來就應該好好享受。在某種程度上，愉快感是你與生俱來的權利。要打造福氣滿滿的人生，關鍵就在於學著去享受你獲得的人生。

第 9 章

舒適圈裡充滿愉快感

　　人生最終的考驗並不是打造你可以享受的人生，而是學著去享受你擁有的人生。當你學會了，就會發生奇蹟：你在目前人生中的愉快感，會把更多你喜歡的人們、事件、關係、片刻，全都吸引到你的人生當中。當你享受著這些新到來的福氣時，你會獲得更多事物可以享受。只要開始把喜悅視為優先，正面的愉快感回饋循環就會出現在人生中，我至今對此還是驚嘆不已。

　　有個朋友曾經對我說，她希望她的人生跟我一樣幸福。

　　「我的人生會幸福，是因為我享受人生。」我說。

　　「可是你有很多東西可以享受啊！」她大聲說。

　　「我有東西可以享受，」我說：「是因為我享受著自己擁

有的一切。」

她露出微笑。我看她臉上的表情就知道，她的腦海浮現過去的一段時光，她知道當時的我有多麼辛苦。

大家往往不明白，正面的情緒循環會出現在我們的人生中，其實是因為我們擁有的事物不管是大是小，我們都願意讚美並享受。擴展是出自於喜悅和珍惜的感覺。

在這一章，你會學習怎麼特地創造愉快感，好讓你能夠在人生中獲得愉快感帶來的好處。

再看一眼SEE金字塔。你的自我展現，還有自我展現跟自我形象之間的關係，都會影響到你在人生中做出的選擇和行動，而一旦你意識到這點，就會自然開始進入SEE金字塔的第三個層次：愉快感。

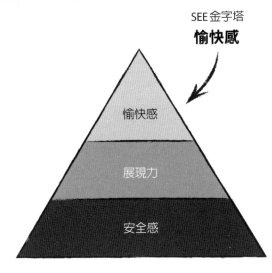

你往上攀爬SEE金字塔時，會愈來愈展現出自己真誠的

樣貌，愈來愈問心無愧地活出自己。你開始過的生活會帶來自然和舒適的感覺，你開始打造的人生會帶來喜悅和圓滿。

愉快感是人活著的最終目標。我們在人生中想得到的一切，我們會想得到，是因為我們以為得到就會快樂。我們所做的一切，我們會去做，是因為我們希望有一天自己會因此得到喜悅。可惜，我們的行動和成就有很多都不會通往快樂。我們總是追逐著喜悅，但找到喜悅的人卻是少之又少。

人生本來就應該愉快享受，但你要是感到不安、恐懼或有壓力，就很難得到愉快感（如果不是得不到的話）。如果你的人生真正呈現出你的樣貌，那麼要享受人生就容易多了。你在閱讀本書時，我希望你已經更舒適地活出自己，也能夠更真誠地展現自己，因為只要擁有真誠的展現力和內在的安全感，無論去到哪裡，都能夠愉快享受人生。

只要你特地去創造及滋養舒適圈，那麼不管你的有形現實看起來怎麼樣，愉快感和正能量都有可能成為你人生經驗的一部分。

正能量、希望、樂觀，都是在舒適圈裡茁壯成長，因為當你覺得安全平靜時，你進入的內在狀態會讓你感受到愛、珍惜、喜悅、平靜、雀躍、幸福感。我講的是真正的快樂和滿足，而要達到真正的快樂和滿足，方法是什麼呢？不是去獲取更多的東西，也不是去擁有更好的情況，而是要調整自己的鏡頭，把周遭的眾多福氣都看進眼裡。那是享受當下此刻、享受現在而產生的愉快感，在這種昇華的存在狀態下，就能夠輕鬆擴展舒適圈，享受整趟的旅程。因為你尊重自己

的喜好和需求，特地做出選擇，所以你的日常現實帶來普遍良好的感受，彷彿是一場永不終止的假期。

你在人生中做出的每一項決定，都是一個機會，可以用來建構一處內在居所，用來創造及培養愉快感。

愉快感是一種正面的狀態，當你投入的念頭、行動、事件能滿足你的目標、渴望、需求，就會體驗到愉快感。當你對樂趣、意義、安全感、愛或歸屬感的需求獲得滿足，收到的回報就是這份圓滿化成的愉快感。

根據研究顯示，愉快感和幸福感有密切的關聯。在人生中努力培養愉快感，生活品質和壽命都會獲得改善。

你體驗到的愉快感品質，就要看你在日常例行事項當中，把正能量放到多優先的地位。正能量是通往舒適圈的門戶，只要發揮正能量的力量，就會進入舒適圈，你的感受會有所改變，你對自己、對別人的說話方式會有所改變，你的行為會有所改變，你會漸漸去助長及改善那些帶來喜悅的活動。

愉快感位於SEE金字塔的頂端，並由底下的層次支撐，背後原因前面已探討過了。在上圖裡，我把愉快感分成四大要素：樂趣、投入、感恩、創造力。

我想要跟你分享幾種實用的方法和練習，我持之以恆運用這些方法和練習，在人生中增強愉快感的四大要素。經過練習後，你就能運用愉快感這項與生俱來的權利，感受到人生愈來愈圓滿，愈來愈有創造力，並且更愛自己的人生。請選出當下能引發你共鳴的練習，有需要就回到本章。

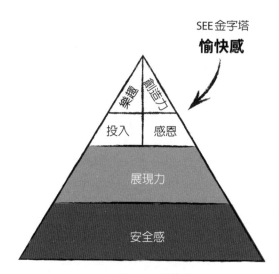

愉快感的要素

愉快感與樂趣的結合

　　若要回到舒適圈，最快速、最輕鬆的其中一種方式，就是去做一些有趣的事情。

　　現代社會追求高成就、充滿高壓，低估樂趣的重要性。很多人推崇努力工作，把享樂和幼稚聯想在一起，所以才會出現「努力工作，努力玩樂」、「只工作不玩樂」等想法和句子，他們把玩樂二字跟樂趣聯想在一起，也許還會把玩樂看成是不負責任的行為，並認為工作是我們身為成年人的責任。對於他們的聯想，我往往會感到困惑。如果這樣的聯想是真的話，那就把我看成是大孩子吧。

　　在我們能做的事情當中，享樂是最人性化的事情之一。

樂趣、笑聲、雀躍、珍惜、愉快感，這些情感往往緊貼著彼此，擁有其中一種情感，也就能獲得其他情感。

然而，多數人過日子的時候，永遠不會問自己，哪些事情有趣。好像只要停下腳步，花時間享樂，就表示更重要的事情會往後延，或者不負責任。我們也許度過好幾個星期或好幾個月，期間卻沒去從事一件有趣的活動。在最壞的情況下，我們也許會覺得，只要不享樂，就是高生產力的大人，彷彿「當大人」的其中一項要件就是成為乏味無趣的人。

現在試著拿以下的問題問自己：「今天我可以做哪一件有趣的事情？」

請注意，回答這個問題，不一定要對人生中的任何事物做出改變。選擇某件有趣的事情去做，並不會（也不應該會）超越「過好自己的人生」的範疇。就算你的一天充滿工作會議和截止期限，你還是可以在這樣的一天裡點綴一些樂趣。我工作或寫作覺得「卡住」時，會特地暫時放下工作，去做某件有趣的事情。我也許會帶小孩去遊樂場，跟小孩一起跑來跑去，也許會做手工，也許會觀看有趣的影片。等我回到桌前，就會覺得煥然一新、活力十足，結果生產力變得高出許多。

當你明白享樂是一種態度，當你明白就算日子再辛苦還是可以享樂，那麼你就會開始更享受人生。什麼也不用改變，這份愉快感會滲入你的人生，因為讓你愉快的，並不是外在世界，而是你選擇跟這世界互動交流的方式。

舒適圈練習6：
認識自己的喜好與樂趣

現在請拿一支筆和一張紙，花幾分鐘回答下列問題。在這項練習的幫助下，你會更熟悉自己的喜好和自己覺得有趣的事情。你確定自己的喜好後，看你能不能在一天當中安排一個喜好或更多的喜好，在生活中創造更多的樂趣。

- 我今天能做什麼有趣的事情？
- 我每天都喜歡做的事情是什麼？
- 我的一天當中，最愉快的部分是什麼？
- 哪些食物會帶給我喜悅，又不會有內疚感？
- 我上次感到雀躍不已是什麼時候？我感到雀躍不已的事情是什麼？
- 如果我可以想做什麼就做什麼，而且還會很成功，那我會去做什麼？我會認為這種工作很有趣嗎？
- 我覺得什麼事情很簡單？
- 我覺得哪些活動很自然又很直覺？
- 一天當中，我最常出現哪些類型的念頭？這些念頭讓我有什麼感覺？
- 什麼事情會讓現在的我感到雀躍不已？

加分題：一個星期的期間，早上醒來後就問自己這個問題：「今天我可以做哪一件有趣的事情？」

然後，一定要在一天當中的某個時間點做這件有趣的事情！

愉快感與投入的結合

根據研究顯示，全心投入某項活動，就會更樂在其中。那是因為若你投入的活動需要你全神貫注的話，你就會真正處於當下。運動員正在競賽的時候，無法思考昨天有過的對話，也無法思考以後的某場聚會可能會發生什麼事；鋼琴家正在演出的時候，無法思考等一下晚餐要做什麼料理。如果運動員或鋼琴家基於某種原因，確實任由自己滿腦子想著過去或未來，那就會損及他們的體驗，而他們努力得來的成果也可能會有所減損。你沒有處於當下、沒有全心投入，你做的每一件事都會變得困難，充斥一堆原本可以避免的錯誤。

大家談到全心投入自己正在做的事情時，往往會使用在圈裡（in the zone）這個短語。其實，人在圈裡的時候，就會變得十分投入工作，外在世界完全消失不見。當我聽到「在圈裡」，我會把舒適二字放在圈的前面，因為舒適就是待在舒適圈裡的終極體驗。

在人生中，我最樂在其中的活動，就是讓我全心沉浸其中的活動。比如，跟小孩玩躲貓貓，一邊料理一邊跳舞，去海邊跑步，寫這本書，使用我的跑步機辦公桌，跟我的狗玩拋接球，去山區健行，在一天的尾聲收到老公傳來的訊息。當我參與這些活動時，我是全心全意處於當下，我專心投入，不想置身於別的地方，也不想做別的事情。結果，我往往發現自己在品味這些片段時光。品味某件事，正能量的體驗和當下此刻的愉快感就會獲得提升，生活品質因此獲得改善。

以下的練習會幫助你更常置身於當下，這樣就能更全心投入那些帶給你喜悅的活動，更輕鬆進入舒適圈。從事活動時，只要處於當下並全心投入，就算是最乏味的活動，也會產生深刻的變化。

舒適圈練習7：
製作「愉快感」補充罐

製作「愉快罐」。每次你做某件喜歡的事情，請在一小張紙片上面，寫下那項活動的名稱，還有那項活動帶來的感覺。然後，把紙片摺起來，放進愉快罐裡。偶爾，從愉快罐裡隨便抽一張紙片，回想你投入那項活動時擁有的正能量體驗，看你能不能回想起當時出現的感覺，例如珍惜、雀躍、愉快感、啟發、滿足感等。

每當你覺得自己陷入自滿圈或生存圈，請翻看愉快罐裡的紙片，這種有趣的方式可以幫助你回到舒適圈。

愉快感加上感恩

感恩很類似品味，在愉快感的運用和增強上，也扮演著重要角色。當你留意到自己在哪些方面很順利，並且心懷感

恩，那麼你的大腦和人生會開始重組，獲得更大的愉快感。

其實，要進入舒適圈，最快速的其中一條途徑就是感恩。它是我最喜愛的一條必經途徑。一旦進入舒適圈，就能藉由品味的方式，增強及延長你待在舒適圈的時間。感恩是一種態度，必須願意望向這世界，留意到當中美好和正面的部分。感恩就像是你做的其他事情一樣，也是一種「需要練習的肌肉」。對於該珍惜的事物，你愈是去留意，就會找到愈多。這是正面的回饋循環，只要你愈擅長運用一些通常跟感恩有關的情緒，比如希望、開放、相通感、安全感、愛等，那麼這個循環就會自我餵養，並獲得增強。

對於人生中的順利情況，你要是不習慣心懷感激，或者更糟的是，你習慣把不順利的事情都找出來，執著在不順利的事情上，還不斷談論不順利的事情，那麼就連一件該珍惜的事物，你也許都會覺得很難找到。如果你的情況是這樣，我經歷過，也明白。但我也能有自信地對你說，你需要努力把感恩的態度帶到人生中。在我看來，我的人生有所轉變，感恩的態度就是一大核心支柱。經過屢次的證明，要進入舒適圈，最容易使用、最有成效的途徑就是感恩，而正能量的力量之所以能觸動眾多的人生，感恩就是核心所在。

真正廣闊的人生是充滿福氣的人生。你望著真正快樂的人，他們並沒有比你走運，他們是有自覺又持之以恆地學著專注於美好的部分。他們愈是專注在順利的部分，就有愈多事情變得順利又對他們有利。不管去到哪裡，都懷著感激的心，唯有這樣，才能過著充滿福氣的人生。

其實，福氣就在你的生活周遭。你凝視的每一處，你跨出的每一步，都綻放著奇蹟，等待你察覺並在人生中盛開。那些福氣、奇蹟、正面的成果都已經是你的，最簡單的獲取方式就是學著珍惜，珍惜了就會成真。

舒適圈練習 8：
每日撰寫感恩小記

每天早上和每天晚上，把你感激的一件事寫下來，然後問自己：「我對這件事的哪個部分很感激？」並且把你珍惜的兩件事明確寫下來。

例如，你也許會寫：「我很感激今天的天氣。」

然後，你也許會寫：「我感激的是天氣的哪個部分？我感激的是天氣不太熱也不太冷，表示我可以去跑步。我感激的是天氣有點陰，所以我可以在自家的院子裡拍攝漂亮的花卉相片。」

愉快感加上創造力

當你在舒適圈裡，有安全感可以展現自己，對於你在做的事情樂在其中，就能輕鬆又快速運用最深層的創造力。你有之前想不到的想法，解決問題更輕鬆，還造就出你覺得很好的成果。

投入某件有創造力的事情,也可以做為一種途徑,藉此置身於當下此刻、獲得愉快感、進入舒適圈。

好幾年前,我有個朋友對自己的人生深感灰心氣餒,墜入憂鬱當中。當時的她在家裡經營自己的事業,而她陷入自滿圈後,客戶和生意都離她遠去。幾個月後,我見到她,她的靈性層次高出許多,她對我訴說,她之前的憂鬱狀態有多深層又黑暗。

「你怎麼找到路,離開那片黑暗?」我這麼問她,語氣難掩訝異。

「彈鋼琴。」她回答。

原來是她之前剛好有了一台鋼琴,某天過得特別辛苦,讓她有了自學鋼琴的想法。她解釋:「我看YouTube影片,自學一些簡單的歌曲和音階。我不是特別擅長音樂,從沒上過音樂課,所以一切都必須從頭學起。」

這件任務經證明比她預料的還要困難許多。她專心認真學了幾個小時,才學會最基本的旋律。她必須完全處於當下並且全心投入。

「不久,我就每天練習幾個小時。當我能夠依據正確的彈奏速度,正確地彈出一連串正確的音符時,就覺得心滿意足。」她對我說:「能夠彈出正確的旋律,感覺真的很好。」我的朋友什麼情況也搞不清楚,但這樣簡單展現創造力以後,她開始走出憂鬱。她的感覺開始好轉,在原本空虛的一天結束後,甚至還覺得有成就感。

我從其他朋友和「正能量的力量」社群那裡,也聽過

類似的故事。有個朋友去跳尊巴舞，藉此從黑暗的時刻走出來。有位女性在決定活出人生的那一天，就開始寫書，她寫的書成為暢銷書。還有位女性從沒拿過畫筆，卻開始作畫。這樣的例子很多，不勝枚舉。我們的靈魂都想要展現自我，所以發揮創造力才會感覺那麼好又很有收穫。

舒適圈練習9：
嘗試一項具創造力的活動

　　哪件有創造力的活動是你一直想要做卻還沒去做的？也許是繪畫、寫書、製作首飾、寫詩、學跳舞、彈奏樂器、製作家具等。為了更能運用這種方式展現創造力，你今天可以從事哪件活動？什麼活動都可以。

　　想要畫畫，可以買畫具；想要跳舞，可以在附近找課程上，或者在網路上尋找課程或免費的影片；想要製作首飾，可以尋找你需要的用品。

　　你想做的活動可能需要採取哪些步驟，請思考一下，列出步驟清單，然後在接下來三天內，採取其中一項步驟。

你目前的成果

你來到這世上，是為了享受人生，這就是你首要的使命。愉快感是你的最終目標，在衡量成功與否時，愉快感也是最精準的判斷依據。當你待在舒適圈裡，愉快感就會在你的人生中成為從容、始終存在、固有的一部分，所以愉快感才會位於SEE金字塔的頂端。

有很多方式可以用來培養人生中的喜悅感。我在這一章分享的四條途徑和練習，已經幫助我釋放出愉快感，就算是最辛苦的日子，還是能感到愉快。我希望你下次覺得人生乏味時，可以運用樂趣、投入、感恩、創造力，找到歸路，回到舒適圈。

看SEE金字塔就能知道，在擁有內在安全感的狀態下，對自己的喜好不斷做出定義及改進，自然就會開始覺得有所好轉。覺得好轉以後，就會開始獲得更大的啟發，覺得更雀躍、更有希望。你會開始增進動力，邁向你真正想要的人生。對於外在世界的不確定感，你甚至會開始更有舒適感。

SEE金字塔會幫助我們培養、加強、擴展舒適圈。如果你已經在舒適圈裡，表示你已經獲得寶貴的洞察力，會更有自覺又持之以恆地運用這份洞察力。然而，要是不去審視舒適圈和勇氣之間的關係，這樣的對話就無法周全，這點我們會在下一章闡述。

第10章

舒適圈裡蓄滿勇氣

　　隨著你開始定義及創造你喜愛的人生，你會發現這過程需要具備坦誠、氣力、示弱。你必須誠實審視自己，無論是你的喜好，還是你內在居所的目前狀態，全部要誠實審視。對於實體的混亂，要是予以否定或合理化，就無法清理；同樣地，對於非實體的混亂，要是不願承認，也無法清理。我們的旅程一路來到這裡，主要的目標一直都是要坦誠面對自己的內在狀態，還要認可自己找到的一切，不指責、不合理化、不感到羞愧。

　　認知到自己所在的地方，就足以改變人生。很多人不過是短暫示弱，坦誠面對自己目前的處境，整個人生路線就因此隨之改變。

　　當你受到的訓練是在自己以外的地方尋求認可，那麼向內省思，還有坦誠面對自己的念頭、喜好、自我形象、選擇、行動，有可能會很可怕。雖然我希望教你用更舒適的方式來經歷這個過程，但那也許還是很像在穿越未知的領域，不一定輕鬆。

　　我知道，當你獨自跟內心的念頭待在一起，有可能會很辛苦。當你面對眼前的現實，可能有時會煽起羞愧感的餘燼，因此覺得自己沒價值、不可愛、不足。**我不希望你在自省及創造舒適圈時會來到這樣的地方，我看過很多人來到這裡，就停下腳步，轉頭離開。**在這個十字路口，我想給你更好的方向指引。**不要指責自己，就讓負面的感覺浮現又離開，彷彿它們是過客一般。**要是放任負面的念頭和感覺永久進駐，那麼你的內在狀態就會變得失衡，而你會被推出舒適圈。

　　然而，本書不只是要讓你過得更舒適。我希望你盡量以最輕鬆、最安全、最愉快的方式，超越你最狂妄的夢想，茁壯成長。在接下來的幾章，我會帶領你實踐〈用「舒適圈流程」來創造人生〉的步驟 2 和步驟 3，深入探討你在舒適圈裡採取行動會是什麼樣子。不過，在探究之前，我有個十分獨特的發現，想先跟你分享，我發現勇氣和舒適可以、也確實會同時存在。

　　對，你沒看錯！人可以勇氣十足，而且還是待在舒適圈裡，在你眼中，這個觀點也許像是一股清新的空氣，也許會引發抗拒感。不管怎樣，我都希望你保持開放的胸襟，聆聽我分享的念頭和發現，我們一起更仔細探究這段獨特又美好

的關係的本質。

舒適又勇敢，力量無窮

　　大家在談論舒適和勇氣的時候，往往以為兩者是互斥的。你不是選擇勇氣，就是選擇舒適，這種說法我都聽過。然而，就我的經驗，兩者之間的關係其實有意思多了，以舒適的方式採取勇敢的行動，終究是有可能做到的。

> 你要稱讚自己一直以來都勇氣十足，要稱讚現在的自己勇氣十足，要稱讚自己還是能勇氣十足過著你渴望的人生。

　　我認為，為了創造安全、有創造力、愉快的舒適圈並待在裡面，舒適和勇氣必須共同存在才行。

　　在〈用「舒適圈流程」來創造人生〉的步驟1，我已經要你鼓起勇氣，這樣才能置身於你所在的地方。有了勇氣，才能定義自己喜歡什麼、不喜歡什麼。有了勇氣，才能為自己創造安全的環境，才能把這個安全環境的界線表達給周遭的人們。有了勇氣，才能用坦誠示弱的態度面對自己，這樣就能清理內在的混亂，畢竟內在的混亂會讓你被困在失能或痛苦的循環當中。有了勇氣，才能保護你的內在狀態，若有念

頭、習慣、處境、人們會危害到你的安全感和內心平靜，你
不會去迎合。我迄今跟你分享的練習，如果你都投入其中，
那就表示你已經展現出莫大的勇氣，並採取勇敢的行動。

　　你要稱讚自己一直以來都勇氣十足，要稱讚現在的自己
勇氣十足，要稱讚自己還是能勇氣十足地過著你渴望的人生。

要勇敢才能舒適！

　　在下面的圖表中，你會發現勇氣、舒適、舒適圈之間的關
係很有意思。舒適圈就是勇氣和舒適的交集。在舒適圈裡，勇
氣和舒適這兩種動力會共同創造環境，帶來舒適感和安全感，
所以你按自己的主張活出人生時，就能夠自由展現自我。

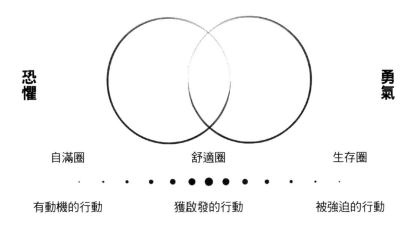

要是沒有一定程度的勇氣，就會太過輕易屈服於內心的
恐懼，墮落到自滿的地步。這個時候，你會忍受虐待的關係

或癮頭，你會開始迎合恐懼感，有時會到麻痺的程度；這個時候，你會很難為自己挺身而出，會覺得困惑，會被困住，沒有出路。另一方面，你要是空有盲目的勇氣卻毫無舒適感，就會被推進生存圈，在生存圈，你會覺得壓力很大、不堪負荷、疲憊不已。光是生存的行為，就必須鼓起勇氣。每一個小孩在學會走路以前，都要先蹣跚跌倒。每一件新事物都需要你展現一定程度的勇氣，比如：把你創造的某件事物分享給別人、開車、為了某個錯誤而道歉、做運動、嘗試新的食物、追求夢想，或是展開棘手的對話。

要是沒有勇氣，就很容易一意孤行，永遠不會去嘗試新的事物，很容易拒絕機會，一碰到有點可怕或未知的事物就趕緊迴避。

待在舒適圈裡，並不是在說：「凡是會讓我不適或害怕的事情，我永遠都不會去做。」待在舒適圈裡，就會擁有充分的安全感，就算想做的事情會引發不適的感覺，你還是會去做。你不會屈服於內心的疑慮和恐懼。你已經準備就緒，或者覺得那是下一個合理的步驟。你有信心，認為一切都沒問題，認為你需要的方法和支持會在你有需要時出現。

更現實來說，因為你相信自己能夠以清楚、堅定、關愛的態度表達內心的念頭，所以你知道自己能夠展開棘手的對話，這種時候，就表示你是在舒適圈裡。當你開始著手投入事業，並且相信不管發生什麼情況，只要你創造新事物並跟世人分享，你就會變得更堅強，這種時候，就表示你是在舒適圈裡。因為你確信自己喜歡的對象如果是適合的對象，那

麼對方也會喜歡你，所以你冒著被拒絕的風險，邀請對方去約會，而就算對方無法回應你的感情，你也覺得沒關係，這種時候，就表示你是在舒適圈裡。

大部分的人很難找到這樣的平衡。多數人面對著某個需要勇氣的行動，都會畏縮逃避。因為多數人沒有安全感，所以他們並不相信：「正面的成果不只有可能達成，也是必然發生，就算行動沒有按原定計畫走，情況都會順利進行」。結果，他們一直困在自滿圈裡，不太有進步，也不太能鬆一口氣。

還有些人會把一丁點的舒適看成是「作弊」或「懶惰」。在某些情況下，他們處於舒適的狀態時會覺得內疚，也許甚至會把促進舒適感看成是弱點。

我認識某位女性，她認為少了犧牲和苦難，她的人生就失去意義。我們姑且叫她安娜吧，安娜才四十歲出頭，就已經失去大部分的家人，因此極為痛苦。也許是因為這樣，她做出結論：值得過的人生，就一定是辛苦的人生。在她的眼裡，她的遭遇愈痛苦，她的人生愈辛苦，就表示她的人生愈有意義。

安娜藉由哀傷，把有害的信念給內化了，而這只是其一。她還說了其他的事情，可以用來一窺她的內在狀態：

「我愈喜愛某件事物，那件事物被奪走時，我就愈受傷。」
「別人什麼事都不會為我做，我什麼事都要自己做。」
「我一定要夠堅強，才能存活下來。」
「我一定要對抗這世界，因為這世界把我喜愛的一切都奪

走了。」

「我永遠無法放下防衛。」

安娜對人生抱持這樣的內化信念，導致她的關係、友誼甚至是商業夥伴關係，經常變得緊繃或瀕臨瓦解，這往往是她的行為造成的結果，她不斷考驗朋友和戀人，為的是確保對方會優先選擇她，把其他事物看成是次要的，而那些事物對朋友和戀人來說可能很重要。她藉由最後通牒和強烈要求的手段，試圖掌控別人的行為，找理由跟她人生中的幾乎每個人都起衝突。沒有一個人合格，她的鄰居、她參加的管委會、她的朋友、她的商業夥伴、她的丈夫，全都不合格。她跟對方愈親近，她就愈覺得需要掌控對方的行為，或是需要在關係中創造某種衝突。

安娜懷抱著不安和恐懼，害怕失去自己在乎的人，所以變得需要掌控別人。歸根究柢，安娜就是覺得不安，這跟舒適圈裡帶來的感受恰好相反。

她經歷失去以後學到的一課，反而讓她把舒適圈看成是敵人，所以她沒辦法回到內心的安全處，但只有在安全處，她也許才能真正獲得暫時的緩解。要是沒有舒適感可以跟她那股活下去的勇氣達到平衡，那麼她創造的人生就會一直把痛苦當成是燃料。

珊迪的故事剛好跟安娜相反，一場車禍導致珊迪失去女兒、女婿、兩歲孫子。車禍發生前幾年就已守寡的珊迪，也在同一輛車子裡。她女兒一家人去機場接她，他們的車子被另一輛車子攔腰撞上。她僅有的家人在一瞬間被奪走性命。

然而，這場悲劇並未讓珊迪無法過著喜悅又豐富的人生。

這場意外大約十年後，我遇見她。她活力十足，笑聲連連。雖然她還是未婚狀態，但她的行程表卻排滿各種冒險。她慷慨親切的態度，使充滿關愛的朋友情誼得以滋長。她在當地學院上課，去慈善機構當志工，舉辦遊戲之夜，到處旅行。

珊迪家擺滿已故丈夫、女兒、女婿、孫子的相片。我問她，她看到相片會不會痛苦，她回答：「不會，我女兒一家人死於那場意外，但我倖存下來。要是我活下來卻沒有真正活著，那就毫無意義了。」

她痛失親人，從中學到的一課卻是截然不同。我聽到她說出這樣的話：

「人生很珍貴，要好好享受。」

「敬重逝者的最佳方式，就是讓自己活出美好的人生。」

「失去我最愛的家人後，我學會珍惜每一刻，因為我們真正擁有的就是此刻。」

「我很快就會跟家人相聚，在相聚以前，我也會為了家人活得開心。」

信念竟然會對人生的品質造成如此不同的改變！

我們藉由自己選擇擁有的念頭以及自己建構的信念，創造出自己的人生經驗。珊迪選擇的念頭、創造的信念，讓她花時間待在舒適圈裡，獲得安全感；然而，安娜的念頭和信念，卻讓她一直待在舒適圈外，時常被各種威脅和危險圍繞著。

這兩位女性痛失家人後，肯定必須發揮莫大的勇氣，

才能過上正常的生活。然而，一人有能力運用舒適感和安全感，另一人缺乏這樣的能力，兩人造就的人生經驗就因此截然不同。

我之所以撰寫本書，是希望你在經過練習後，有需要就能隨時發揮天生的勇氣，待在舒適圈裡。

你目前的成果

做得好！你已完成第10章，還完成〈用「舒適圈流程」來創造人生〉的「步驟1：定義」。希望你探究過勇氣和舒適之間的關係後就會明白，前面10章討論的方法和想法是怎麼讓人輕鬆又自然地鼓起勇氣。採取勇敢的行動，邁向你選擇的人生，本來就應該輕鬆、自然又舒適！其實，你比自己所想的還要更加勇敢。

待在舒適圈裡的人做的事，在別人看來往往會覺得很勇敢。他們會展開棘手的對話，畫下清楚的界線，追逐夢想，充分展現自己，活出精采人生。在世上其餘人們的眼中，他們做的事情也許是困難的，但是他們做起事來，看起來很輕鬆，因為對他們來說，確實輕鬆。

你閱讀本書時，要是花時間真正去審視自己內在居所的狀態，那麼你在人生中也許已經開始做一

些勇敢的事情，你也許會覺得現在的自己比以前還
要更活出自己。同時，你也許會覺得現在比過去幾
年還要更暴露自己、更示弱或更不適，那樣也沒關
係。此時你採取的勇敢行動，可以簡單得像是繼續
閱讀本書並投入其中，畢竟有了勇氣，才能探討新
的想法，並且根除舊有的信念結構。

關於人類的經驗，最有意思的地方，也許就在
於我們一旦喜愛自己的實際人生，就會想要擁有更
多！擴展永遠不會停止，我們會想要擁有更多，而
這背後的渴望和動力永遠沒有終止的一天。幸好只
要接納自己，並且跟舒適圈和解，就能奠定內在的
根基，達到指數般的擴展！

在下一章，你將有機會以宏大的擴展方式，讓
你的自我形象和你的人生形象更上一層樓。你即將
濺起巨大的水花，創造升級版的自己，強大又問心
無愧地過著你想過的人生。最美好的部分是，不用
跨出舒適圈，就能創造及開闢你的夢想人生和你的
夢想自我。你準備好了沒？那麼我們就著手開始，
投入「步驟2：擬定你前往的地方」。

第 11 章

你希望自己成為什麼樣貌？

俗話說得好，如果你不知道自己的人生該前往什麼地方，那麼你可能永遠也無法抵達那個地方。當你坐上車子，打算開往某個地方時，需要知道兩件事：一，你所在的地方；二，你前往的地方。如果不把目前所在的實際地點輸入 GPS，你獲得的指示就會不太合理，GPS 也無法帶你前往你想去的目的地。如果你不去定義具體的目的地，就會漫無目的，原處打轉，每次開到轉彎處就用猜的，最後開到汽油都沒了。

經歷人生也是同樣的道理。因為你不知道自己現在所在的地方，也不知道自己試圖要去哪裡，所以通往目標和夢想的路也許會很難找。你也許會問路，但你收到的指示，卻讓你哪裡也去不了。

如果覺得這種情境蠢透了，你的感覺沒錯，它就是蠢透了！

再次看一下第5章的「用『舒適圈流程』來創造人生」圖表。找出你目前的所在位置，那就是這個過程的步驟1，也是前面5章的用意。我跟你分享的每一個說明和例子，都是為了幫助你集中注意力並找出你的起點。要是不知道你現在所在的地方，就不可能知道該怎麼前往你想要去的地方。

在「用『舒適圈流程』來創造人生」的步驟2，重點是要知道你前往的地方。我把這個步驟叫做「擬定」，這是因為在接下來5章，**你對於自己的目的地，要擬定清楚的願景。**

務必要強調一點，這是你的目的地，你的將來，而通往那裡的途徑對你來說會獨一無二的。想像一下，你想要從你家前往拉什莫爾山，但你沒有在地圖上定位你家和拉什莫爾山，也沒有找出連結這兩個地點的路，反而打電話給住在別州的朋友，問她說，該怎麼從她家前往拉什莫爾山。

你當然會獲得一組逐步的指示，但那些指示毫無意義。如果你試圖從你所在的地方依照這些指示開車，你會變得灰心、疲憊不已，而且還會大迷路。

這個例子聽來很荒謬，但這就像是我們詢問別人成功之道，然後試圖在自己的人生中複製他們的成功之道。

在舒適圈裡，跟你的真誠自我培養關係，就不會去依循別人的成功路線圖。只要認知及照料自己的需求，並且接納自己的真實樣貌，終究會開闢出自己的路。

請記住，你站立的地方會有一條途徑通往你想要的一

切。但也請記住，指示就存在於你的內心，只向你揭露。要獲得指示，你就必須待在舒適圈裡，然後決定自己想要活出什麼樣的人生經驗，也就是說，決定你想要以什麼方式，前往什麼地方，甚至是想成為什麼樣貌。

擴展的自我

我往往把舒適圈想成是樹幹上的年輪。把一棵樹砍倒，就可以看見年輪。樹木愈高大粗壯，年輪就愈多。年輪代表的是樹木的成長和氣力。我們要是忽視自己的舒適圈，樹幹就會維持細瘦的狀態，樹木也會一直很矮小屏弱。

> 請記住，你站立的地方會有一條途徑通往你想要的一切。但也請記住，指示就存在於你的內心，只向你揭露。要獲得指示，你必須待在舒適圈裡。

當你的舒適圈維持著很小的狀態，就算是最輕柔的微風吹來，你都會覺得辛苦，人生的風暴會讓你倍感威脅。當你照料舒適圈，並且用心擴展舒適圈，你就會變得更加穩健。隨著舒適圈的增長，你會變得像是成熟的樹木，年輪沒有數百圈也有數十圈。你的樹根會深深扎進土壤裡，你的樹枝會

更往天空伸去。不久，沒有風暴能夠把你連根拔起。

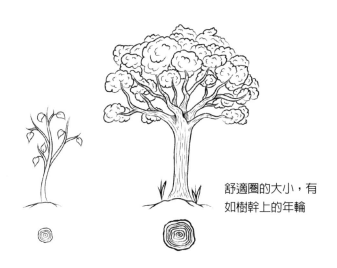

舒適圈的大小，有
如樹幹上的年輪

　　我擴展舒適圈時，會採用一些最快速又最有效的方式，
其中一種就是非常用心成為自己想成為的樣貌，也就是運用
我內在已經存在的東西，考量我天生要成為的樣貌，然後向
外擴展出去。

　　你也許以為自己的樣貌無法改變，但這種想法大錯特
錯。你的樣貌會改變，每一刻都不同，每一天都不同，每一
年都不同。就算是細胞層次，每一刻都有某些細胞會死去，
新細胞會誕生。每七年或每十年，體內的每一個細胞都會被
替換掉，你成為嶄新的人，千真萬確。

　　有一點很麻煩，當你不用心成為自己想要成為的樣貌，
那麼你習慣展現的樣貌會是充滿恐懼、疑慮、局限的信念。

這是因為在一個落後的世界裡，負面念頭獲得的播出時間比正面念頭還要長。

要在舒適圈裡擴展，關鍵的環節就是要扎根於你的身分認同，並選擇把你活出美好人生的樣貌給展現出來。

大部分的人想要達成某件事的時候，都會提出這個問題：「我要用什麼方式達到目標？」畢竟，當我們想獲得某件事物時，一開始很容易著眼於「方式」。更不用說，我們的這個社會，總是執著在方式上。你跟某個人分享想法的那一刻，你就會被一大堆關於方式的問題給淹沒。

「那種方式為什麼行得通？」

「你要用什麼方式做到？」

「你要用什麼方式確保自己成功？」

關於方式的問題有個地方很麻煩，就是往往會在你走到一半時阻擋你，防止你追求夢想。這裡的危險之處在於，為了取得那一刻可供你運用的資源，你會太早就不再有夢想。

固守著方式（尤其是你想著大事或你最想要的事物時），有可能會走進死巷，因為你往往不知道哪些資源可供你運用。你不知道哪些門已準備好開啟，不知道哪些人已準備好在這一路上幫助你，不知道哪些機會隱藏在不遠的角落，不知道還有哪些機會可能會帶你走到哪裡。

你的夢想是如何能夠、如何即將在人生中展開？對此，你就是一無所知，而逐漸接受這點，理解這點，就等於跨出重要的一步，有利待在舒適圈裡。你本來就不該知道方式，本來就不該在開始前就先繪製好整個路線圖。

其實，我很少這樣做。當然了，我也許會規畫一天或一星期的行程，但是當我懷抱的夢想大到我無法回答方式的時候，我知道自己就算只曉得要做的事情和原因，也要感到心滿意足。**人生很少會按原定計畫走，但只要你信任自己，未知的事物就會奇蹟般展現出來，所以就算只知道下一步，也已經足夠。**

在我看來，當我們試圖去定義方式，就等於是掐住自己人生的咽喉。「方式」跟我們沒有關係，不受我們掌控，更不是我們的職責。方式只會在你往前移動時展現出來，在你跨出每一步時揭露它是什麼。

如果方式不是你的職責，那麼什麼才是你的職責呢？如果你原本就不該著眼於夢想達成的方式，那麼該怎麼做才能達成夢想呢？

答案就是典範轉移：不要探問「方式」，你要開始探問的是「樣貌」。

以下列舉一些樣貌的問題：

「你的哪個版本的樣貌擁有你想要的一切？」

「你的哪個版本的樣貌對於你去做想做的事情會感到舒適？」

「你的哪個版本的樣貌擁有你想要的關係？或是擁有成功的事業？或是能夠環遊世界？」

你有個版本的樣貌擁有你渴望的一切，以你想展現的方式展現出來，經營你夢想的事業，擁有你夢想的關係，是你想成為的那種長輩和另一半。這個人會展現什麼樣貌？

我想把這個人稱為「擴展的自我」。

「擴展的自我」就是 GPS 跳出畫面提示你輸入目的地時，你所輸入的目的地。即使目的地一詞意謂著某種終結，但你永遠也無法真正趕上擴展的自我，因為你一變成那種版本的自己並且開始活出擴展的人生，就會有個全新的擴展自我，有待你努力達成。畢竟你不會抵達某個目的地後，下半輩子就停在那裡不動。我們總是在找新的地方探訪、找新的餐廳嚐鮮、找新的事情去投入。只要你活著能動，就有能力探索周遭的世界。只要你還有一口氣在，你就有能力定義新的擴展自我並努力達成，活得更符合你想要的生活方式。

這就是擴展的樂趣所在，也是我在〈用「舒適圈流程」來創造人生〉當中非常喜歡的部分！

擴展的自我是活出夢想人生的那個自己，而且是用輕鬆又有信心的態度活出人生。對於那個版本的自己來說，想要的事物都是人生中自然且被賜予的部分。擴展的自我所適合的環境，對於今天的你來說也許並不舒適。其實，這個新的自我有很多方面也許跟今天版本的自己截然不同，例如念頭、信念、習慣、舉止、衣著、儀態、講話方式等。

沒關係，畢竟我們又不是固定不變的存在。身為人類的我們不斷成長、不斷改變、不斷更新自己。這次，我們用心又明確。

當你以擴展的方式度過人生，就能夠回顧幾十年前的自己，說現在的自己比以前還要更舒適、更平靜、更踏實、更懂得表達、更活出自己。當你待在舒適圈裡並且擴展人生，

就等於是給自己一份禮物：你讓將來的自己有機會回顧過去並且說出這句話：「今天的我比以前的我還要更快樂，我覺得我更活出自己。」

其實，不管你有沒有意識到，你一直都是在向某個將來的自己邁進。然而，要是沒有特地選擇目的地，就會太過容易困在循環當中，一再成為縮減版的自己，也許是受害者的版本，也許是配不上又不被珍惜的自己。

然而，只要你特地把擴展的自我當成目的地，你就會逆轉局勢，開始踏上旅程，變得比以前的你還要更強大、更踏實、更平靜、更活出自己。所以步驟2的第11章到第14章十分重要，因為在這幾章練習的幫助下，你對於擴展的自我會更熟悉、更舒適，所以你能夠讓那個自我以及那個自我的現實成為人生的一部分。

那麼我們現在花一些時間熟知擴展的自我，最好還要擬定你要前往的地方。

舒適圈練習 10：
「擴展的自我」的想像練習

想像一下，你坐在自家客廳裡最愛的座位上，覺得滿意又舒適，此時你的目光發現茶几上面的小盒子，你從來沒看過。你拿起小盒子時，覺得有點熟悉，卻不曉得原因。你打開盒子的那一刻，強

光一閃，淹沒你的視線。然後你的眼神聚焦，光線消失不見，一切看起來都變得不同。你還是在客廳裡，還是拿著盒子，但不知怎地，一切都換成你會立刻愛上的風格。然後，你聽見某個人說：「啊，嗨。」

你往右邊看，看見有人在回頭看著你，那絕對是你，肯定沒錯，但這個版本的你好像有點不一樣，散發著自信和輕鬆的氣息，好像什麼事都能做到，什麼東西都能擁有。這個版本的你看起來很高興，你展現出真正深刻的喜悅和全然的平靜。坐在你隔壁的這個人，是你的擴展的自我，來自於將來的某個時間。

這個嶄新的你露出溫暖的微笑，接下來一小時都在談論人生有多麼美好，對方（你）人生裡的一切都非常順利，而你現在的所有擔憂，到了將來或多或少都消失了。

「不過，是用什麼方式啊？」你問。

「喔，那些都不用擔心啦。」對方回答：「你很快就會知道，我帶你逛一下吧。」

對方帶你逛一下對方（你）的家，對方向你訴說著人生的種種，對方過著什麼樣的日子，對方的關係，對方感受到的自由，對方旅行過的地方等。也許你甚至還會遇到那些跟對方住在一起的人。

現在，拿出日誌，把你看到、聽到的都寫下來：

1. 在空白頁的最上方，寫下「擴展的自我」這幾個字，然後把擴展的自我對你說過的話全都寫下來，請寫出原話。記住，這個版本的你所分享的經驗，都是對方的親身經歷。對方向你訴說的一切，在對方看來都是來自於過去。把對方說的話原原本本寫下來，好像事情已經發生了那樣。

2. 然後，切換成你自己的觀點。想像一下，你來自將來，而你向好友描述你的擴展的自我，你那全新的擴展的自我會是什麼樣子呢？會帶來什麼感受？別人是用什麼方式跟那個版本的你互動交流？成為朋友的感覺會是什麼樣子？

備註：你現在務必要創造擴展的自我，因為之後的練習會用到這個概念。

為擴展的自我取名

有時，人們會創造擴展的自我的形象，把它稱為是另一個自我。舉例來說，害羞又內向的藝人碧昂絲（Beyoncé）創造另一個自我，名叫動感莎夏（Sasha Fierce），是熱烈活躍、全力以赴的表演者。

瑪麗蓮‧夢露（Marilyn Monroe）去世後，她的私人攝影師米爾頓‧葛林（Milton Greene）說了夢露的一個故事，後來廣為人知。夢露和葛林在紐約市散步，夢露喜愛這座城市，因為她在那裡可以當個無名小卒。她穿著平常穿的衣服，也沒有化妝。兩人散步時，路人從她旁邊經過，沒有多看一眼，沒人認出她。然後，她轉頭問葛林：「你想不想看我變成她？」他不明白她的意思，但就回說好啊。不到幾秒，夢露改變她內在的某個東西，那個改變十分細微，幾乎無法察覺。不過，突然間，車子都開始慢了下來，人們開始盯著她看，彷彿面紗已被掀開，她的身分顯露出來，突然間，人們都曉得她是誰。

我很喜歡這個故事，因為這個故事呈現一個現象，我們展現樣貌的方式，或者更精確來說，我們展現出來的樣貌，會影響到我們跟周遭世界互動交流的方式。我們跟周遭世界的互動交流，是從無形的能量層次開始，所以才有人說，世界會把我們的樣子反射給我們看。

當你認同擴展的自我，就表示你認知到，將來的你有可能已經過著你想過的人生。你花愈多的時間投入擴展的自我，就愈會把將來的自己帶到目前的舒適圈，你所在的地方和你前往的地方之間的距離，也會隨之縮短。

我就為自己做到這點，當年我在社群媒體上面建立@positivekristen帳號，這當然是個大膽的舉動，但那時的我正在擁抱及創造擴展的自我，而這是最佳版本的我，是我真正想展現的樣貌。對我的核心身分來說，正能量十分重要，

我覺得自己的使命就是去擁抱一絲的希望。我這一生並沒有時時刻刻都活在正面的情緒裡，而我的過去也根本不是純粹的正能量。然而，我那擴展的自我，是無比的快樂、感恩、相通、雀躍、關愛、開朗、熱忱、茁壯、有信心、健康、啟發人心、產生自主力量。

對擴展的自我取名並賜予身分，剛開始看起來很傻，但我向你保證，這是最強大的方法，可以讓事情順利進行。這種做法是以最周全的方式運用想像的力量，是相信你的真實樣貌呈現出來的實相，是要讓你成為這個版本的自己。這是不斷蛻變的強大過程，一段時間過後，你就會把自己的人生轉變成你想要體驗的人生，成為過著這種人生的自己。你不斷蛻變的時候，你擁抱的是最佳版本的自己，而在我看來，那是神、宇宙或受造萬物（不管你要對這股能量取什麼名字）認為你該成為的版本，而這個版本被你局限的信念長久抑制。

當你擁抱這個擴展版本的樣貌，務必要盡量時常意識到這個版本的自己，甚至要跟親近的人們分享。局限的信念會試圖偷偷溜進來，有一次，教練把局限版本的我稱為「莽撞莎莉」，這個版本的我會偷偷摸摸的，試圖用藉口來破壞個人成長的時刻。教練提醒我，正能量的克莉絲汀才不會接受那種藉口，請你也不要接受那些藉口。

舒適圈練習 11：
為「擴展的自我」取名

　　動感莎夏和瑪麗蓮・夢露都是完全具體化的擴展的自我。瑪麗蓮的本名是諾瑪・珍・莫滕森（Norma Jeane Mortenson）。諾瑪・珍變成夢露，就好比碧昂絲變成動感莎夏，一踏進聚光燈下，就立刻轉換身分。所以你就樂在其中吧！你可以跟人分享，也可以保守祕密。為擴展的自我取名以後，就開始跟對方待在一起。過日子的時候可以跟對方說話，而碰到對方會茁壯成長的情況，就用對方的方式應對。逐漸認識對方。你跟這個版本的自己花愈多時間相處，就能愈快把對方的人生拉進舒適圈裡，並跨入對方擴展的現實。

擴展的自我所抱持的核心信念

　　我有個朋友，我們姑且叫她莎拉，她超想在公司裡升到經理職位，但每次有晉升機會，她都被忽視。她變得很灰心氣餒，而某天下午，我們倆一起喝咖啡，她的失望顯而易見。

　　我聽到她的話，請她閉上眼睛，想像某個版本的自己已經拿到經理職位，這個版本的她看起來是什麼樣子？她穿著什麼衣服？她的儀態是什麼樣子？莎拉想像這個版本的自

己走進辦公室。她進入這個角色以後，我發覺她的能量發生轉變，也目睹她的生理有所變化，坐姿更挺直，胸膛挺起，呼吸緩慢平穩。在她的想像中，她在新的辦公桌附近走來走去，然後坐在桌前，嘴角露出一抹微笑。她成為另一個版本的自己。在那一刻，莎拉成為擴展的自我。

我請她為這個版本的自己取名，她立刻說：「那就叫寶貝老闆貝蒂。」

我問莎拉，寶貝老闆貝蒂有什麼地方很特別？她想了一下，然後回答：「寶貝老闆貝蒂對自己很有信心，好像沒有什麼能夠動搖她。她很果斷，不怕採取行動。她溫柔親切，但不是濫好人。她表達的方式清晰又堅定，卻也帶著關懷。」

接下來幾分鐘，眼睛還是閉著的莎拉繼續訴說寶貝老闆貝蒂的人生細節，例如這個版本的她說話的方式、她表達的方式、她處理自身錯誤和他人錯誤的方式、她穿衣服的風格、她喜愛擔任經理一職的原因、她的管理風格等。

根據前面的描述，我也能認出這位朋友的樣子，寶貝老闆貝蒂具備的很多特質都是莎拉已經擁有的特質，只不過新版本的她具備的那些特質會更特意展現出來，其中有很多是莎拉以前基於恐懼感、羞愧感或沒價值感而消音或隱藏的特質，例如，我見過她怕自己看起來難相處，就不把重要資訊或深刻見解吐露出來。寶貝老闆貝蒂沒有這樣的恐懼，所以會把內心話說出來。

當莎拉睜開眼睛，我看見了，就連她的眼神也變得不一樣。她的眼神流露出沉著的信心，是我以前從未留意到的。

我很好奇，更進一步探問她。

「寶貝老闆貝蒂平常抱持哪些信念？」

莎拉思考幾分鐘，開始列舉一些信念：「第一，她認為，她只要下定決心，就什麼都能做到。一旦她決定去做某件事，就會做完。」莎拉繼續說：「她對自己的領導能力有著絕對的信心，但不是傲慢的那種。不過，她很清楚，就算她跌跌撞撞，就算犯下錯誤，就算不知道答案，她還是會想出辦法，機會終究會到來。」

當莎拉繼續探究寶貝老闆貝蒂懷抱的信念，她也開始出現頓悟時刻，因為寶貝老闆貝蒂的一些信念，是跟她自己原有的信念不同或衝突的。例如，寶貝老闆貝蒂認為機會就在每一個轉角處，無法預測，甚至也無法避開。如果有某件事物注定是她的，那麼它就會來到她的面前。她相信只要機會一來，她會有能力迎接機會的到來。然而，莎拉的信念恰好相反，莎拉會覺得自己沒準備就緒，經常十分焦慮，她也害怕自己會在錯誤的時間、待在錯誤的地方，因而錯過機會。怪不得她很難獲得晉升！

這時，你已知道，信念扮演重要角色，能夠塑造你的現實。某個版本的你過著你想過的人生，那麼，那個版本的你抱持的核心信念是什麼？去找出那些核心信念，就是一種強大的練習，可以帶領你更接近那個版本的自己。你在做練習的時候，就是在你現在所在的地方以及你想要前往的地方，開始建造一座橋梁。當你開始讓大家知道你的擴展的自我所抱持的信念，就是開始讓她的存在更真實，從而把她的人生

拉進你的人生裡。你的夢想就是依循這種方式，找到了路，
來到你面前。最棒的部分就是，你不一定要離開舒適圈！

舒適圈練習 12：
探索「擴展的自我」的核心信念

　　我朋友莎拉想像擴展的自我在升職後走進新
的辦公室、坐在新的辦公桌前，而你也可以在擴展
的自我中，找出人生具有重要意義的某個時刻。閉
上眼睛，把自己置身於這樣的情境，想像你已擁有
你想要的事物、你想經歷的體驗，會有什麼樣的感
覺。

　　拿出日誌，把以下問題的答案寫下來：

1. 我的擴展的自我所抱持的核心信念有哪些？
2. 在這些擴展的核心信念當中，有沒有任何信念跟
　 我目前的信念並不相同或互有衝突？

你目前的成果

　　你才剛正式開始進行〈用「舒適圈流程」來創造人生〉的步驟2！這件事並不簡單。投入我們一直共同從事的內在工作，會很有挑戰性。當你開始必須向內省思，必須接納自己和自己所在的地方，並且不加指責，向來是件頗有挑戰性的事。不過，你完成了，我以你為榮，對於你接下來的旅程，我也感到雀躍不已！

　　在「步驟2：擬定」裡幾章的重點，就是擬定你前往的地方。那裡是你可以懷抱夢想的地方，不要有所保留。要相信一切都存在於你的內在，要相信你真正想要的人生就在伸手可及之處。你在人生中創造的事物，唯一的限制就只有你對可能性所懷抱的想像和信念。如果你渴望某件事物，請想像你擁有那件事物的樣子。還有一種做法更好，那就是想像某個版本的你已經擁有想要的豐富物質、關係、經驗，而這個版本的你就是擴展的自我。

　　在你進入下一章以前，請務必完成這裡的練習，充分發揮潛力。任何事情都不要交給運氣決定。真正去感受擴展版的自己會是什麼樣子，真正去看見將來的自我創造的夢想住家，去理解這個擴

展的人生抱有的核心信念。隨著你深入探究這個概念，你就會愈來愈清楚，你需要做些什麼，才能跨出下一步。花時間讓這個願景盡量變得生動真實。接著，在下一章加入我的行列，我們會更深入探究這個願景，開始打造路線圖，邁向你的夢想人生。

第 12 章

製作舒適圈版本的願景板

你懷抱的人生願景終究會實現。你可以交給命運，也可以用心去創造。

幾年前，我得知願景板的構想，那一刻我記得很清楚，我的幾位朋友在其中一人的家裡聚會，為來年製作願景板。他們叫我把所有舊雜誌帶過去，我不曉得他們到底要做什麼，但心裡很好奇。

「那我要做什麼？」我一到了派對現場就這麼問道。在場的其他五位女性在客廳裡的蓬鬆地毯上面圍成一圈坐著，中間散落著一疊又一疊的雜誌，涵蓋生活風格、旅遊、藝術、時尚等，還有色彩鮮豔的麥克筆、口紅膠、剪刀。斜倚在牆上的是幾個大型的白色海報紙板。朋友們全都是一邊喝飲

料，一邊翻閱雜誌。有些人已經把雜誌撕下來，身旁堆著五顏六色的內頁紙。

> 你懷抱的人生願景終究會實現。你可以交給命運，也可以用心去創造。

「嗯，你就翻翻雜誌啊，」女主人說明：「等你找到今年想在生活中創造的事物，就把它剪下來，貼到其中一張海報紙板上面，那就是你今年的願景板。」

當時的我不太曉得願景板是什麼，也不曉得我要拿願景板做什麼，但我還沒提出後續的問題，其他客人就開始附和起來。

「在一整年內，你可以隨時查看願景板。」某個人這麼提議。

「你想要的一切，願景板都會幫你顯現出來。」另一個人又說了一句。

怎麼做到的？我想要開口問，卻還是把這個疑問放在心裡。

我仔細翻閱雜誌，尋找哪些言詞和圖片是我希望將來能成真的，但我記得，那個時候覺得這樣好傻，剪下模特兒和有異國風情的地方的圖片，怎麼能幫我達成夢想？不就是海報紙板上面隨便貼幾張相片，為什麼我會想要擺在家裡？我

到底要在哪裡展示啊？

我也有種莫名其妙就向外暴露自己的感覺，我這人向來懷抱著宏大的抱負，但那些崇高的願景通常都是放在心裡。除非對方有必要得知我的願景，否則我才不會把願景告訴對方。我的目標往往會用以下的東西呈現：我朝著喜愛的事物拍下的私人相片、詳細的清單、日誌裡一長串的項目、很多的行動，而且這些多半都是私下進行，就連最親近的友人或家人也不曉得我想要創造什麼。

跟其他幾個人一起參與活動，把圖片貼到紙板上，感覺很被動，也好像在示弱。之所以說很被動，是因為我就是不明白，這要怎麼幫助我抵達我想去的地方；之所以說示弱，是因為我不習慣把內心的渴望展示給別人看。

最後，我覺得太不自在，無法坦然製作紙板，呈現出我想要的一切。我怕別人會批評我或指責我，儘管不一定大聲說出來，儘管是他們內心的想法，我還是會害怕。我剪下一些圖片，加入幾次的對話交流，還保證我會在家裡完成願景板，才離開派對。

幾年後，我開始更深入探究「顯化」的學問，也開始明白願景板為什麼有用、如何有用，而且是真的有用！願景板有用的原因深植於以下的事實：無論是在哪個時候，人腦都只能專注處理少數幾件事情。無論什麼時刻，我們周圍的資訊數量都多到我們無法吸收或理解。我們的感官會獲取周遭數十億不成形、無意義的資訊片段，轉譯成圖像、聲音、滋味、感覺、念頭，幫助我們理解自己居住的世界。不過，我

們每個人轉譯資訊的方式各不相同，每個人的感官會以獨一無二的方式去理解，並且呈現出我們身為個體會覺得哪些事情有意思又重要。

我們的感官有如過濾器，在所有可供你取用的資訊當中，你的感官只會讓你能夠感知到的資訊通過。這種做法自然會為你設下一些限制，而在這些限制的範圍內，就是你的喜好和優點所在的地方。因為你無法一次就感知並知道每件事，所以你必須根據自己的喜好來整理資訊。由此看來，如果你是有自覺地去定義這些喜好，就能夠用心選擇你想要的事物。你的感官設下的限制，其實是賜給你一份大禮，可以特地用來創造你的人生。

舉例來說，如果你是音樂人，那麼你聆聽音樂的方式，或甚至聆聽周遭聲音的方式，跟不偏好音樂的人會截然不同。音高、節奏、主旋律的細微差異，你都聽得出來，但不太在意音樂的人察覺不出來。如果你是主廚，只要聞一聞，也許就能猜出某盤料理使用的食材。如果你是畫家，看到大自然裡的某個顏色，也許就曉得怎麼把那個顏色重現在畫布上。

在感官的幫助下，你和你有興趣的經驗之間的關係會變得更加深厚。在感官的幫助下，你覺得沒意思的雜音，或者跟你的人生沒關係的雜音，你都可以不予理會。身為文字工作者，我對於自己被動聆聽音樂的能力懷著感激的心情，不會想著音樂為何及如何運作的細節，可是書本的內容不管再怎麼有趣，只要編輯得不好，我就很難讀進去。

想像一下，假如你和周遭圍繞的數兆資訊片段之間，沒

有你的感官做為緩衝，那麼你的人生會是什麼樣子呢？舉例來說，假如沒有對你的視覺施加限制，那麼你會同時看見周遭的所有東西，導致各種形狀、顏色、質地全都混在一起。要是你不能隔絕特定的聲音，不能專注在某些頻率上，不能忽略其他頻率，那麼你在言論或音樂上的解析能力也許就會消失不見，所有的聲音全都混在一起，變成刺耳的雜音。要是不能忽略衣服和空氣等東西觸碰到身體的感受，那麼你的皮膚會變得極為敏感。

你的感官設下的限制，可以說是一份禮物，因為設下限制，就能針對淹沒你的大量資訊，排列優先次序，從而根據自己的喜好來理解世界。**你排列資訊優先次序的方式，對你來說不但很有意思，也是獨一無二的。**有個概念叫做**價值貼標**，我們會以價值貼標的方式，判定哪些資訊該關注、哪些資訊該忽略。在我看來，價值貼標也可以用來說明願景板為什麼很有用。

價值貼標是一種過程，我們會依照重要性的高低，對我們感知到的資訊加以編排。大致上來說，事物要是無法幫助我們在生理上存活下來或在社會上茁壯成長，那麼我們往往會去忽略那些資訊，或是把優先次序排在後面。反之，要是我們相信某些事物會幫助我們面對人身威脅還能存活下來或在這世上茁壯成長，那麼我們就會認為那些事物具有更高的重要性。

無論你有沒有意識到，你一直都是下意識在進行價值貼標。你不斷評估情況，把你蒐集到的數十億資料片段進行整

理，幫助你保護自己、避開威脅，在人生中往前邁進。

　　願景板之所以能有效幫助你創造渴望，靠的就是價值貼標的方式，因為只要利用書寫或製作願景板的方式，把自己想要的事物清楚表達出來，你的喜好就會浮上你的意識表面。你把那些喜好從潛意識裡引出來，這樣就會有所認知。你每天看願景板，反覆留意這些喜好，那麼你所做的選擇就會獲得強化，這些喜好會成為你目前人生的一部分，會被拉進舒適圈，整合到你目前的現實當中。

　　在第11章提供的寫日誌練習中，你已找出並熟知你的擴展的自我。願景板透過視覺方式，呈現你的擴展的自我，在你選擇的將來所度過的人生。願景板讓你有機會把擴展的自我要過的人生拉進你的人生中，因為那個人生在你的眼裡顯得愈真實，就會愈快在你的人生中顯現。

　　不過，有時願景板會沒有用處。閱讀本章時，你可能會想著，幾年前製作的紙板，上面的夢想和目標都還沒有實現。你製作的願景板要是太過高不可攀，就有可能會發生這種情況。我就犯過這樣的錯。如果覺得願景板上面的圖片是在舒適圈外面很遠的地方，那就很難把那些圖片當成是你人生中的一部分。

　　當你無法讓吸引力法則對你起作用，也是類似的情況。在我看來，人們試圖使用吸引力法則等方法，第一個會碰到的不幸，就是沒有站在自身力量和實相的裡面，反而試圖在舒適圈外顯現。第二個不幸，就是他們試圖要求的那些事物感覺很陌生又遙遠，導致他們更遠離那些熟悉又輕鬆自然來

到眼前的事物。多數人都是在夢想的後頭追逐著,並沒有實際擴展舒適圈,把夢想包納進去。

這些年以來,我採納一些簡單的竅門,藉此增強我的願景板,願景板因此在顯化的過程中成為重要的一步。其實,我的願景板跟傳統的願景板截然不同,我替自己的願景板取了一個特別的名稱:**舒適圈願景板**。如果你以前製作過願景板,就會發現舒適圈願景板和傳統的願景板有一些差異。這些差異也許很細微,卻會對願景板的成效產生莫大的影響。

在你開始實際拼貼舒適圈願景板以前,你會想先做好準備,了解願景板的獨特要素,並且思考願景板該貼上什麼。然後,在本章尾聲的練習13,我會提供具體的指示,好讓你懂得怎麼著手拼貼及製作願景板。

準備製作舒適圈願景板

你會留意到,傳統願景板和舒適圈願景板的第一個差異就是環形設計。環形的舒適圈願景板有別於傳統願景板的形狀,環形是在模仿我們待在舒適圈裡,自然而然擴展人生的樣子。

舒適圈願景板的圓圈,是畫三個圈,把一個圈放在另一個圈的裡面。這三個層層相套的圓圈,創造出三個空白的區域,你選擇的圖片和言詞可以放進空白區域裡面。

這張圖表顯示三個圓圈,以及每個圓圈裡面可以放進的東西。

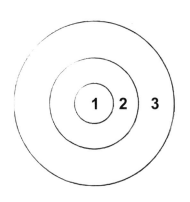

舒適圈
願景版
1
這些事物的圖片在你目前舒適圈裡,而且你對那些事物心懷感激
2
這些事物的圖片是你內心的渴望,但這些事物有點超乎你目前的舒適圈
3
這些事物的圖片是你內心的渴望,但這些事物距離你目前的舒適圈更遠

　　中央處最小的圓圈,裡面的空間是你目前的勝利和成就。思考哪些圖片和言詞代表你已經達成的目標和成就,把這些圖片和言詞放進最小的圓圈裡面。這是傳統願景板和舒適圈願景板的第二個差異。傳統上,願景板會貼滿你尚未達成的事物,也就是你想要創造的事物。把那些已經顯現且你引以為榮的事物全都納進去,就是潛意識地對自己說,你想要的事物就在你伸手可及之處,因為:「看哪!這就是我以前沒有卻能夠達成的事物!」

　　要讓舒適圈願景板變得最有成效,請把能夠引發下列情緒的事物放在中央:

- **感恩**:請選擇你覺得感激、滿意、珍惜的事物、關係或顯現。
- **可能性**:有時,我們經歷的事件或關係,會讓我們相

信奇蹟和可能性。知道自己經歷過這些，對將來就會充滿希望。如果你在人生中有這類的事件、關係或勝利，一定要把相關圖片貼在這裡。

• **圓滿：**如果你對某項成就特別引以為榮，請貼上去。

• **愛：**你在人生中，有沒有一個人或一段關係會引發愛的感覺？請找出圖片或言詞來代表這段特別的關係，並且一定要貼上去，用來提醒自己，這份愛已經出現在你的人生中。你跟家人、跟社群或甚至跟工作的關係，可以找到愛的感覺。

• **自由：**在人生中的某些時刻，我們會覺得充分活出自己、完全自由。如果你經歷過這樣的時刻，請找出圖片來代表你人生中的自由感，並且貼上去。

簡單來說，願景板的中央部分（圖中的第一個圓圈）代表的是你現有的勝利、你已經達成且引以為榮的事物、你珍惜的關係、帶給你喜悅的事件。這些是你目前人生中的要素，會讓你感到平靜、喜悅、愛、感激、自由。這些也是你在人生中顯現的福氣。

舒適圈願景板的中央部分貼滿以後，就可以處理其餘部分。在這裡，我們採取的做法跟傳統願景板也不相同。一般來說，你會問自己：「我想要什麼？」在這個問題的引導下，你會選出可以引發你共鳴的圖片和言詞。然後，你會開始利用這些圖片創造模式，讓最後圖片的構圖自然而然顯現。

雖然這種做法有很高的成效，但是我覺得它有點太廣

泛，無法產出最佳的結果。對我來說，多一點的引導和獨特性，就更能聚焦在願景板的內容和版面上，這樣我正在顯化的事物也會變得更加清晰。

為了把環繞舒適圈的兩處空間給貼滿，請想一想你的擴展的自我的形象，然後把那個自我當成指引，開始用擴展的自我已經過著的人生來貼滿空白處。擴展的自我開的是什麼樣的車子？事業看起來怎麼樣？關係看起來怎麼樣？贏得哪些獎項？是不是住在夢想的住家？早上醒來時，晚上睡覺時，有什麼樣的感覺？服裝怎麼樣？社交圈裡有誰？

當你在擴展的自我的人生中，開始辨識出一些細節，就可以把代表那些細節的圖片貼進這兩個圓圈裡。比較熟悉、比較容易達成的事物，屬於下一個圓圈（圖中的第二個圓圈），這些事物好比是你面前的行動步驟。至於「太過宏大」、此時無法擬定行動計畫的那些夢想，則是屬於外面的圓圈（圖中的第三個圓圈）。

請謹記在心，你現在所在的地方，是位於願景板的中央，請開始留意，在你的夢想當中，有哪些夢想多少可以達成，有哪些夢想感覺比較遙遠。你也許甚至會注意到，有些夢想好像就在那裡，在內圈的外面，在你伸手可及之處。

接著，看看第三個圓圈外緣的事物，這些事物是你目前最難觸及的目標和渴望，看你能不能在當中找出哪個版本的事物感覺比較舒適，可以改放在第二圈裡。

舉例來說，你也許希望憑自己的演技，贏得奧斯卡獎（第三個圓圈），但這個獎項感覺很遙遠。有沒有其他比較容

易達成的獎項或成就，能夠放在離你更近的地方，而且是贏得奧斯卡獎前的里程碑？加入演員工會，在劇情片擔任主要角色，跟能夠指導你的導演和製作人交朋友，參加你最愛的Podcast節目，接受你最愛的深夜電視主持人訪談，這些都可以當成里程碑。如果你覺得這些事情比較做得到，請放在第二個圓圈裡，努力邁向這些目標，就會更接近那個可以贏得奧斯卡獎的角色。

就健康和健身來說，你直觀上就會知道自己的最終目標是什麼，但你也許會在那些最終目標之間，放一些中間的目標點。比如說，我在減重時，會為自己設立幾個具體的目標，但我也很清楚，如果我有一些特定的習慣，例如吃原型食物、跑步、舉重等，那麼我就能達到BMI目標。所以在願景板上，我會納入健康的蔬菜、跑者的圖片、跟喜愛跑步有關的肯定語、跟擁有性感身材有關的肯定語、激勵我舉重的某個人的相片，諸如此類的東西。其實，有很多方式可以幫助你做到，建議你採用自己覺得不錯的方式。方式其實沒有對錯之分，哪種方式最能引起你的共鳴，就採用那種方式吧。

舒適圈願景板是極為強大有效的顯化方法，因為這個方法仿效的是我們待在舒適圈裡自然擴展人生的方法。我們成長的方式，向來就是把舒適圈外的經驗和要素逐漸帶進舒適圈裡。你逐漸成長的速度，是你獨有的速度，會基於你個人的生活方式、喜好、習慣而有所不同，但是這種成長方式會帶來長久的結果，讓你在舒適圈裡茁壯成長，並保有你創造的生活方式。

你的舒適圈好比是橡皮筋，會逐漸擴展，愈來愈往外拓展，最後把你渴望的一切全都包納進去。舒適圈願景板可以讓你用心進行這樣的擴展。針對你想擴展成的人生樣貌做出定義，那麼你創造出的情境，會讓你的整個願景板，有一天變成全新願景版的中央的圓圈。你今天製作舒適圈願景板時，請想像自己達成外側的那些事物的那一天，你會有多麼雀躍不已。

舒適圈練習 13：
製作舒適圈版的願景板

採取下列步驟，製作舒適圈願景板。這是很適合家人和朋友的活動。

- 拿一張大型的海報紙板，畫三個層層相套的圓圈（見圖）。
- 思考哪些圖片和言詞可以代表你已經達成、心懷感激、引以為榮的目標，把那些圖片和言詞放進圓圈的中央。一定要選擇你心目中覺得感恩、有可能性、榮耀、愛、自由的事物。
- 花幾分鐘的時間，仔細思考你的擴展的自我的人生，重新閱讀你在第 11 章的練習寫下的答案，真正去感受你內在的擴展的自我的存在。
- 蒐集一堆雜誌或其他圖片，思考當中有哪些圖

片、言詞、短語可以代表擴展的自我的人生，把它們剪下來。你的擴展的自我有哪些成就？生活方式的特色？喜好？你的擴展的自我已經在過著的人生，就是你努力在創造的人生。擴展的自我達到的成就，就是你的目標。

- 思考哪些圖片和言詞，可以代表你想達成、卻非常遙遠或難以達成的目標，把這些圖片和言詞放進距離中央最遠的那個圓圈（圖中第三個圓圈）。

- 然後，把其他事物放進兩者之間的空間（圖中的第二個圓圈），容易達成的事物距離中央最近，難以達成的事物距離外圈比較近。

　　備註：你現在務必要製作自己的舒適圈願景板，因為之後的練習會用到這個願景板。

你目前的成果

你已經來到第12章的結尾，做得好！人生的重點就在於準備，只要你準備就緒，你所尋求的，就會來到你的面前。不用去催促或強迫，事情就會自然發生。在上一個練習全力以赴，就有開始起步的作用，所以我希望你盡快進行規畫，製作你自己的舒適圈願景板。這種方式會很有趣，你要重新設想目標，製作路線圖，邁向你真正想要的人生。最後，你利用價值貼標的方法，更特意地去擴展並觸及，這時跨出的每一步，都會感覺更毫不費力、更自然、更實際可行，甚至有可能更快達成！

既然圖像已經準備就緒，現在就更深入探究你的自我對話吧。我的人生會有所改變，**自我對話正是關鍵所在**。我很有信心，在你的旅程上，自我對話會是核心的環節。在下一章，你有機會把多年的負面訊息重新改編，這樣一來，跟你自己有關的、跟周遭世界有關的正面感覺，你都能隨時隨地輕鬆獲取。

好了嗎？出發吧！

備註：你製作的願景板成品，我很樂意欣賞，請把相片分享到你的限時動態，並且Tag我（@positivekristen）和 @powerofpositivity。我很想跟大家分享！

第13章

利用言詞的力量
打造美好人生

你的言詞具有強大的力量。你跟別人說話的方式，你談到別人的方式，會影響到你的關係品質。你對自己說話的方式，會影響到生活品質。

你有沒有注意到，習慣抱怨的人老是有事情可以抱怨？有些人談到別人的時候，老是有負面的事情可以說，他們周圍的人好像都會傷人又不體貼。如果經常指出自己為什麼永遠不順利，那就永遠都會置身於不順利的情況。

討論想法的人，通常都會發想出更多的案子；指出美好事物並表達感恩之情的人，在人生中通常都會擁有更多。這類的情況應該並不意外。說自己運氣很好的人，不知怎地，總是會有幸運的事情發生在自己身上。用充滿愛的語氣對另

一半說話、談到另一半的人，似乎都會處於更充滿愛的關係。

看到這些情境，很容易就會脫口而出：「嗯，對啊，只要處於充滿愛的關係，談到另一半的時候，口氣都會充滿愛！」這種話是在假設外在處境第一，言詞其次。這個前提有缺陷，因為其實我們的言詞向來是第一，我們的言詞會塑造我們的現實。事實上，我們的言詞可以成為自我應驗的預言，因為我們的言詞會顯示我們的注意力和隨後的心力是放在哪裡。我們其實是把自己的人生（和我們自己）說成了有形現實。

你的言詞會反映、塑造、鞏固你的信念。當你相信自己口中說出的話，就算不想成為那種人，也還是會成為那種人。很多人運用自己的言詞，把注意力放在自己不想要的事物上，而這麼做了以後，更多不想要的事物就會顯現在我們的人生中。

仔細思考這句話：「你腦海裡出現的對話，化為有形的版本，就是你的人生。」

我的言詞如何改變我的人生

大約十五年前，我當時很胖，體重會增加是因為我的言詞具備的力量，不光是我的生活習慣造成的結果。其實，我真的很努力吃得健康，也做運動，就算這兩種活動都做了，卻好像沒有太大的成效。然而，實際上，當時在我的眼裡，就是認為自己努力不夠。我唯一看到的就是體重增加，所以

我的行動和言詞都一直把注意力放在體重的增加上。

我會罵自己，吃了不該吃的食物就羞辱自己，私下及公然貶低自己。我望著鏡中的自己，在腦海裡說：「看看你有多醜，你好噁心，你減不了肥，你超胖，你就一直愈來愈胖。」

我在日記上寫著：「我覺得自己被困住了，我討厭自己身體的樣子，我討厭自己沒辦法阻止，我好醜，沒人會真正愛著這樣的我。大家一定是覺得我很可憐。我再也不曉得該做什麼了，我什麼方法都試過，沒一種方法有用。是我有問題吧，我沒有價值。」

我對別人說：「我不喜歡照相，請不要拍我。我討厭自己的樣子。我在減肥，要是吃了那個，我會胖五公斤，這個重量我永遠都減不掉，我什麼方法都試過。」

我最可怕的敵人，就是我自己。我很擔心自己在別人眼中的樣子，所以不斷讓最糟糕的負面自我對話顯化為現實。

> 消除負面言語是關鍵所在。光是消除負面言語，就能用正面的方式，開始重新塑造人生，而且速度比你料想的還要更快。

不利於我的念頭和言詞，構成負面循環。其實，就算我確實變瘦了一些，還是會覺得努力不夠，所以我會不斷批評自己。這是一場殘暴的戰役，是我覺得自己好像永遠贏不了

的一個循環。我變得灰心，放棄，然後又周而復始。

我付出生理上的努力，有時都已經竭盡全力去做。就連家人也注意到了，說出這樣的話：「你吃得很健康，也很常運動，但你竟然都沒有變瘦。」有時家人留意到我的身材有變化，我卻看不到。其實，我變胖的原因，不光是因為我的習慣，還有我看待自己的方式、對自己說話的方式。

等我的體重終於開始下降，那是身心和人生的重大轉變。那樣的改變是始於我的念頭，接著我的言詞變成魔杖，可以用來對我的人生施展關愛的咒語，以便邁向我的目標。對於我腦海裡的自我對話，我變得更溫柔、更關愛。我開始有自覺地把注意力放在正面的動力上，減半公斤就認可自己，有時減〇‧二五公斤也認可自己。我不會想著「哎，那麼努力才減半公斤」，反而開始對於自己的進步和前進的方向感到雀躍不已，每往前跨出一步就表揚自己。我最大的支持者就是我自己，因為別人沒辦法用我真正需要的方式給予支持。

我轉而注意自己感覺多麼好，多麼活力十足。我認知到自己覺得很健康。我喜歡衣服變得合身的感覺，不在乎體重計上面的數字。我讚美我的努力，我讚美我的持之以恆，我讚美我的進步，我讚美我的身體，我讚美我的心流。我吸引到一些辦法和機會，藉此延續我的進步和心流。我的決定和習慣不斷支持我的健康目標。

我還只是個半成品，但我已有很大的進步。我這輩子都在對自己傳達負面訊息，所以必須改編訊息才行。我決定改變我對自己說話的方式，在我做過的決定當中，這應該算是

很重大的決定。我的座右銘變成「如果沒好話要說，那就根本不要說出口」，而我對自己更是這樣。

有些言語會讓你不想要的關係和處境長久存在，而消除這類言語是達到目標的關鍵一步，所以務必要意識到你是怎麼運用強大的言詞。這一章的練習不僅會幫助你練習這個意識，還要開始更特意地去運用你的言詞，把你在人生中真正想要的事物給創造出來。

舒適圈練習 14：
觀察自己「使用言詞」的狀況

接下來幾天，請注意自己一整天的言語。如果希望負面回饋循環結束，你就一定要好好觀察，請把你的發現寫在日誌裡。

- 我是怎麼談論別人？
- 我是怎麼談論自己？
- 我的言語會產生自主力量？還是會剝奪自主力量？
- 我會不會說三到四？我會不會使用自我貶低的言語？
- 我訴說的故事屬於哪些類型？
- 這些故事會讓我對自己的感覺、對別人的感覺有所好轉還是惡化？

意識到自己使用言語的方式，是舉足輕重的

一步，這樣一來，你不僅會變得審慎看待自己的言
詞，也會審慎看待你在人生中創造的事物。

　　如果發現自己的言語很負面或局限，那就看你
能不能不再使用。有了新的意識，就可以不再訴說
那些刻薄的故事，不再八卦，不再用損己或損人的
方式開玩笑，不再指出自己和別人的缺點。

　　要讓這項練習更進一步的話，請在消除這類言
語後，記錄下來內心的感受。你的感覺是好轉還是
惡化？當你不再用有關自己的負面言詞填滿內在的
空間，你的腦海裡浮現哪些念頭或情緒？

肯定你的美好人生

消除負面言語是關鍵所在。光是消除負面言語，就能用
正面的方式，開始重新塑造人生，而且速度比你料想的還要
更快。然而，要增強你的言詞並朝夢想躍出一大步，也可以
運用正面的、鼓舞人心的、可產生自主力量的言語，用心創
造你想要的事物。

　　肯定語和真言可以幫助你達成這點。這些類型的正面句
子會讓你腦海裡嘮叨個不停的聲音和負面情緒平息下來，還
會讓你的注意力轉向你的渴望。用心引導你的念頭和言語，
就能滋養你的靈魂，讓你跟你的內心相通。肯定語和真言在

經過重複使用後，就會填滿你的內在狀態，你會感到更踏實、更平靜。當你一而再、再而三地重複使用這些句子和言詞，你就會成為你口中描述的那個人。這些句子會深植於你的存在。你的腦子也很愛重複，重複的方式可以有效把你的核心價值觀和信念灌輸到你的潛意識裡。

雖然肯定語和真言往往可以互用，但是兩者還是有一項細微的差別。

真言一詞源自於佛教傳統的「mantra」，指的是用來平息心境的那些聲音、字詞、禱文、短語，可以用來深化你的靜坐。真言可以是單一的字詞，例如嗡（Om，六字真言的第一個字）、平靜、愛、沉著或放下。真言可以是一句短語或一連串的短語，比如夏威夷的原諒禱文「荷歐波諾波諾」（Ho'oponopono，意思是「修正情況」），祈禱者要反覆念誦以下四句短語的全部或一部分：「對不起，請原諒我，謝謝你，我愛你。」

正面肯定語是一九七〇年代腦神經學者研發的技巧，是有意去使用一些言語，對有害或不愉快的思考模式進行重組。將近十五年後，露易絲・賀（Louise Hay）憑藉《創造生命的奇蹟》（*You Can Heal Your Life*）一書，讓肯定語進入主流。以下列舉一些我最喜愛又經常使用的肯定語：

- 我的一切都會順利成功。
- 我需要的事物都會來到我的面前。
- 我現在這個模樣，就已是被愛的、配得上的、足夠的。

- 下一步就在眼前，等著我跨出去。
- 我愈放鬆、愈享受人生，就愈覺得圓滿。
- 愛流向我，流經我。
- 我為自己的人生感到快樂又感激。
- 我的夢想在完美的時機，完美展現。
- 我信任神聖的指引。
- 我願意輕鬆獲得。
- 我的頭腦很出色，創造力毫不費力地流經我。
- 我的身體就是我的殿堂。
- 我配得上卓越這個詞。
- 我開心地走路。
- 我的人生故事是為了榮耀祂。
- 我是愛與事工（編按：基督教會的成員執行教會所任命的工作）的器皿。

在肯定語當中，「我」是很普遍的用字，用來堅定聲明當下此刻的身分。如果你是新手，非常建議你檢驗前述的一些肯定語，或者打造自己專屬的肯定語。以下列出我這些年來學到的一些關鍵訣竅，在這些訣竅的幫助下，我打造出具有成效又鼓舞人心的肯定語。

掌握四大關鍵，打造有用的肯定語

1. **用語要概括籠統**：最有成效的短語不會具體專指哪種

情況、渴望或目標，而是比較概括籠統。這是因為太過具體的用詞，反倒會讓你對肯定語產生抗拒和疑慮。如果你的肯定語會讓你有所疑慮或恐懼，那麼也許是因為太過具體，也許是因為遣詞用字不適合你。改成概括籠統的用語會有很大的幫助。與其用「從現在起一年後，我就會住在我夢想的住家」，不如用「我想要的事物都會來到我的面前」，比較概括籠統，也比較容易接受。第一個句子比較具體，不管是期望的內容還是時間範圍都是如此，結果腦子很容易就會開始打轉，執著在方式上面，在過程中，壓力愈來愈大，也愈來愈困惑。

2. **使用正面的遣詞用字**：力量最強大的肯定語都是採用正面的遣詞用字。不要說「我會放下負面思考」，要改說「每天，我都會發揮我的力量」或「我每天都有好轉的感覺」。為了設法達成而專注投入的事物，還有為了想要避開而專注投入的事物，這兩者之間的差別，大腦會分不清楚。你會一直邁向你專注投入的事物，也就是說，如果你說「我想要跟不會劈腿的人交往」，其實反倒有可能會讓你遇到劈腿的人。你要說：「我會吸引到充滿愛的關係，對方會愛慕我。」這樣一來，你獲得的結果就會好很多。

3. **保持現在式**：肯定語具備的強大力量可以壓縮時間，把你想在將來創造的事物帶到你目前的經驗裡。基於這個原因，請務必使用現在式說出這類句子。不要說

「我不會負債」，請改說「我享有財務自由」。如果第二個句子的具體內容在你的內心引發疑慮和抗拒，那麼也許可以把鏡頭往後拉，調整成「我享受人生中的自由」或「我覺得自由又有自主力量」。

4. **使用感覺良好的句子**：我分享的肯定語，帶給我很好的感覺，這些肯定語存在於我的舒適圈裡。你把你的肯定語說出口的時候，也應該要感到舒適。然而，如果你想採用的肯定語會帶來不適的感覺，那麼你可以利用一個很棒的訣竅，把肯定語逐漸拉進你的舒適圈。請在肯定語的前面，加上一句短語，例如「我正在努力」或「我正在學著」。舉例來說，你可以說：「我正在學著一切都會順利成功。」

當你對自己說出的言詞變得很用心，你對於自己創造的人生也會變得很用心。真言和肯定語是力量十分強大的方法，可以幫助你用心挑出能帶來自主力量的念頭（以及隨之而來的人生）。

舒適圈練習 15：
打造自己專屬的肯定語

1. 使用上面的方針，打造至少一句肯定語。這句肯定語務必要概括籠統又正面，帶來良好的感覺，並且使用現在式來敘述。

2. 把擴展的自我帶到你的腦海裡，那個自我使用哪些肯定語？請至少想出一句肯定語，你每天都要對自己說那一句話。

3. 你打造的肯定語，每天至少要複述五次。有一種方法可以提醒自己每天做五次，那就是一天設五個鬧鈴。你可以把肯定語寫在鬧鈴的說明欄位，設定在開會以外的時間響鈴。鬧鈴響起時，請花一點時間，對自己複述這個句子，跟這個句子做充分的連結，然後再繼續過你的一天。有時，你可能需要複述好幾次，才能開始跟這個句子有所連結。沒關係！

你目前的成果

哇，我為你感到雀躍不已！你剛剛完成力量強大的一章，做得好！就算你已經熟悉正面的自我對話，我還是希望你創造一些新的方式，從擴展的自我的角度，進行正面的自我對話。

有時，我們會放任恐懼、擔憂、疑慮，對自己造成很大的妨礙，我們會覺得自己配不上。你現在打造的句子，就算在這一刻、在你眼裡不太真實，但你希望那個句子成真，那麼你其實已經走對了路。對，沒錯。這個句子經過複述以後，最後就會變得很自然，像是你現在就會脫口而出的句子。我保證，你體內的每一個細胞都會感受到這個句子蘊含的真理。這樣並不是在騙自己，反倒是在記住你的樣貌。

接下來，我熱切期待我們一起探討情緒具有的強大力量，還有你要怎麼運用內心的感覺來滋養舒適圈。

步驟 2・擬定你前往的地方

第14章

微調內心情緒
以留在舒適圈內

　　情緒有可能混亂成一團，但情緒造就了我們人類。只要
精通技巧，善於辨識、認識、引導內心的情緒，那麼在這個
有形現實中，情緒就會變成你最大的資產。

　　這些年來，我發現只要跟內心的情緒協調融洽，就能待
在舒適圈裡，同時擴展舒適圈。有些時候，我會滑跤失足，
突然深陷於生存圈或自滿圈。我回頭審視人生中的失足時刻
才明白，當時的我對自己的情緒狀態予以否認或缺乏意識，
才會導致我來到舒適圈外很遠的地方，甚至沒意識到自己走
得很遠。

　　要待在舒適圈裡，有個重要關鍵，那就是在你離開舒適
圈的當下，就要意識到自己離開了。因為你是一個不斷擴展的

存在，因為只要你把舒適圈的邊緣往外拓展，只要你去追逐夢想，人生就會變得更為雀躍又有趣，所以你太容易就會越過自然舒適的地方，落在外面。要是沒意識到自己的情緒，那麼你到了舒適圈外以後，可能就很難回到舒適圈裡。

在〈用「舒適圈流程」來創造人生〉的步驟1和步驟2，**你已經逐漸認識你的舒適圈，並且定義你的起點。你已確認自己要用什麼方式擴展舒適圈，要把哪些人生經驗帶進舒適圈。**你闡述內心的渴望，把那些渴望貼在舒適圈願景板的上面。這麼做以後，你發現自己想要的一些事物是在舒適圈外，幾乎伸手可及之處，只要把舒適圈稍微往外擴展，就會獲得這些事物。另外還發現，你想要的一些事物是在舒適圈外面很遠的地方，至於要用什麼方式獲得那些事物，你目前還沒有計畫。

當我們進入〈用「舒適圈流程」來創造人生〉的步驟3「指引」，我會分享一些技巧、方法、心態轉變、過程，幫助你擴展舒適圈，最後讓舒適圈把你在舒適圈願景板上面貼的所有事物都包納進去。不過，我們首先要探討情緒，因為如果要根據你前往的目的地，來擬定願景並且堅持不懈，那麼認識及引導情緒，就是不可或缺的關鍵環節，也是能成功抵達目的地的絕佳途徑。

痛苦不等於進步

多年前，我在正念研討會遇到一位紳士，聊了起來。我

們相互訴說彼此在靈性旅程上的故事。他對我說，他成年以後，大部分的時間都在生氣、憂鬱、不快樂，卻還以為自己過得不錯，沒意識到自己很憂鬱。他姊有一次問他，要怎麼樣他才會覺得快樂。他嚇了一大跳，大聲說：「我很快樂！」那次見面的幾年後，他經歷了難堪的離婚。他的健康出現各種問題，那個時候，他覺得自己可能瀕臨崩潰。他要退一步才行，所以他買了單程機票飛往印度，接下來四個月獨自旅行，造訪各種靜坐中心，尋求他人的指引。他想獲得如釋重負的感覺和內心的平靜，最後他終於找到了。

他的故事有一點很有意思，每當我記起我們的相遇就會想到，那就是他當找到內心的平靜和快樂之後，才終於體會到自己以前其實很不快樂。他說，以前他都一直覺得自己相當快樂，對於內在的不安和長久的不快樂，早就習以為常，甚至沒發覺自己是處於生存圈。不過，他一回到舒適圈，就察覺到自己以前是多麼不適，經常處於壓力和煩躁的狀態。

只要習慣待在舒適圈裡，那麼待在生存圈和自滿圈裡的時間自然會大幅減少，也會體悟到痛苦的程度不一定符合進步的程度。

想像一下，你坐的椅子上有釘子突出來，你難道不會跳起來嗎？當你待在舒適圈裡，跨進生存圈或自滿圈就好像是坐在釘子上。知道舒適圈裡的感覺，就好比知道自己坐在椅子上面的時候應該會有的感覺，椅子本來就應該要舒適，沒有突出的尖銳物。

可惜，我們所處的這個社會不僅認為坐在釘子上很正

常，還指責不願坐在釘子上的人。我們所處的這個世界會說：
「如果你真的很積極進取，如果你堅強又有價值，如果你想要
證明自己，那麼你就會坐在釘子上，而且你也會喜歡坐上去！
你不會抱怨，因為坐在釘子上就是你必須接受的成年禮。你能
夠在釘子上面坐得愈久，能夠坐在愈多的釘子上，就表示你愈
堅強，愈應該獲得成功。」對於選擇沒釘子的舒適座位的那些
人，我們的落後社會說：「你不配坐在那個座位上！你沒有費
盡千辛萬苦！你沒先坐在釘子上，超自私！竟敢這樣做？」

　　這些話聽起來很荒謬，但是當我們不惜犧牲自己的幸
福，頌揚不適和過勞，就表示我們贊同這些話。可惜，這世上
的多數人已經習慣一整天都坐在釘子上，如果你想坐在舒適的
椅子上又不感到內疚，就必須願意取消訂閱這種落後的程式。

　　一跨出舒適圈就認知到自己已跨出，才有可能找出回到
舒適圈的路。這是你該要培養的重要技能，因為要是不具備
這項技能，太容易就會在〈用「舒適圈流程」來創造人生〉
的步驟3逼自己跨出舒適圈。你能夠愈快認知到自己已離開舒
適圈，並且回到舒適圈，你就愈快會擁有安全感，繼續邁向
你創造的擴展人生。

度過情緒風暴

　　我經常覺得情緒好比天氣。對很多人來說，情緒就跟天
氣一樣，時常變化莫測。每一道微風都會擾亂他們的生活，
把他們連根拔起，把他們拋來拋去，讓他們的生活變得十分

辛苦，甚至變得不適合生活。他們不斷受到變化多端的情緒所擺布。

他們不停迎合著那些基於恐懼感的反應式情緒風暴，覺得無助、生氣、灰心、絕望、孤單。我們過的生活愈是受到情緒起伏的擺布，周遭的世界就愈是懷有敵意、愈不安全。我經常觀察到一件事，在這個懷有敵意又不安全的世界，我們不斷受到自身情緒風暴的擺布，而這個世界就是我們在舒適圈外時所居處的世界。

讓我們暫時回到舒適圈就是實體住家的類比。當你安全待在家裡，你應對天氣的方式會有什麼不同？如果你家感覺很安全，你會覺得受到保護，不受風雨侵襲。不過，如果家裡的天花板漏水、牆壁腐爛、有黴菌，或電氣和水管出問題，那麼外面要是突然下起大雨，你理所當然會擔心。要是忽視內在居所，也會發生同樣的情況。當你的內在感到不安，外在的不確定感就算再微小，你也會倍感威脅。然而，只要你打理著健全又安全的內在居所（亦即舒適圈），那麼不管面對什麼樣的情緒風暴，你都承受得住。

當你打理的舒適圈帶來安全感，可以讓你自由展現自己並且樂在其中，那就表示你從自身的情緒那裡拿回你的人生，因為你再也不受情緒的擺布。無論你的內在剛好出現什麼情緒，你還是會繼續覺得很安全，還是會記住自己的價值，還是會擁有信任感和歸屬感，還是會相信自己能夠順利度過任何情況。

辨識自己的情緒

　　情緒就是資訊，情緒會告訴你，你到底是待在舒適圈裡面，還是在舒適圈外面冒險。你需要回到舒適圈的時候，也可以在情緒的幫助下，引導自己回到舒適圈。

　　看看下方的常見情緒表。愈靠近舒適圈，情緒就會有愈好的感受；愈遠離舒適圈，情緒就愈充滿恐懼。如果要特意地轉變情緒並利用情緒來引導自己回到舒適圈，第一步就是要學會觀察自己的情緒，並且精確辨識自己的情緒，不帶一點指責。

常見的情緒

舒適圈	生存圈	自滿圈
喜悅／知識	不安	無聊
自由／愛	悲觀	灰心
自主力量	挫折／煩躁	憤怒
珍惜	不耐煩	仇恨
熱忱	恐懼／不堪負荷	嫉妒
熱愛	失望	沒安全感／內疚
正面的期望／信念	疑慮	沒價值感
樂觀	擔憂	恐懼／哀傷／憂鬱
有希望	怪罪	羞愧
滿足	羨慕	無力

只要你持續做出的選擇，都會讓你感覺好轉一點，那麼你就可以利用情緒來回到舒適圈。舉例來說，如果你正在經歷自滿圈的情緒，你可以先進入生存圈，然後再改變感受，藉此進入舒適圈。一開始也許會覺得灰心（自滿圈），然後覺得不安（生存圈），最後覺得有希望（舒適圈）。

只要懂得辨識自己的感受，通常就能釋放負面情緒，有好轉的感覺。如果沒有好轉，那麼可以在腦子裡更努力，或是透過寫日誌來進行處理。

舉例來說，假設我覺得很嫉妒，卻不曉得自己為什麼會出現這種感受，畢竟一切都很順利，我應該要覺得快樂才對。在出現這種感受時，不要指責自己，只要觀察並且承認就好了。觀察這種情緒時，我體悟到，這些感覺的出現，是要我報復那個一開始引發嫉妒心的人。接著，我可以把這些不愉快的感覺化為靈感的啟發。辨識及觀察情緒以後，通常就會點明情緒一開始出現的核心理由。身為有自覺的觀察者，我可以引導情緒回到舒適圈。

反之，如果很難確切辨識內心出現的情緒是哪一種，那麼可以觀察體感。情緒的發生往往伴隨著化學反應，導致身體出現體感。例如，憤怒時，臉部可能會升溫；難過時，喉嚨可能會緊縮；緊張時，胸腔可能會感受到壓力。

只要你辨識出自己正在經歷的情緒，把注意力轉移到身體和生理的感受上，那麼你就會更意識到情緒的存在。這樣的體感到底是從哪裡冒出來？你會怎麼形容這樣的體感？想像一下，你向好友描述這個情緒是怎麼從你的身體冒出來。

這個時候，你也許會發現，一旦你意識到體感，你感受到的情緒就會消散，這樣一來，你的感覺多少會好轉。舉例來說，觀察挫折感在你體內造成的感受，也許就會感覺到挫折感逐漸消散，也許會開始覺得懷有希望。如果發生這種情況，恭喜！你已經回到舒適圈。

> 我認為，要應對恐懼感，唯一正確又長
> 久的辦法，就是回到舒適圈，在這個安
> 全、清晰又有力量的地方，來面對情況。

如果你舒適圈裡的主要情緒，都是一些感覺很好的情緒，比如輕鬆、希望、愛、歸屬感、珍惜、價值等，那麼離開舒適圈以後，自然就會開始體驗到負面情緒。其實，距離舒適圈愈遠，情緒就會變得愈不愉快。你花愈多時間遠離自己，你的世界就會變得愈不安全、愈充滿恐懼。怪不得，把舒適圈外視為優先的世界，也就是充滿恐懼的世界，在那裡，大部分的決定是基於恐懼感而做出的反應，而不是基於靈感啟發而做出的回應。

我認為，要應對恐懼感，唯一正確又長久的辦法，就是回到舒適圈，在這個安全、清晰又有力量的地方，來面對情況。我們的內在、我們的能力、我們的界線、我們的關係、我們的居所，若都能有安全感，那麼正視周遭的危險就會容

易多了。

當我開始辨識出舒適圈外的情緒，並且把那些情緒釋放出來，當我開始把舒適圈裡找到的感覺都視為優先，而且細細品味，我的人生就有所好轉。

如果你很難辨識自己的情緒，布芮尼・布朗的《心靈地圖》是十分好讀的著作，詳細記載一些最常見的情緒。

有時，我們會說：「我覺得自己的人生永遠無法獲得成功。」這時的我們是把信念誤認為情緒，但這句話不是情緒，因為只要把句子開頭的「我覺得」給移除，就只剩下念頭。如果你很容易說出這樣的句子，請至 thecomfortzonebook.com/resources，使用本書資源頁上面的「改變局限信念的過程」備忘錄，找出哪個局限信念對你再也沒有幫助，然後淘汰掉。

透過情緒，離開舒適圈

你無可避免會離開舒適圈，但離開的方式會造成兩種差別，一種是「覺得被拋棄又害怕」，另一種是「覺得有信心又平靜」。

想像一下，你在陽光燦爛的下午，離開實體住家。無論你是離開幾小時還是幾天，你都很確信，你很快就會回家。你知道家裡的地址，所以你知道自己輕鬆就能找到回家的路。你知道一回到家，就能坐在最愛的座位上，或是躺著休息，恢復精力。在前往目的地的路上，或在回程的路上，你就算迷了路，也不會覺得自己無法回到家。

　　現在想像一下，你離家的時候，知道自己可能永遠無法回家，彷彿是即將趕赴前線的士兵，彷彿是即將登上一艘開往遠地的船隻的探險家。想像一下，你走出大門，只背著衣物，只知道這次也許是最後一次踩在自家的地面上。此時的你會前往陌生的地方，必須不斷保衛自己，為自己的生存而戰鬥，並且證明你的價值。

　　這種離家的方式就是多數人離開舒適圈的方式。他們離開，唯一的信念就是「要獲得成功，我就要過得不舒適才行。要等到成功了，我才會回來！」他們勇於離開內在居所，卻毫無實質的計畫或目的地。他們在外遊歷，知道自己始終有家可回的安全感也被剝奪了。因為他們把「待在舒適圈裡面」跟「失敗」聯想在一起，所以不管碰到什麼處境，也都不願回家。

　　想一下，這兩種經驗有多麼不同。少了有家可回的承諾，你要度過這樣的人生，會有多辛苦呢？如果你在離家那麼遠的地方遊蕩，就算想找到回家的路，也不知道從何找起，那麼你可能會感到多茫然呢？

　　所以，絕大多數人都活在恐懼感和焦慮感當中，或者站在防衛的立場，隨時準備好戰鬥，也就不足為奇了。很多人會利用活動、關係或物質，掩蓋內心的恐懼感，讓他們與自己分離後引發的痛苦暫時獲得緩解。他們把舒適跟弱點聯想在一起，不惜一切代價迴避舒適圈，於是他們變成在外遊蕩的士兵，以為活在恐懼裡很正常。至於輕鬆、安全、舒適、充分休息的感覺，有些人甚至全都忘了。

離開舒適圈後會出現的5種情緒

有5種情緒可以用來判斷我們是否已經離開舒適圈。如果你感受到其中一種情緒，就該知道你的鏡頭要向內轉，審視內在狀態。我要基於這句話，更進一步去說，就算是碰到類似的情況，也要看你是在舒適圈裡面還是外面，因為情緒反應會因此有所不同。

1. **困惑**：當你在自己的內在引發混亂，逼自己跨出舒適圈，就會感到困惑，好比你的實體住家一團混亂，會有混亂和困惑的感覺扎根。有時，與其清理房子，不如離開或逃避混亂的房子，這樣還比較輕鬆。你的內在混亂和外在混亂有著密不可分的關係。所以清理外在的生活空間，內在的困惑感也會隨之減少。住家混亂，腦子也會跟著混亂；反之，腦子混亂，實體住家也會跟著混亂。

   • 以下行動很常會引發困惑感或讓困惑感長久存在：請太多人提供指引；持續重複訴說同樣的老故事；不坦誠面對自己，或不把自己真實的感覺、念頭或意圖坦誠告訴別人；不聆聽或不信任自己內心的指引。

   • 要緩解困惑感並且回到舒適圈，可以採取以下

行動：不要再重複訴說同樣的老故事；不要再請別人提供指引；去除所有的「應該」和「期待」；每天靜坐（就算是五分鐘到十分鐘也已經很夠了）；寫日誌；坦誠面對自己的感覺、念頭、意圖；聆聽自己內心的指引；清掃自己的生活空間；利用列清單的方式，整理自己的念頭。

2. **嫉妒**：當你嫉妒別人時，你的視線是向外，不是向內。如果你只顧著坐在窗邊，用望遠鏡盯著別家的院子看，就不會用吸塵器吸自家的地板。嫉妒和羨慕是由恐懼感顯化而成，往往會引發「不足」的感覺，覺得自己不夠好，不夠成功、不夠有魅力、不夠聰明等。當你有這樣的感覺，醒來時會覺得自己睡不夠，入睡時會覺得自己白天做不夠多。嫉妒和不足的感覺會滲入生活中的每一個層面，開始從內部侵蝕你的關係，因為當你覺得匱乏，就會想方設法填滿這份匱乏感，這往往會傷害到自己和你在乎的人。

- 以下行動很常會引發嫉妒感或讓嫉妒感長存：注意力集中於外在；把別人的人生理想化；輕視或摒棄自己的成就或優點；做比較；注意力集中在自己沒有的事物上，不去關注自己確實擁有的事物。

- 要緩解嫉妒感並回到舒適圈，可以採取以下行動：注意力集中於內在；寫感恩日誌；慶祝自己的勝利；看到別人的成功，找到方法發自內心為他們感到快樂；不要再拿自己跟別人比較；把情緒轉化為靈感啟發。

3. **身體的疼痛或損傷**：雖然身體的疼痛和損傷並不是情緒，卻往往伴隨著一些強烈的感覺，顯示你人生中有哪些地方沒有照顧到自己。當你忽略內在幸福感太久，你的身體就會試著透過損傷、痛苦或疾病的方式，引起你的注意力。通常，一開始先是輕微的跡象，累積一段時間以後，就會強迫你重新評估自己的生活方式。

- 以下行動很常會引發身體損傷或疼痛，或讓損傷或疼痛長久存在：忽略早期的身體勞累跡象；硬撐過疼痛；覺得自己是受害者；怪罪別人。

- 要緩解身體損傷或疼痛並且回到舒適圈，可以採取以下行動：把自我照顧視為優先；放慢生活的步調，照顧自己的身心；為自身的疼痛負起責任；提出以下問題：「這個損傷是要設法告訴我什麼？」

4. **不堪負荷**：當你忽略壓力，不顧內在警鈴，強行撐過去，就會進入情緒動盪加劇的狀態，導致

無法行動或做出壞的決定。當你感到不堪負荷，壓力就會高到很難思考及運作。你只想要停下腳步、逃走或崩潰大哭。

- 以下行動很常會引發不堪負荷的感覺或讓這種感覺長久存在：不顧壓力硬撐過去，疲憊，缺乏適當的營養或脫水；不休息；不請人幫忙。
- 要緩解不堪負荷的感覺並且回到舒適圈，可以採取以下行動：休息一下；哭泣；小睡一下；出門散步；請人幫忙；表達你需要支持；喝水；吃營養的東西；深呼吸；利用列清單的方式，整理自己的念頭，對於不必要的工作，可以委派、排除、延後。

5. **焦慮**：當你害怕尚未發生的事件和結果，就會體驗到焦慮感。未處理的焦慮感會引發生理疾病和失眠症，還會對你的關係造成很大的壓力。

- 以下行動常會引發焦慮感或讓焦慮感長久存在：對自己無法掌控的事物感到擔心；迴避情況和人們；負面思考；忽略早期跡象。
- 要緩解焦慮感並且回到舒適圈，可以採取以下行動：置身於當下此刻；靜坐；從事體能活動；休息。

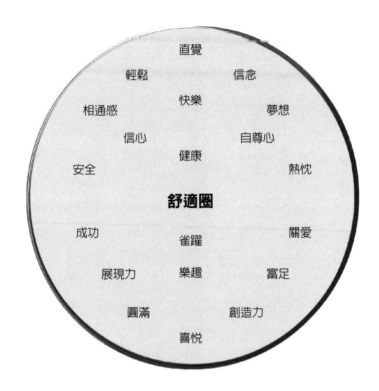

利用情緒來待在舒適圈裡

　　採用「用『舒適圈流程』來創造人生」的方法，用心塑造人生的時候，就會體驗到絕佳的飛躍，甚至是奇蹟般的飛躍，這並非罕見之事。這個轉變過程具備強大的力量，至於成效的高低，就要看你在實施3步驟時，有多少能耐可以待在舒適圈裡。為此，我要跟你分享一些練習，在這些練習的幫助下，我不只能夠留在舒適圈裡，還能把舒適圈的界線往外推。

對你關注的焦點進行微調

要讓你有自覺地增加你待在舒適圈裡的時間，有一個方法，那就是更去關注舒適圈裡的感覺，不去關注舒適圈外的感覺。

舒適圈裡的情緒會帶來很好的感覺。這類情緒的核心是安全感、信任、信心、歸屬感、圓滿感。你距離舒適圈愈遠，就會碰到愈多敵意，結果你的情緒會變得愈是基於恐懼，愈是被動反應。恐懼、憤怒、挫折、絕望、寂寞、茫然或被拋棄的感覺，都是你在舒適圈外會碰到的情緒。

當我說要更去關注那些感覺不錯的情緒上，不要關注那些感覺不好的情緒，我並不是提倡大家去忽略或摒棄自己的情緒。你感受到自己的感覺，而你的感覺是完全沒問題的。當你感受到某種情緒，無論是什麼情緒，都請你務必要承認情緒的存在，就像離開家門前會先確認天氣狀況那樣。舉例來說，如果你需要冒雨出門辦事，卻又假裝沒下雨，那麼就會有很不愉快的經驗。同樣地，如果你正在跟某位朋友聊天，而你忽略自己心中對朋友生出的怨恨、憤怒或挫折，那麼這類的感覺會在你和朋友之間造成不必要的緊張。

然而，把太多心力放在不愉快的情緒上，還是會造成損害。如果你確實需要冒雨辦事，還不斷為此抱怨，每有一滴雨水落在腦袋上，就惱怒不已，那就會得到同樣令人討厭的經驗。負面情緒好比雨水，終將過去。不過，你愈是對抗，愈是抱怨，愈是把它們當成是你沒價值的證明，你就會沒必

要地一直待在舒適圈外。你要是接納負面情緒，就能讓負面情緒過去，不用對抗。這樣一來，你在負面情緒上花費的時間就會大幅減少。

接著，等你出現很好的感覺，請沉浸在正面情緒裡，這樣你在正面情緒上花費的時間就會大幅增加。也就是說，當你感到平靜或喜悅或信心，請汲取那些情緒，細細品味，把體驗到的美好感覺都寫下來，唱出來，播放歌曲，跳舞慶祝。真正去感受那些情緒，盡量多花時間在那些情緒上面。

RARE 方法

我在第一本著作《3 分鐘正能量日誌》(*3 Minute Positivity Journal*)，分享了我打造的一個過程，叫做RARE方法，這個方法我已經運用多年，幫助我放下負面念頭和負面情緒。RARE是縮寫字，代表Recognize（認知）、Accept（接納）、Redefine（重新定義）、Evolve（進化）。在這個過程中，你會先意識到負面的念頭或情緒，認知到它們的存在。然後，你會讓自己去思考及感受那個當下出現的負面念頭或情緒，接納它們的存在。因為你知道負面的念頭和情緒並不是事實，所以你接著可以重新定義念頭，用感覺稍好一點的念頭取而代之。重新定義的意思是「再次定義或做出不同的定義」。你認知、接納、重新定義負面念頭以後，情緒最後就會有正面的轉變，你

本人和情況都會有所進化。

停下、呼吸、轉念

你愈去思考某件事，就會愈想去思考那件事。我們的念頭和情緒會蓄積動力，而我們供給的動力愈多，念頭和情緒就持續愈久。所以當你執著在某個問題上，它似乎就會變得更牢固，結果問題會更難解決。或者說，當你一直想著某個人有害的言詞或行動，想得愈久，就會愈生氣，愈難原諒。

所以情緒智力（亦即使用、理解、控管情緒的能力，用以克服挑戰並加強關係）近來是非常熱門的話題。負面念頭會讓情緒長久存在，只要別緊抓著負面念頭不放，就有可能中斷情緒模式。你可以把這些情緒釋放出來。只要你讓情緒過去，或是有效平息那些會引發情緒的負面念頭，那麼你體內活化的化學反應就會自然發展而後結束，你會能夠清楚思考。

為了有助於達成這點，我想使用一個方法，叫做停下、呼吸、轉念。

首先，當我在情緒反應被觸發的狀態下，對於那種導致我不適的情緒或念頭，我不會緊抓著不放，我就只是停下。有時，我話說到一半，就會停下念頭。這是急凍舞的遊戲，只不過全發生在內心，而舞者是我的念頭。當我停下來，我的目標就是真正靜止不動，就算只是靜止一會兒也好。有時，我會想像某個人闖進我的腦袋裡，突然間，我的念頭原地凍結，陌生人和我一起盯著我的念頭，而那念頭在空間裡

漂浮著。

接著，我做了一次深又長的呼吸，讓所有的凍結念頭全都掉在地上。屏住呼吸幾秒鐘，然後把氣全都吐出來，這樣會有幫助。有時，我會再重複做深呼吸兩、三次。深呼吸做完後，情緒就會過去，我就能夠更清晰思考。

最後，我準備好進行步驟3：我選擇在舒適圈裡觀察情況，有自覺的讓我轉念。我也許會問自己：「如果我現在覺得很安全，我會有什麼想法？」或者，我也許會採用一般的正面念頭，比如：「我知道這很有用」，或「我不一定要現在就想出辦法」，或「這終究對我也有好處」。

轉念十分重要，因為引發情緒的那些念頭要是重新活化，很容易就會重新觸發同樣的情緒循環。我有自覺地選擇不同的念頭，我對某種情況的情緒反應就會有所改變，並且引導自己回到舒適圈。我用心並持之以恆做這項練習，情緒智力水準就會變高，並且自然而然發揮出來。

舒適圈練習16：
用言語或文字表達你的情緒

今天剩下來的時間，請把注意力放在你的感覺上。用言語表達你的情緒，或把情緒寫在日誌裡。當你體驗到5種情緒（困惑、嫉妒、疼痛／損傷、不堪負荷、焦慮）之一，就知道自己現在在舒適圈

外面，請使用停下來、呼吸、轉念的方法，來打斷你的經驗循環。

你正在經歷的情緒，這種方法能不能幫你消除？你從當中學到什麼？請好好思考，寫在日誌裡。如果你覺得這種方法有幫助，請你試試自己接下來七天能不能繼續使用這種方法，並且在日誌上描寫你的經驗。

你目前的成果

恭喜！你已完成〈用「舒適圈流程」來創造人生〉的步驟2。在這一章，你學到了意識到自身情緒很重要，這樣一來，這個過程對你人生的影響力就會大幅提高。

當你待在舒適圈裡，無論什麼樣的情緒剛好在什麼時刻出現，你的樣貌核心都永遠不會受到威脅，因為你知道情緒好比天氣，終究會過去，而你的內在世界不一定會受到情緒影響。

在這種生活方式下，你就可以沉浸在那些感覺很好的情緒裡面。當有情緒帶來不好的感覺時，你就能夠且願意讓情緒就這樣過去。這種做法很能產

生自主力量，因為一旦情緒過去，你就能夠在有清晰感又沉穩的地方因應眼前情況，不會處於受損的存在狀態。你愈是特意地擴展舒適圈並待在舒適圈裡，你就愈容易撐過情緒風暴的起伏。

我希望你可以明白，生活品質其實端賴於你的認知能力，也就是說，要看你能不能認知到自己已離開舒適圈，這樣之後才能回到舒適圈。

既然你已定義自己的起點，已就你想過的擴展人生來描繪願景，已開始培養情緒意識以便在舒適圈裡外度過必然發生的轉變，那就表示你已準備好進行〈用「舒適圈流程」來創造人生〉的步驟 3，也是最後的步驟：指引。

本書的下一個部分是講述你可以做哪些事情，持之以恆邁向夢想。GPS 是用一次給一個轉彎提示的做法，引導你前往最終目的地；同樣地，本書的下一個部分提供的一些方法，是用一次做一個決定的做法，引導你邁向美好人生。

步驟 3：指引「抵達的方式」

第 15 章

適應新事物、
擴展舒適圈的方式

充分活出人生並向上提升，意思就是在人生路上，不斷嘗試新事物，抓住機會，享樂，犯錯也沒關係。只要你享受旅程，並在過程中有所學習，就不會走錯路。

我記得第一次上舞蹈課的情況。我向來很愛跳舞，一直想學會跟舞伴一起跳。每次想到我會心醉神迷地跟舞伴攜手滑過舞池，就有點緊張。所以幾年前，為了慶祝情人節，老公為我們買了私人的舞蹈課當作禮物。這個舉動對他來說非常無私，因為他對跳舞向來沒興趣，就連稍微跳一下，也一直都是相當不協調又尷尬。

我原本幻想我們會跟《與星共舞》（*Dancing with the Stars*）的舞者一樣，以浪漫的翩翔姿態毫不費力地滑過地

板，但等我們上了第一堂舞蹈課，我很快就目睹腦中的幻想
煙消雲散。一起學跳舞，很有挑戰性。我老公覺得動作很
尷尬，雖然他很喜歡音樂，卻很難跟上節奏。我們移動的時
候，他抱著我的方式僵硬又不自然。其實，在他看來，有些
舞步很沒道理。雪上加霜的是，老師再三對我說，交給他帶
領，但我還是一直在預測他的動作，有時我做出的動作跟我
應該要做的動作完全相反，害我們互相撞到彼此。

　　上完第一堂課，回到家，他差不多把課堂上學到的舞步
都忘光了。他會問：「我要從哪隻腳開始？我要後退還是前
進？等一下！是不是有個地方要往側邊踏步？再說一次，節
拍是什麼？」

　　老師跟我們說，除非我們百分之百記住課堂上學的舞
步，否則千萬不要在家練習。她提醒：「練習不會造就完美，
反而會讓壞習慣固定下來。」她不希望我們固定做出不正確
的動作。

　　所以我們沒有練習，反而向彼此詢問「正確的」舞步是
什麼，試圖記住舞步。

　　我心想，沒望了。我們怎麼可能學會雙人舞？這個念頭
讓我整個身體起了幾道悲傷的震波，但我不想放棄，有一部
分的我希望能想出辦法，所以我們每個星期都去上課，沒課
的時候，就一直向彼此詢問課堂上學到的舞步。

　　等到第四堂課，一切都起了變化。當時，老師正在找適
合的歌曲播放，我們在舞池中央擺好姿勢，每堂課的開頭，
我們都是這樣擺好姿勢。然後，音樂開始播放，我們開始跳

舞。老師平常都會倒數,但老公那次沒等倒數就跟著節拍往前踏步。我沒料到要開始跳舞,但我的身體跟隨著他的帶領,他一往前踏,我就往後踏。我們跳了之前學到的幾個動作,竟然很容易。他帶領,我跟隨。

突然間,我們成為可以共舞的舞伴。這是怎麼發生的?原本感覺尷尬不適的動作,怎麼會變得感覺這麼自然?

向外拓展就能往上提升,不要跨出去

學習新奇事物的過程,就是拓展自身並擴展舒適圈的過程。我把這個過程稱為適應,意思就是「自行調整並習慣新環境」。適應有三大階段:

階段一:不熟悉又不舒適
階段二:熟悉卻不舒適
階段三:熟悉又舒適

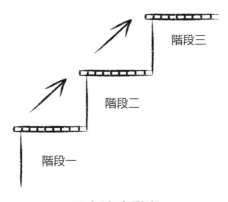

三大適應階段

在學舞的例子，老師在第一堂課跟我們分享的舞步和動作，既不熟悉也不舒適，這就是階段一。共舞確實是在我們的舒適圈外面，卻是我們都覺得雀躍不已的事情，也深受吸引，想一起做。

我們在每週的課程練習舞步，舞蹈動作開始引起我們的興致。就算動作還是覺得尷尬，但我們還是對動作起了好奇心。我們想要學習動作。我們已進入階段二，我們的渴望再也不是在舒適圈外很遠的地方，而是在接近舒適圈邊緣的地方。在階段二，老公和我還是會詢問彼此：「再說一次，那個動作怎麼做？」我們有自覺地從記憶裡找出正確的舞步順序。雖然很有挑戰性，但是一旦我們判定自己跳得很正確，就可以更有信心地練習動作。

到了第四堂課，在毫無計畫甚至沒有料到的情況下，我們突然間就進入階段三。舞步感覺很熟悉，也舒適。我們的舒適圈向外擴展，把這些動作全都包納進去。他擁抱我的樣子，再也不會僵硬又不自然，而我們的舞步再也不會尷尬。我們輕鬆想起哪隻腳要往哪裡踏，毫不遲疑。出乎意料，共舞竟然很輕鬆，我們跟著舞步，在舞池中流暢移動。我再也不覺得有必要由我帶領，都交給他負責，我的心情放鬆又舒適，因為我知道舞步已經存在於我的體內，我其實不用想著舞步，身體就會自動踏出舞步。

這個故事有個地方很酷，我當時並不曉得，我們學習舞步並在舒適圈裡習慣跳舞的情況，其實有個詞可以用來形容，就是搭支架，是基於蘇聯心理學家列夫・維果斯基（Lev

Vygotsky）提出的理論。維果斯基認為，學習者獲得幫助後的成就，以及沒獲得幫助後的成就，兩者會有差別。為某個人提供適當的協助，那個人執行工作的能力就會大幅改善。所以有老師、教練或導師給予協助，其實是很寶貴的事情，尤其是想快速擴展舒適圈的時候。

我最初發現搭支架的概念，心裡十分雀躍，因為運用搭支架的方法，舒適圈裡的適應可以發揮最大作用。同時，適應要發生，不一定要搭支架，因為無論你有沒有自覺地努力學習，學習都會發生。不管有沒有支持，適應都會發生，畢竟你的大腦會不斷試圖理解周遭世界。所以你可以前往別的國家，一堂語言課都沒上過，就開始在短時間內學會該國的語言。

也就是說，如果你想要學習新事物，一開始可以把新事物帶到更接近你所在環境的地方。如果你想學跳舞，一開始就要去舞廳看別人跳舞，甚至可以看線上的舞蹈影片。在今日的世界，我們想學什麼技能，都可以先從觀察技能開始做起。我們可以隨時搭支架，只要觀看影片、聆聽專家訪談或閱讀任何領域的最新發現就行了。不管你眼中的下一步是什麼，你的目標就是不斷踏出下一步。只要詢問並留意後續的情況，你就會知道了。只要擁有感覺不錯的情緒，並且對你的渴望懷抱熱忱，你就會知道了。途徑就存在於你的內在。人總是會自然而然適應周遭環境，所以要謹慎做出選擇。

只要特地創造內在環境和外在環境，幫助你去適應你想要的生活方式，人生就會有所改變，而你體會到這點的那

個當下，就會是力量相當強大的時刻。例如，如果你想要過得更富足，可以多去接觸富足的經驗和想法，這意思不是要你出門花一大筆錢，而是要你使用搭支架的方式，聆聽過著富足人生的人的訪談內容；是要你跟有豐富想法的人們多相處，在大自然裡散步，觀察周遭的富足，做你喜愛的料理，沉湎於食物的豐富滋味。

你可以適應跳舞或跑步的身體經驗，同樣地，你也可以適應快樂、正向思考、內心的平靜等的心理狀態。如果你承受慢性壓力、充滿恐懼、懷疑自己，你只要跟那些有信心、平靜、給予支持的人們多相處，只要去吸收鼓舞人心的內容，只要去參與那些平靜又有信心的人會參與的活動，那麼你就能夠開始適應內心更平靜、更有信心的狀態。

如今，要去適應你想要的事物，比以前還更容易。無論你想要的是什麼事物，只要是能讓你接觸那件事物的人和想法，你都能夠立刻接觸到。你想要進入哪個領域，請去找那個領域有富足經驗的導師來支持你，並且發揮搭支架的力量。對於擁有你想要的事物的人，你可以觀看他們的訪談，可以閱讀他們撰寫的書籍，可以閱讀講述他們的書籍，可以透過社群媒體，跟專家互動交流。

你距離你想要的事物愈遙遠，你愈難想像那種擁有的感受，那麼你就愈需要適應的方法，把那些事物帶進你的舒適圈裡。只要意識到你目前的舒適圈，並且耐心接受適應過程，就會逐漸適應而後長久適應，這樣一來，你在生活中做出的改變就會既長久又輕鬆。

當我們不適應

雖然適應是自動發生，但達到成效需要的時間，人人各有不同。兩個人前往極端氣候的地區（例如沙漠），適應的速度可能各有不同。兩人暴露在極端炎熱的天氣下，其中一人也許幾天內就覺得舒適，另一人好幾個星期都很辛苦。請理解自己的適應步調，然後加以接受、耐心看待並且做出應對，那麼就能待在舒適圈裡，同時學習新的技能，熟悉新的環境和經驗。

每當我學習某件新事物，無論一開始的感覺有多麼不適，我都會提醒自己，那些感覺其實就是邁向未知領域時會出現的雀躍感。我不一定要完美，不一定要無所不知。只要接觸這樣的新概念，就表示我已經在適應新概念，正在把新概念拉進舒適圈裡。我不一定要試著學習，因為學習已經在發生。就算現在的我覺得那概念沒道理，但我遲早會覺得有道理。

當我想著用這種方式學習的時候，我可以放鬆下來，讓自己用更彈性、更有耐心的方式，去適應新經驗、新資訊、新技能。當我們漠視適應過程，以為什麼事都一定要自己做，就會把壓力帶到學習和創造的過程中。當你忽略自然的適應過程，還沒準備好就強迫自己採取行動，那麼人生就有可能會連番出錯。

舉例來說，如果我還沒適應公開演說，就踏上講台，面對數千名聽眾，那麼我就會處於高壓的情況。反之，如果我為了適應公開演說，就先閱讀公開演說的書籍，在朋友

面前練習演說，然後在小團體面前練習，接著在大團體面前練習，同時改進自身技能與訊息的傳達，那麼等到我踏上講台、面對數千名觀眾時，我就已經準備就緒。

給自己空間來適應新奇且具有挑戰性的經驗，這也許是你可以給自己、給別人的最大善意之一。

適應富足

正如你學到的，等你適應以後，你會讓自己留在舒適圈的心流狀態，在不跨出舒適圈的情況下，把你想要的事物帶到你眼前。人類的本性就是會去適應周遭，而且現在我們在適應上會比以前還要容易。無論你想要的是什麼事物，只要是能讓你觸及那件事物的人和想法，你都能夠立刻接觸到。只要有適當的準備和行動，你就什麼目標都可以達成。小至最簡單的概念，例如學習新語言或跑五公里，大至一些比較極端的渴望，例如高空跳傘或登上珠穆朗瑪峰，這些都能達成。

從「正能量的力量」社群讀者那裡，我最常聽見的一些問題和渴望都跟金錢有關。很多人想要更舒適、更富足的人生，但有時會很難適應這類經驗，而且如果從小到大都覺得很窮困、對金錢感到不適，那麼就會特別難以適應。

我就屬於這種人。因為我很小就經歷貧窮和不適，所以我超想變有錢。當時的我以為擁有足夠的金錢就能解決我所有的問題，但是因為我不適應財富，每當我達成或大或小的成就，我辛苦賺來的錢就會從我的指縫間溜走，我的情況很

快就變得比之前還要差。

最後，我確實達到長久的財富自由，但那是唯有等到我適應富足人生的時候，財富自由才終於來到。

如果你的夢想包含財富在內（這超級自然，畢竟在我們所處的現實裡，金錢算是一種能量的交換），那麼你一定要先適應有錢的狀態。有錢人怎麼看待金錢？有錢人跟金錢的關係是什麼？有錢人怎麼管理金錢？有錢人花錢時，有什麼感覺？有錢人捐錢時，有什麼感覺？有錢人的習慣看起來怎麼樣？

> 給自己空間來適應新奇且具有挑戰性的經驗，這也許是你可以給自己、給別人的最大善意之一。

有很多方法可以用來適應富足，而且不用把你也許沒有的金錢給花掉。下列5種方法幫助我適應財富，進而創造我渴望的人生：

- **使用正面肯定語**：當年我在改變我與金錢的關係時，我率先做的其中一件事就是使用正面肯定語，同時聆聽我最愛的音樂。音樂會讓肯定語增添活力，還能引發喜悅等情緒。
- **擁有理財知識**：學校竟然沒有教理財知識，我覺得很

莫名其妙。如果你的家長不精通理財，那你就要自己學習理財。幸好有很多資源可以供你運用，而且很多還是免費的資源。如今，你可以在 YouTube 上面找到理財師，在當地的社區大學上理財課程，閱讀理財書籍，閱讀報紙的理財版。你愈理解金錢，愈知道有錢人怎麼用錢，你對財富就會感到愈舒適。

- **認識投資**：如果你還不具備投資知識，有可能會感到不堪負荷，但你可以跟我一樣，在舒適圈裡毫無壓力地進行。以下的練習幫助了我：我假裝我有一千美元可以投資在股市，對於當時的我來說，這是很大的一筆錢。我會花幾個星期的時間，研究各種股票，列出我最愛的幾支股票，觀察那些股票幾天。然後，我會假裝買進一些股份，用試算表記錄下來，留意我的投資在一段時間內的進步。我不用花一毛錢，就學到很多股市知識。後來，當我想要學習投資，而且不只限於股市的時候，我假裝我有三萬美元可以投資在某間公司或某個房地產上，接著花幾個星期的時間，研究幾家公司和房地產機會。

- **跟有錢人來往**：如今，你的影響圈有可能可以納入名人、作者、世界領袖、詩人、提出願景者。最棒的是，過去二十年，內容革命誕生，一些極有意思又見多識廣的人們經常公開分享他們的專業知識。也就是說，你可以多多接觸那些人和想法，在舒適又安全的家裡，適應你渴望的財富。

- **置身於富裕環境：** 如果你不習慣花時間待在富足的環境裡，那麼富足的環境有可能會讓你覺得很嚇人又不適。多年前，我在很豪華的餐廳，遇到一位女性友人。我們待在餐廳裡的時候，我一直感到不適，格格不入。之後，我決心花更多時間待在這類地方，好讓自己適應這些環境。我找出最豪華的飯店大廳，去那裡喝杯茶。我走進商店，店裡最便宜的東西跟我的房租一樣貴，但我假裝自己想要什麼都買得起。有一次，我去看了價值幾百萬美元的房子。我還做了很多沒那麼極端的事情，比如在社群媒體上，追蹤我最愛的藝術家和設計師家具店，去其他專業人士買咖啡的地方買咖啡，瀏覽雜誌，閱讀建築書，觀看旅遊紀錄片。

- **跟金錢建立健全的關係：** 在我成長的過程中，金錢被看成是有限的、難以找到的、難以抓住的、難以倚賴的東西。金錢的獲得，既不可靠又多變。我必須特意地改變我跟金錢的關係，所以我跟金錢交朋友。我開始把金錢看成是有幫助又會給予關愛的朋友。我支付帳單時，露出微笑，想著這筆錢會給別人帶來多大的幫助，然後再回到我手上。我從銀行帳戶裡提出錢來，拿在手裡，感謝金錢賜予我養分和庇護。錢來的時候，我心懷感激，錢給出去的時候，我心懷感激，因為我很清楚，錢會前往外面的世界，為需要金錢援助的他人提供支持，同時我也總是相信錢會回到我的身邊。當你珍惜某件事物，那件事物就會想要留在你的身邊。

　　樂透得主（在財務上、個人上、心理上）的下場，多半會比中樂透以前還要更糟糕，這就是不適應財富而招致的後果。他們剛得到的財富和責任，往往距離自身舒適圈太過遙遠。

　　你一學習新事物，適應作用就會自動進行。無論你是想要學習新語言、溜冰、高空跳傘、健行、彈奏新樂器，還是想要轉換事業跑道，你都會適應。關於進行中的適應，我很愛舉一個例子，那就是登上珠穆朗瑪峰的訓練。如欲閱讀這個例子和其他例子，請造訪舒適圈資源頁：thecomfort zonebook.com/resources。

舒適圈練習 17：
選一項新事物探索適應的方式

　　看一下你在第 12 章製作的舒適圈願景板，選擇你在舒適圈外面貼的一件事物。在你的日誌，辨識你跟那件事物目前所在的適應階段。各階段如下：

階段一：不熟悉又不舒適。

階段二：熟悉卻不舒適。

階段三：熟悉又舒適 。

　　你一辨識出自己所在的階段以後，請列出你可以做哪些事情，好讓創造出的環境可以讓你適應你想要的事物。

　　比方說，如果你想要特定的車款，可以去經銷

商那裡試車，可以加入這款車型的車主線上群組，可以去製造商網站打造你的理想版車子，可以搜尋車輛目錄，找出你想要的車款。如果你想要去國外住，可以開始學習語言，可以觀看該國城市與人民的紀錄片，可以閱讀以那個國家為背景的書籍，可以學習烹調那個國家的各種料理，可以加入主題為那個國家的MeetUp團體。

你目前的成果

　　不敢置信，你剛剛完成第15章！只要把待在舒適圈裡當成是平常的事情，就可以運用適應和搭支架的方法，加快舒適圈擴展的速度。這樣一來，你會有自覺地把符合你想要事物的那些要素，全都放進自己的內在環境和外在環境，隨後開始把那些能讓你更接近夢想的人們、經驗、想法、事物，全都拉進舒適圈裡。這是力量最強大的方法之一，可以幫助你對於自己真正想要的事物感到更舒適。

　　在下一章，你會得知哪些心理習慣會讓你在舒適圈裡採取正確的行動。你的念頭具有十分強大的力量，只要轉念，感受也會隨之轉變。酷喔，現在我們往前邁進吧！

第16章

利用「身分認同」改變習慣

　　你在日常生活中所做的幾乎每件事，都是來自於你的習慣。

　　你把碗盤放進洗碗機的方式，你喝咖啡的方式，你閱讀時坐在哪裡，你拿起手機會先打開哪些App，你做多少運動，你做哪些運動，你每天做出的習慣性決策多達數千個，這些只不過是其中幾個。你依循習慣，自動過生活，然後以自動駕駛的狀態過日子。

　　當某件事變成習慣，我們不一定是有自覺地決定去做。我們的身體不太需要提醒，就會自然參與其中。當我坐在沙發上讀書時，我習慣抬起雙腳放在茶几邊緣。當我跟小孩一起穿越馬路時，他們習慣抓著我的手。當我們一家人吃完飯

站起來時,我們習慣把自己的盤子放在水槽裡。

當我們想到習慣,往往會想到自己的身體會做的事情,也就是我們採取的行動,例如一天刷牙兩次、切菜的方式、我們吃的零食種類、在住家附近散步等。我們身體每天做的行動,多半落在習慣的類別底下。不過,**就算我們度過的日子主要是由生理習慣塑造而成,但日子的品質是由心理習慣決定**。我們的念頭和情緒會自動化,身體的行動也同樣會自動化,這些都是基於同一個理由,都是為了節省資訊處理所需的時間。你的心理習慣會讓你一次解決一個問題,然後每次有類似問題出現,就會自動叫出答案,這樣很有效率!

要是困在有局限的或對你沒幫助的習慣性念頭當中,反而會產生更多問題。假如有一天你決定把二加二等於五當成真理,想像一下,你的人生可能會變得多辛苦。這種說法也許聽來奇怪,但我們經常會把錯誤的答案化為信念。

假設我跟朋友玩的時候跌倒,還扭傷腳踝。我受傷以後,不得不待在家裡一陣子,我覺得很無聊又痛苦。為什麼會發生這種事呢?我努力找答案,最後認定我跌倒是因為我在做有趣的事情,那麼我也許就會把「每當我享樂的時候,就會發生不好的事,而我會受傷」信念給內化。

這個結論顯然很荒謬,但有很多局限自己的信念就是這樣荒謬。然而,從此之後,在我挑戰自己的這個荒謬結論以前,每次我享樂的時候,就會開始覺得不自在。我開始預期會有某件不可避免的事件發生,會讓我感到痛苦。因為我想要逃避這個痛苦,所以我可能會開始破壞我的樂趣。我可

能會設法收手或終止，可能會變得極端，試圖終止有趣的活動。我的心理習慣想著「每當我享樂，我就會受傷」，這是我的意識底下運作的信念，而它會引發一些生理習慣，例如自我破壞、極端或終止。

在這一章，我在習慣和信念的對話加上一個層次，更深入探討我們的習慣和我們的真實樣貌之間的關係。

你的心理習慣和生理習慣有助於塑造你的樣貌，也就是你的身分認同。當你的行動是由你的身分認同所推動，行動本身就會變成目標。舉例來說，如果我的身分認同是文字工作者，那麼每天書寫會帶給我成就感，因為書寫會鞏固我的身分認同；如果你的身分認同是瑜珈士，那麼你每天都會做瑜珈，因為做瑜珈的動作造就了你的樣貌。其他類型的習慣也會鞏固你的身分認同。如果你習慣早起，你就是早起的鳥兒，而當你認同自己是早起的鳥兒，你就會堅持早起。如果你習慣開會遲到，那你就會變得不可靠。如果你習慣不把衣服收好，那你就會把周遭弄得亂七八糟。

你的習慣不一定是生理行動，也有可能是你內在展現的樣子。如果你客觀看待自己的錯誤，並且願意承擔錯誤，那你就會變得反省自己。如果你不去反覆想著負面的念頭，那你就會變得正面。如果你不需要對方為了你做出改變，而你還是會愛對方，那你就會變得包容。

有時，你也許想成為某種人，但你所做的一些習慣跟那種人會做的事情剛好相反。你也許想成為運動員，卻習慣性地永遠不去運動。你也許想成為文字工作者，卻習慣性地永

遠不寫東西。你也許想要井井有條，卻習慣性地把東西亂放。

　　某個版本的你擁有你想要的一切，而你要是想真正活出那個版本的自己，就一定要辨識那個人的習慣，並且開始讓那些習慣成為你的習慣。

　　你隨時都可以特意去練習擴展的自我擁有的習慣，也可以讓那些習慣自動形成。你可以運用自己的習慣，進化成實踐夢想的自己；也可以用自己的習慣，成為沒實踐夢想的自己。

　　現在暫停一下，審視自己的習慣，這樣會很值得，可以找出你的習慣會對你的哪個潛在身分有所幫助。

舒適圈練習 18：
條列日常習慣，與「擴展的自我」的習慣對焦

　　拿出你的日誌，在空白頁的最上方，寫出以下的文字：我每天都會做的事情。

1. 列出你的日常習慣清單，不管看起來是多大多小的習慣，都要寫出來。你醒來，可能會清醒躺在床上幾分鐘，然後才起身。你上廁所，刷牙，洗臉。或者你直接去沖澡。你會伸展身體嗎？你會打開電視嗎？你會去煮咖啡嗎？你會出門散步嗎？你會拿手機看訊息嗎？你自動自發經常做的

所有事情，請盡量詳細寫出來。

2. 列完清單後，回到第11章的「擴展的自我」練習，閱讀擴展的自我的說明。花一些時間跟那個自我相處，直到你活出那個版本的自己。然後，回到你的日常習慣清單。你閱讀清單時，請坦誠評估自己的日常習慣。

- 這些習慣是不是你的擴展的自我每天都會做的事？
- 在擴展的自我會做的習慣旁邊打勾。（✓）
- 在擴展的自我不會做的習慣旁邊打叉（✗）。
- 在你不確定的習慣旁邊加上問號（？）。

3. 回頭注意旁邊有「✗」號和「？」號的習慣，請自問：你的擴展的自我改做哪些事？想想你會做的其他習慣，把你想到的習慣全都寫出來。

4. 逐一查看你列出的新習慣。接下來的一個星期，用你剛打造的新習慣取代你目前的習慣。

- 例如，你也許會這樣寫：「我第一個拿起來的東西是手機。」在這項練習期間，你也許會在這個習慣旁邊打叉。腦力激盪時，你也許會寫說，你的擴展的自我會先寫正能量日誌，然後再起床。所以接下來的一個星期，不要一醒來就拿手機，請改拿日誌。

守紀律與持之以恆

我之所以會請你透過擴展的自我的角度,評估你目前的習慣和全新的習慣,背後有個很具體的理由,那是因為講到習慣時,身分認同會促使你持之以恆,採取行動。

如果你這個人很親切,那麼你就會持之以恆親切對待周遭的人們,不會覺得親切待人是一件苦差事。如果你這個人很在意健康,那麼不管你想不想做運動,你都會持之以恆每天做運動,因為這就是你真實樣貌的一部分。

當某個習慣是出自於你的真實樣貌,那麼你就會自然而然、持之以恆去落實那個習慣,不太會煩惱或抱怨。這種持之以恆的態度會增強動力和信心,其所支持的身分認同也會獲得鞏固。

當你查看上一項練習寫下的習慣清單時,請思考這些習慣會強化什麼樣的身分認同。而當你用這種方式生活,是要展現自己的什麼樣貌?

因為想做而去做,不要因為必須做而去做

我有個朋友為了當瑜珈老師,辛苦了很多年。我認識她的幾十年期間,她參加過瑜珈靜修營,修完瑜珈師資課程,建立網站,跟多家瑜珈工作室報名成為會員。然而,她還是沒辦法定期教導瑜珈。我聽她說過這樣的話:「哎,我就是沒辦法維持住穩定的團體。」好像什麼方法都行不通。我跟

她聊了以後，才明確知道原因。雖然她喜愛著「成為瑜珈士」的想法，但是她其實不喜歡教瑜珈。每當她講到做瑜珈的時候，她都會說自己樂在其中，可是她說，她覺得教瑜珈是一件苦差事。有一次，她對我說，只有用學員的身分去上瑜珈課，才會覺得做瑜珈很開心。

怪不得我朋友很難當上瑜珈老師。定期教瑜珈不是她身分認同的一部分，也不是她樂在其中的事情。

> 實質的改變需要花上一段時間，需要持之以恆、滿腔熱忱採取行動，還要不斷去做那些需要做的事情，不是因為你「必須」做，而是因為你「想要」做。

當我們做的事情背後的動力不是我們的身分認同，那麼我們就要倚賴守紀律的方式來邁向目標。守紀律也許短時間有效，但若你做事情後沒看到你想要的結果，那麼守紀律的成效就會衰退。這是因為新習慣要產生結果，需要耗費的時間往往超過紀律箱裡的燃料量。當你的心不在那件事物上，看到成果的速度也不夠快，就很難做到持之以恆。

當行動背後的動力是紀律，行動就會成為一種手段，你會藉由這種手段試圖達到外在目標，所以你一開始實踐新習慣，就會開始記錄自己的進步（或毫無進步）。你去健身房兩天，量體重，很想看見辛苦會有結果。你寫書寫了一個星

期，書還沒寫完就覺得灰心喪氣。你對於自己應該要做的事情很死板，而一旦你自認需要實踐的行動沒有去實踐，就開始為難自己；然後，你看到自己沒有比現況更進一步，就開始覺得灰心、挫敗、內疚。不久，你深陷於生存圈，拚命設法朝目標的方向往前邁進兩公分。

實質的改變需要花上一段時間，需要持之以恆、滿腔熱忱採取行動，還要不斷去做那些需要做的事情，不是因為你必須做，而是因為你想要做。要是沒有身分認同去推動你持之以恆的行動，那麼你很有可能會把守紀律的精神給耗盡、筋疲力盡或放棄。每年有很多夢想都是這樣被扼殺。

如果新習慣沒有根源於你的身分認同，那麼當然有其他的理由可能會導致你放棄新習慣。有時，你中止新習慣，可能是因為新習慣開始產生結果。假設我想要開始早起，但我的身分認同跟身為夜貓子的我有關聯。我可能一開始做得很好，連續幾天早上都起得很早，然後，我一開始習慣早睡早起的新行程，就突然回到了熬夜到凌晨三四點、中午起床的狀態，原因是我的身分認同喜歡半夜工作，這跟我對早起的渴望有了直接的衝突。

紀律往往會引發抗拒感，因為紀律根植於掌控的需求，而掌控的需求是源自於不安感。我們在舒適圈外的時候，就會非常仰賴紀律，這樣一來，在內心的疑慮和恐懼造就的不熟悉又不舒適的領域中，我們就能硬撐過去。

反之，持之以恆是待在舒適圈裡附帶產生的結果。在渴望和身分認同的推動下，才能做到持之以恆。你愈是特意選

擇自己的身分認同，並定義你想要的事物，那你就愈容易持之以恆採取行動、邁向夢想。所以我才會說：「如果你想要堅持新的習慣，請把新習慣『種』在舒適圈裡。」

舒適圈練習 19：
探索新習慣是否與身分認同相關

　　回到前一項練習，看看自己在生活中設法實踐的新習慣。針對各個新習慣，分別評估它背後的動力到底是紀律，還是身分認同。如果新習慣背後的動力是紀律，就問自己：「如果要用身分認同來推動這個新習慣，那麼我需要成為怎樣的人？」

　　至於加分題，請再度看一下你的擴展的自我。擴展的自我的身分認同，會不會支持你去培養想要的新習慣？如果不會支持，有沒有其他習慣會讓擴展的自我覺得很自然，幫助你達到同一個目標？

習慣和你所在的環境

　　在〈用「舒適圈流程」來創造人生〉的「步驟1：定義」，你的重點是定義自己的舒適圈。為了幫助你做到這點，我使用實體住家的類比，而這並不是偶然，我希望你開始用心思考自己的實體住家，就像我請你思考自己的舒適圈那樣

用心。這是因為你能不能維持習慣，讓自己在目標上有所進步，關鍵就在於你居住及工作的環境。

詹姆斯・克利爾在《原子習慣》這本《紐約時報》暢銷書裡寫道：「如果你想大幅提高成功機率，那麼你所在的環境就要能夠促使結果早日發生、不會阻礙結果。」

不管是人生中的哪個領域，要促使結果早日發生，就要擁有信心、歸屬感、喜悅、珍惜，還要知道自己已擁有達成目標所需的一切，而這些全都是舒適圈裡的情緒。不過，克利爾談到環境的時候，他說的並不是一種內在狀態，其實他指的是你工作及居住的外在實體空間。他的意思是，如果你想減重，那你就要在廚房流理台上面放蘋果，不要放甜甜圈，或是把舉重器材放在電視前方，這樣你看最愛的節目時，還會記得要健身。

他說的話當然正確無誤，而對於如何打造環境來培養有效習慣，他提出的見解也很有幫助又容易實踐。

如果你還沒翻到下一章，那麼請在翻到下一章以前，先花幾分鐘的時間，評估你的實體環境，讓實體環境變得跟你全新的擴展身分更為一致。

請注意，你這麼做的時候，你所在的社會環境也會開始有所轉變，這並非罕見之事。對於占用你大部分時間的人們，你也許再也不想花那麼多時間相處，而你和對方的關係要是根源於你在生存圈或自滿圈裡碰到的挑戰，那你會格外不想花那麼多時間跟他們相處。另一方面，曾經跟你很親近的人們，可能不會接納你的新身分認同或你的新生活方式。

這些改變也許傷人，卻是自然發生。在第18章，我們會更深入鑽研你的關係，探究你在關係改變及演變時，可以怎麼摸索出方向來。就我們現在談到的這一點而言，如果跟你很親近的人們對你的新生活方式表達疑慮或加以否定，請你以溫柔和關懷的態度對待他們和你自己。在這條路上，他們不一定要加入你的行列，但你還是可以關心他們。其實，你只要讓他們走上他們自己的路，就足以表達你對他們的感情。你終究會發現，你的關係將會演變，而還留在你人生中的那些關係，會變得更深厚、更圓滿。

舒適圈練習20：
檢查目前的習慣與作息是否
「擴展的自我」的相同

　　想像一下，你已成為擴展的自我，未來的你造訪現在的你目前住的家。請透過擴展的角度去看，把你對目前環境所做的觀察都寫下來，目前的環境到底是跟擴展的自我一致，還是跟擴展的自我不一致？如果擴展的自我要搬進來，跟現在的你一起住一個星期，那麼擴展的自我會立刻對你的環境和你的習慣做出哪些改變？

　　擴展的自我會跟你同時間起床嗎？吃同樣的早餐嗎？有同樣的晨間習慣嗎？如果答案是否定的，

擴展的自我會做什麼呢？

至於加分題，請在一個星期的期間，想像你的擴展自我跟現在的你一起住。你度過一天的時候，請透過對方的目光去看待一切，做對方可能會做的事。如果在對方的眼裡，你家太亂，請你清理乾淨。如果你看太多電視，請減少看電視的時間。如果你忽視生活中的某個方面，而那個方面是對方不會忽視的，那麼請用對方可能會用的方式去關照那個方面。

你這樣做的時候，也請注意哪些你自然會做的事情是跟擴展的自我會做的事情一致的。這個版本的你，終究也是你。你在人生中的一些方面，會跟擴展的自我做同樣的事情，並且用同樣的方式展現。請找出這些方面、習慣、環境上的選擇，然後一起讚美。

你目前的成果

你剛剛完成第16章，快到終點線了！

希望你喜歡這個講述習慣、充滿洞見的一章，還花時間做完練習。如果你還沒機會做練習，請回頭去做。我很用心的把這些具體的練習加入書中。我想要幫助你做出改變，不僅是你可以感受到改

變，你周遭的每個人都會親眼目睹你的改變。

在日復一日的生活當中，持之以恆實踐習慣，做出微小、漸進式的轉變，這件事十分重要，我對此也滿懷熱忱。再說一次：你做的每件事幾乎都出自於習慣。我們的樣貌實際上有很大一部分竟然可以歸結於我們每天答應要做的事情。我們的習慣會讓我們的生活自動進行，還會塑造我們的身分認同。我們擁有自由的意志，可以挑選自己的身分認同，運氣真好！

在這一章，我區分「持之以恆」和「守紀律」之間的不同。很多人認為，只要守紀律，什麼事都做得到。雖然這種說法並不假，卻不是故事的全貌。當你的身分認同推動你的行動，你就不那麼需要守紀律，因為不管是什麼事，你自然而然會持之以恆去做。所以我希望你學了守紀律和持之以恆的這一課，會有煥然一新的感覺。持之以恆很吸引人，對吧？

在下一章，我想要更深入鑽研習慣，並且探討你可以如何改進你的心理習慣（也就是你的心態），幫助你更往目標邁進。我會分享重要的見解，講述哪種思考方式幫助我改變人生。我等不及要跟你分享，所以請翻頁，我們開始吧！

第17章

善用「心理習慣」
前往你想去的地方

　　你的現實會一直反映你的思維，所以要從你所在的地方前往你想去的地方，你的心態就一定要能夠支持你獲得成長。

　　意思不是說你永遠不會採取行動。鼓舞人心的念頭會帶來啟發人心的行動，啟發人心的行動會創造更良好的成果。

　　其實，在舒適圈裡盡情創造的人都會採取一堆行動，但是他們會抱持著「少即是多」的心態，因為他們都很清楚，有了合適的心理習慣，就會有事半功倍的效果。為了達成事半功倍的最終目標，你培養的心態要讓你在努力獲取更多事物時，還是能一直待在舒適圈裡。要做到這點，你正在做的事情通常必須要中斷，而任務執行到一半時要中斷，感覺很違反常識。

如果它會讓你的心微笑，就轉向吧

我有個朋友，就叫她瑪夏吧，多年前，她發現日子過得很乏味。她之前二十年都在追逐著引人注目又高壓的事業，可是她在公司的晉升階梯上爬得愈高，她的人生變得愈宏大、愈富裕，她就變得愈不快樂。整整二十年，她忽視自己的需求，承受著失眠症、憂鬱症、幾種身體病痛帶來的苦果。她覺得自己被困在憎惡的事業裡，困在生病的身體裡，腦袋還充斥負面念頭。她需要有所改變才行。

她想出的辦法就是去應徵她有資格應徵的其他工作。她心裡明白，以她的經驗和資歷，她可以找到別的工作，甚至能找到薪資更高的職位。她一做出這個決定，就聯絡她能找到的每位高階獵才顧問，開始看看其他公司能不能讓她一展長才。

我跟瑪夏約了吃午餐，她把她採取的行動都跟我說了。她決心要改變人生。站在我的觀點來看，她是創造出更多相同的狀態：更多的壓力、更常忽視自己的需求、更多為了要守紀律而被迫採取的行動，有可能會引發更多的生理壓力和疾病。

「那你應徵的工作會不會帶給你喜悅？」我問道。

「喜悅？」瑪夏一邊笑，一邊回擊。「這是工作，又不是週末渡假！」

我問她，我能不能把我的觀察坦白告訴她，她催我說出來，不要有所保留。我告訴她，我覺得她需要休息一下，不要再應徵這些工作，還需要花一些時間認識自己。她真正想要做的事情是什麼？什麼會讓她快樂？不過，除此之外，她

上次是什麼時候休息不做事，讓自己就只是活著？

　　我們聊著的時候，我感覺到她正在深思這些問題。不過，她就算是比較放鬆了，還是這樣回答：「我不能什麼事都不做。」

　　「怎麼不試試看一個星期都不做事？」我提議。「去渡假一個星期，不要再有所作為。那一個星期，什麼會帶來不錯的感覺，你就去做，也就是說，你想要做的，你喜歡做的，就去做。其餘時間，就好好放鬆，在大自然裡散步，基本上就是什麼也不做。」

　　她覺得這個想法有點奇怪，但她同意去做，實驗看看，而照她的說法，也是因為她確實需要有所改變才行。

　　幾個星期後，我接到瑪夏打來的電話。她開心得要命，她對我說，她的放鬆週才開始不過幾天，消化問題和身體疼痛就開始減輕。到了一週的尾聲，她就能夠睡過夜，還會在一天中找時間去散步，毫無計畫，就只是因為想散步就去散步。她無所事事的那一個星期，感覺很好，所以她決定延長一個星期。第二週結束的前幾天，她想去看看小時候全家人會去渡假的那片湖泊，於是當天就開車前往該地，下午待在附近的小鎮。在小鎮上，她看見一棟建築上面有出售的招牌，她想起自己總是希望城外有個地方可以住，所以決定參觀那棟建築。那是位於市區的極佳房產，她在屋裡走著的時候，想像屋子可以變成店面，樓上是住處。

　　「有何不可？」她心想。她有足夠的存款，能夠負擔房產的投資。她喜愛這座小城，她可以留一間公寓給自己，來小

鎮的時候就可以住，其他間租出去。她在這項投資獲得的報酬，也許會跟她高壓工作一年賺到的薪資一樣多，而且這棟房子會是她的房子。

瑪夏跟房仲談，發現那個房產才剛放到市場上出售。她的出價被接受的那一天，她打電話給我，她欣喜若狂！等不及要開始處理建物的整修。如今，瑪夏在房地產投資賺到的錢，超過她二十年擔任高階主管賺到的錢。她發揮創造力，還運用她身為優異領袖所具備的技能，投入她真正有熱忱的事情。如果它會讓你的心微笑，就轉向吧，沒關係。

當你採取的行動是出自於靈感啟發，不是出自於恐懼、義務或動機，那麼只要擁有清晰感和信心，那個行動就會變得有活力又有動力，就算無法立刻看見成果，也終究會產生有益的成果。你有沒有為了完成某個讓你超亢奮的專案，就失去時間感，熬夜一整個晚上？你有沒有想出某個讓你超振奮的想法，就忍不住一直做，做到完成為止？當你基於靈感啟發而採取行動，時間就會飛逝而過，解決辦法不曉得從哪裡就冒出來了，而專案的完成近乎奇蹟。

反之，為了行動而去行動，你會感到疲憊又倦怠。

你採取的行動類型，端賴於你對自身情況採取的思考方式。我和友人瑪夏對話的期間，她的念頭起了變化，原本是「我一定要找到新工作，要有生產力」，後來變成「沒關係，休息一陣子，跟自己重新交流」。這個新念頭有了結果，她能夠放鬆下來，把亟需的空間給自己，只要活出自己就好。這樣一來，她就能跨入舒適圈，在舒適圈裡，她的安全感和

相通感都很充裕，可以接收到「造訪湖泊」這個啟發人心的
念頭。這個啟發人心的念頭又招致啟發人心的行動，也就是
出門前往湖泊並參觀建築物，接著又使得她踏上全新的事業
路，而這條路帶給她的擴展、圓滿、喜悅，遠超乎其他工作。

　　只要你的思考方式有所改變，你採取的行動也會隨之
改變。我很清楚，在人生中，我要是找不到自己需要的那種
啟發人心或引導方向的行動，那麼我一定要改變思考方式才
行。我們的念頭就是具有這麼大的影響力，但並不是所有的
念頭都是同一類的。你想出的念頭，有可能會設下局限，也
有可能會帶來自主力量，而選擇就掌握在你的手上。

辦法型思維與問題型思維

　　在我的人生中，我會把自己的念頭分成兩種類別，分別
稱為辦法型思維和問題型思維。當我覺得自己被困在特別艱
困的處境，我都會暫時停下腳步，審視內心的念頭，然後問
自己：「這個念頭著眼於問題，還是著眼於辦法？」

　　意識到念頭所屬的類別，是很重要的心理習慣，我希望
你也會培養出這種習慣。為了做到這點，我們先來更詳細審
視這兩種不同的思考方式。

　　多數人會把自己的問題視為優先，我們很小就被人教導
要這樣做。觀看新聞時，我們會看見每一個出問題的地方；
訴說故事時，我們會說什麼事情讓我們覺得難過；擬定計畫
時，我們會預期哪些問題可能會出現。我們的神經系統不斷

尋找著潛在的危險。

這種思維有個問題，它教導你去被動創造人生，對你不想要的情況做出因應，而不是對你實際上喜歡經歷的情況去主動因應。我把這種思維稱為問題型思維，因為當你投入其中，你主要的焦點是放在問題上。

當我的思維是問題型，我往往會抱怨，指出局限的地方，解釋為什麼某件事行不通，基於恐懼而做出決定，還會跟那些想提出辦法的人們爭論。這種版本的我超想讓事情順利進行，卻很難信任這個過程，因為每件不順利又可能出錯的事情，很快就把願景給掩蓋住了。

當你投入問題型思維，你往往基於恐懼和不適而採取行動，這樣會帶來好壞參半的結果。你也許會得到你想要的一部分事物，但在獲得這些福氣的時候，也總是會拿到你不想要的事物。當你是在舒適圈外採取行動，表示你的思維主要就是問題型。你現在也明白了，這是因為你離舒適圈愈遠，你的安全感和歸屬感就愈少，你所在的環境就會變得愈具有威脅性。脆弱和恐懼的感覺因此出現，你會過度意識到周遭的問題和威脅。當你的思維執著在問題和威脅上，那麼對於你試圖解決的問題，就會找不到實際或長久的辦法。

你覺得安全、放鬆又有信心的時候，實際又長久的辦法就會冒出來。只要在舒適圈裡採取行動，就可以獲得前述的感覺。當你覺得安全，你的思維就會變成辦法型，因為你不是處於情緒反應被觸發、基於恐懼的狀態。當你的思維是辦法型，你就會更關注可能性和辦法，會留意什麼事很順利，

還會相信正確的途徑即將在你的眼前展開。

> 你覺得安全、放鬆又有信心的時候，實際
> 又長久的辦法就會冒出來。只要在舒適圈
> 裡採取行動，就可以獲得前述的感覺。

　　在辦法型的思維下，我們會更客觀看待情況並接受挑戰，不會倍感威脅。辦法型思維引發的行動能夠啟發人心或引導方向，因為這類行動根源於信任感、安全感、信心。你採取行動再也不是基於自保或絕望，你行動背後的動力反而是希望、雀躍感、正面的期望。這種行動帶來的結果，也就是招致的事件、處境、互動、關係，會引導你往前邁進，最終達到你的目標和渴望。

　　當我的思維是辦法型，我往往會更沉著、更踏實、更平靜。我不會在行不通的事情上揮汗努力；我相信正確的辦法會夠快出現。就算行得通的做法瑣碎又微不足道，我還是會去探討。這個版本的我開放心胸，接納靈感，具備敏銳的能力，可以從不尋常的地方找出辦法。也許我看見情侶在公園野餐，突然就有想法；也許我做晚餐的時候，就在義大利麵紙盒的設計上找出辦法，可以用來處理我面臨的問題。

　　請注意，我們都有一些問題需要解決，而這兩種思維都沒有否認這點。有問題和挑戰很好，因為沒有問題和挑戰，

就沒有辦法，而沒有辦法，人生就無法向外擴展。不過，問題存在，就是要去解決。問題的存在並不是要讓我們受苦。

當你在舒適圈外採取行動，你的思維就會變成問題型，結果簡單的挑戰卻會讓你覺得危及生命。反之，當你在舒適圈裡採取行動，你就能用辦法型的方式思考，面對重大問題還是會有雀躍的感覺，因為那些問題會讓你有機會感受到解決問題的樂趣。

當你的思維是辦法型，而問題出現了，那麼你自然會保持更沉著的狀態，並且在更少的壓力下找出辦法。這種情境會成為你的現實，只要你在日常例行事項上，做一些適當的微調就行了。

下文列出我最愛的一些心理習慣，我經常運用這些心理習慣，把我的思維從問題型轉變成辦法型。經常練習這些習慣，你就能最有效「用『舒適圈流程』來創造人生」。你的神經系統也會感謝你！

辦法型思維的 5 種心理習慣

- **使用正面的自我暗示**：如果你尚未習慣去用心編寫正面句子並背誦起來，表示現在你潛意識的運作有可能是倚靠負面的自我暗示。如果會使用「我不知道這個該怎麼做」、「這很難」、「我很累」、「這沒有用」、「我很辛苦」這類的短語，就表示你的心思是屬於問題型。請用心編寫你自己的句子，並且一天對自己重播或背

誦好幾次，這樣就能輕鬆逆轉情況，而且你的心思會回到有內在安全感和信心的地方。你可以在問題出現時背誦這些句子。一旦養成習慣，就會因為簡單又輕鬆，不由得笑出來。我個人最愛的句子有「我的一切都會順利成功」、「我知道這裡有個辦法對我最有利」、「我愈放鬆，辦法愈容易來到我的面前」。對自己不斷複述這些句子，或不斷複述你創造的句子，複述到你感到平靜為止。你甚至也許會想把句子錄下來，這樣泡澡或散步時就可以播出來聽。我發現，當你做的事情對你來說很愉快的時候，辦法就會來到你的面前。

- **慶祝每日的勝利**：把問題擱在一邊，轉而著眼於你的勝利。問題出現時，我們會直覺地執著在問題上。不過，愈執著在某個問題上，就會愈難找到辦法。當你面對無法解決的問題時，請看看你能不能暫時把問題擱在一邊，轉而關注你生活中很順利的事情。就算你的勝利跟你忽略的問題毫無關聯，也還是要把注意力集中在勝利上。你愈關注、愈慶祝自己的勝利，就愈會跨進舒適圈。你一進入舒適圈，問題的解決辦法就會出現在你的眼前。

- **感受辦法**：想像一下，在將來的某個時間點，你已經用最完美的方式解決問題。實際上，對你來說，情況再完美不過，你興高采烈！大獲成功！請花一些時間，把你的感受寫下來。體驗充沛的情緒吧，你愈是這樣做，結果就會愈好。這是我對你的保證。多數人

之所以看不到進步，是因為他們只想像、不感受。請全心全意投入其中。寫日誌時，請你用過去式書寫，好像你已經解決眼前的問題那樣。你創造出這種「已經解決」的感覺，就會幫助你回到舒適圈。在舒適圈，你會擁有安全感和信心。在舒適圈，你的腦袋能夠創意思考並且做出正確的連結，這樣一來，你正在尋找的辦法就會出現。

- **滋養你的身體**：你的身體和心靈之間，有著實質又重要的相通感。身體營養不良的話，很難堅持正面的心理習慣。基於這個原因，請利用合適的食物和定期的活動來滋養身體，這樣一來，心靈也會擁有活力並獲得滋養。我為自己身體提供的養分愈好，我就能吸引到愈多的辦法，會有愈多的創意流向我。老實說，這樣的吸引與流向有時是相當無窮的，我可以毫不誇張地說，我擁有的辦法和想法數量多過於我一天裡有二十四個小時。

- **記錄你的心理狀態**：使用日誌或筆記本，記錄你每天的心情、壓力值、睡眠長度、攝水量，還有其他可呈現心理狀態的指標。對你一天的各個方面打分數，最低一分，最高十分。這件乏味的評分工作其實會讓我深刻反省，並在我的習慣和心態方面進行比較。觀察你自己的心理狀態，就可以轉變你關注的焦點，更看清你所處的情況，在辛苦的日子關心自己，把周圍隱約可見的辦法都找出來。有時，挫折的源頭甚至不是

你的心態造成的，而是因為缺乏某種生理習慣，妨礙
到你的心理能力，所以無法發揮創意來推理出或思考
出一個辦法。我在《3分鐘正能量日誌》這本著作中，
提供了一些空白處，讓你記錄哪些日常習慣會影響你
的心態和能力，導致你沒有正面的感覺、想不出辦法。

舒適圈練習21：
從舒適圈願景板上審視自己的思維

　　看一下你的舒適圈願景板，找出某件目前在舒
適圈外的事物。寫日誌的時候，請回答下列問題：

- 以坦誠的態度，審視你在這件事物的主題上抱持
  哪些念頭。你認為自己可以擁有這件事物嗎？還
  是你心有疑慮？當你把這個渴望告訴朋友，你覺
  得有信心還是慚愧？你的話語是正面的還是否定
  的？
- 為了幫助你更接近這個目標，你可以使用哪些正
  面的自我暗示？
- 在邁向目標的路途上，你已經經歷哪些勝利？
- 想像你已經達成目標，你有什麼感覺？你獲得你
  想要的事物，感覺怎麼樣？成功的時刻看起來是
  什麼樣子？

靜坐是一種心智訓練

我的思維變得更傾向辦法型的時候，我培養的其中一個極有影響力的心理習慣就是靜坐。靜坐的練習非常重要、成效又高，我想要稍微多說一些。我希望你會獲得啟發，讓靜坐成為你日常生活的一部分，因為只要你做到這點，我可以向你保證，這項簡單又古老的練習會改變你的人生，而你會經常感到驚喜又開心。

你有沒有試過靜坐？你肯定用某種方式嘗試過了，就算是默默凝視著繁星，也是一種靜坐。說得更具體一點，你有沒有試過持之以恆投入靜坐？靜坐法可以帶來巨大轉變，心理上、生理上、靈性上的健康都會獲得大幅改善。靜坐法是一種全方位的做法，可以提升幸福感並向外擴展。

根據美國國家輔助暨整合療法中心（National Center for Complementary and Integrative Health）的研究報告，每天只

要做十分鐘的靜坐，不僅心理狀態和生活品質會獲得大幅改善，生理狀態也能在細胞層次獲得提升。例如，定期靜坐，大腦的皮質厚度和灰質會增加，杏仁核（大腦的壓力中心）會縮小。這項發現跟多項研究的結果一致，靜坐者通常能夠更輕鬆解決問題及做出連結，比較不會受到壓力和焦慮感影響。怪不得有愈來愈多的醫療專業人士鼓勵患者練習靜坐，把靜坐納入預防計畫、治療計畫或一般健康計畫。

如果你會靜坐，我要稱讚你把這份禮物給了自己。如果你跟數以百萬計的人們一樣，想要靜坐卻不知道要從哪裡開始，我會把一些見解跟你分享，那些見解幫助我把靜坐融入我的日常生活當中。

靜坐法在本質上是要訓練心智專注。不管你選擇什麼當成你專注的焦點，其實都不重要。沒有一件事物會比另一件事物更好或更差。重要的是在靜坐期間選擇可以專注的某件事物來掌控住自己的心思。

舉例來說，假設我選擇專注在自己的呼吸上，我坐下來，閉上雙眼，開始觀察自己的呼吸，注意氣息進出身體的感覺。當我安靜坐著，注意自己的呼吸，就必然會有念頭開始冒出來。我開始想著晚餐要做什麼吃，家裡有沒有適合的食材。然後，因為我是坐著靜坐，所以我突然意識到，我忘了把注意力集中在呼吸上，我發現自己剛才只想著食物。

在那一刻，我選擇做了一件很重要的事情：我選擇放下晚餐的念頭。我也許會對自己說：「等我做完靜坐再處理。」然後我就會把注意力帶回到自己的呼吸上。如果我坐著靜坐，

專注呼吸夠多次，那麼我的大腦能力就會開始強化，更意識到內心的念頭，然後就輕鬆地改變念頭。

在靜坐的訓練下，你一有念頭不符合你想創造的人生，你就會立刻意識到，然後再把這類念頭改成符合你想創造的人生。只要定期練習靜坐，那麼一認知到問題型思維的存在，就會很擅長把問題型思維換成辦法型思維。此外，還能把你的身分認同跟你的念頭區分開來。因為情緒和行動會受到念頭的影響，所以念頭發生變化，就意謂著你對人生處境的情緒反應發生變化，而你會採取更多啟發人心又引導方向的行動。在本質上，靜坐會幫助你掌控自己的人生，因為靜坐會幫助你掌控你的念頭。

舒適圈練習22：
透過靜坐做好成功的準備

接下來的一個星期，每天至少靜坐十分鐘。這是我剛開始入門時為自己定下的目標，而隨著我愈來愈喜愛靜坐，我甚至可以享受時間更長的靜坐。現在，請務必從短時間的靜坐開始做起，你的目標是持之以恆。

靜坐期間，你的目標很簡單：把注意力集中在你選擇的某件事物上。也許是空調的嗡嗡聲、柔和的靜坐音樂、進出鼻孔的呼吸氣息、引導靜坐的人聲、溪流的輕柔聲響。你專注的事物最好是恆久不變、難以歸類的事物，不會引發念頭或情緒。例如，你不會想一邊靜坐、一邊聆聽有聲書。

接著，設定計時器，閉上雙眼，心思集中在聲音或感官上。人本來就會分心，分心的時候，把念頭輕輕放下，回到你專注的焦點上。

為了做好邁向成功的準備，你的靜坐要搭配某件你每天已經在做的事情。例如，早晨，你打開電腦以前，也許會坐在桌前靜坐。夜晚，你爬上床，拿起正在讀的書以前，也許會靜坐幾分鐘。如果你才剛培養習慣，請試試看引導靜坐。

你目前的成果

當你改變心理習慣，就可以輕鬆掌控念頭，生活品質也會隨之發生變化。「品質」其實就是這裡的關鍵所在。我們想要活出的人生，是壓力較低、辦法更多、更輕鬆的人生。多數人沒發現自己把注意力放在問題上，所以創造出的人生才會不穩定、變幻莫測又往往不愉快，覺得自己被困住或沒生產力。

你可以藉由習慣，把問題型思維轉變成辦法型思維，我希望你決心做出承諾，把這一章列出的幾種心理習慣加到你的日常例行事項。如果你已對自己做出這樣的聲明，那麼也請把聲明分享到Instagram限時動態或社群媒體動態消息，讓全世界的人都知道。別忘了Tag我！

留意自己的心理習慣十分重要，既然你已知道這件事，那麼我想要講述關係的重要性，不只是愉快的關係，還有辛苦的、痛苦的、幾乎太過艱辛到無法原諒的關係。我想要提出新的角度，只要你站在這個角度，不管周遭的人是誰，你都能待在舒適圈裡。

步驟3：指引「抵達的方式」

第18章

發揮「關係」的力量
續留舒適圈

　　我的治療師友人曾經說，我們選擇的人生伴侶會幫助我
們辨識及治癒我們最深刻的痛苦。

　　「那麼會家暴的伴侶呢？」有個人聽了就提出疑問：「那
麼劈腿外遇的人？」

　　「對方還是在幫助你辨識你的傷口。」我的治療師友人回
答。

　　「不過，那樣做怎麼會幫助我治癒？」

　　「因為你一知道自己的傷口是什麼，就可以處理傷口。你
可以開始認識傷口、原諒傷口，最後放下傷口。」

　　雖然家暴的例子好像很極端，但是關係確實會帶來絕佳
的成長機會。

我們跟朋友、家人、同事、配偶、小孩、鄰居、別人的關係，構成我們生活上的細節。在人生路上，跟你交會的每個人都能讓你認識自己。藉由這些外在關係，你對自己、你的喜好、你的優點、你的弱點都會有所認識，這是因為你跟別人建立關係的方式，能夠讓你得知自己在某一刻的樣貌，以及你展現樣貌的方式。你跟別人往來時，要是願意向內省思並觀察自己，就可以汲取大量重要的轉變資訊，幫助你成為全新又擴展的自己。

藉由書籍、文章、Podcast節目、歌曲、藝術、電視節目、電影、其他媒體，你也可以跟名人、歷史人物、思想領袖建立關係。這些關係雖是單方面，卻也能教導你深入認識自己。

你甚至可以跟不在世的家人和朋友建立關係，或者跟超乎邏輯理解的概念建立關係，例如神、天使、宇宙等，只要你開放胸襟，跟這些非實體的能量交流就可以了。

不管是內在關係、外在關係、單方面關係，還是非實體關係，每一段關係都會提供成長的機會。如果你願意以坦誠、不指責的態度，向內省思，就能夠辨識出哪些行為、念頭、習慣可以在你的內在扎根，而要是這些對你沒有幫助，你會有能力清理內在居所，創造出的環境也能促進內心的平靜、安全感、充滿喜悅的自我展現。

在這一章，我想要稍微更深入探究外在關係，而且這個外在關係的對象是我們花很多時間相處的人。之所以要探討外在關係，是因為如果你沒意識到自己在外在關係展現的樣

貌，那麼你會太輕易就把這些外在關係當成藉口，藉機離開舒適圈。

隨著你主動投入「用『舒適圈流程』來創造人生」，你的關係會有所改變，因為你會有所改變。隨著你更熟悉、更接納自己，你會更展現出真實的樣貌。你累積的錯誤信念、思考模式、習慣，都會開始擺脫掉。雖然你正在改變，但這是好的那種改變，因為你正在轉變成擴展的自我。結果，你的有些關係會消失，有些關係會強化，新的關係會進入你的人生。這些全都是自然而然發生。只要你意識到現在發生的情況，那麼你的關係出現轉變，你都能夠度過，不會抗拒，不會內疚，也不會緊抓不放。

其實，就算一段關係消失不見，之後也許還會回到你的人生。以我為例，主要還是在生存圈裡採取行動的那時候，我周遭的朋友也都是在生存圈裡採取行動。我們全都是年輕上進、肩負使命的創業者，全都準備好拚命工作來實現夢想。但當我轉變角度，決定待在舒適圈時，很多的朋友關係都消失不見。我決定不再像他們那樣努力工作，有些朋友生氣了；有些朋友設法勸我，說我需要上更多課，採取更多行動；有些朋友覺得我選擇待在舒適圈，是在破壞我們的友誼；有些朋友純粹是對我在做的事情失去興趣，覺得我失去抱負。經過幾年的時間，有很多朋友回到我的社交圈，往往是因為他們本人身心倦怠，想過著更愉快的人生。有些朋友甚至成為我的舒適圈盟友。

所謂的舒適圈盟友，就是在這條路上，願意又能夠加入

你的行列的人。。**舒適圈盟友會明白，人生不該是艱辛的。人生應該要充滿樂趣，**而這種說法恰好跟大眾意見相反。**你在冒險時應該要覺得有安全感，應該要對自己的能力有信心，應該要對自己的想法感到雀躍不已，並且相信靈性智慧會引導你的人生。**當你探索周遭世界，你應該要像學步的小孩那樣，在遊樂場探索時，知道家長就在附近。你不會第一次去高山滑雪，就嘗試從專家級滑雪道滑下來。

想像一下，有一輛火車朝某個方向駛去，但在行駛的時候，卻是在遠離實際渴望到達的目的地。當你待在生存圈，依循那個落後世界的規則，你的火車就是在往錯誤的方向行駛。現在，只要待在舒適圈裡，你就有機會停下這輛火車，讓它行駛在正確的軌道，駛向你在人生中實際想體驗的地方。你這麼做的時候，有些人會下火車，有些人會上火車，這種情況很正常。就任由這種情況發生，倚靠這個過程吧。請待在舒適圈裡，讓你的火車持續駛向你的夢想。如果你致力在舒適圈裡盡情創造，並渴望跟志同道合者交流，那麼我建立的社團很適合你。請造訪thecomfortzonebook.com/resources，歡迎加入。

交流的光明面與黑暗面

我們跟周遭人們的交流有兩種層次，一種是痛苦層次（黑暗面），另一種是力量層次（光明面）。我們每個人都同時棲居於光明面和黑暗面，而我說的這句話不帶有指責意

味。你的黑暗面並不是你「壞的」或「錯的」部分，黑暗面只是乘載你的痛苦、你的恐懼、你對自己及對別人的否定，黑暗面會在你受傷時去傷害別人，會在你逼自己跨出舒適圈並否定自己的真實樣貌時，感到痛苦、寂寞、困惑，從而悲傷不已。

就算你不是時時刻刻都感受到光明面的存在，光明面還是自始至終都存在。你的光明面曉得你很強大、美麗、有價值。所以「正能量的力量」社群成立以來，我們一直持續傳達我們的座右銘：「每一天都要散發光芒，繼續散發光芒吧！」當然了，每一天都不盡完美，但你總有機會待在光明面，散發光芒。你的光芒不用因為外在處境而熄滅。

當你棲居於光明面，你不是突然變「好」，你只是記起自己的真實本性：你的價值和力量。你待在舒適圈裡的時間愈久，自然就會開始愈常待在光明面，這是因為待在舒適圈裡，就會連帶產生價值、信心、信任、自愛。

你可以想成是電燈開關的開啟或關閉，當你處於光明面，你所在的房間是光亮的。你能夠清楚看見，為創造你想要的事物而所需的一切，全都在你的眼前。你能夠看見，周遭的一切顯然都注定是你的，全都屬於你，而你配得上擁有這一切。接著，燈突然被關掉，你置身於黑暗面，甚至是眼前幾公分的地方，都再也看不見了。房間消失了嗎？上一刻你擁有的所有絕妙方法都消失了嗎？你再也看不見，就突然變得配不上了嗎？你孤單又不被愛嗎？

> 當然了，每一天都不盡完美，但你總有機
> 會待在光明面，散發光芒。

　　待在舒適圈裡苗壯成長，有個部分很重要，那就是要懂
得區分以下兩者的不同：「經由你的黑暗面跟別人交流」與
「經由你的光明面跟別人交流」。當你跟對方的交流是基於你
的痛苦，那麼你跟對方的關係會很多變、不穩定、容易觸發
情緒反應。你發現對方的痛苦反映或補足你的痛苦，最初你
也許覺得這樣很舒適。這個危險又不穩定的世界導致你痛苦
又困惑，你和對方也許會結為盟友一起反抗。然而，這些類
型的盟友往往會被更多痛苦的經驗取而代之。

光彩　　　　　　　　　　　　　黯淡

黯淡關係和光彩關係

　　經由黑暗面進行交流的人際關係，我稱為黯淡關係；經
由光明面進行交流的人際關係，我稱為光彩關係。

黯淡的人際關係會帶來相當黑暗的感覺。黯淡的人際關係走向極端，會覺得負擔很重，情緒上很消耗，往往會讓人十分惱火。在這種關係下，我會覺得無助、孤單、極為不安。然而，不是所有的黯淡關係都會引發這些感覺。有時，黯淡關係反而帶來舒適感，甚至安全感，因為跟你相處的那個人反映出你的痛苦，助長你的失能，並且鞏固你對自己、對世界所抱持的信念。當你處於黯淡關係，你往往會想到自己的缺點，不太會想到優點。你大部分的時間都在抱怨自己的痛苦，不去談可能性和解決辦法。你覺得自己被困在有害的循環當中，無法突破，因此產生挫折感和憤怒感。你往往會被觸發情緒反應，變得情緒化，不踏實又不平衡。

反之，當你經由光明面進行交流，你會有機會創造光彩關係。若不管你的人生發生什麼情況，你都真誠面對自己的樣貌，那麼光彩關係就會出現。結果，跟你交流的對方也會真誠面對他們自己。從自身優點而產生的踏實感，會讓你基於自身優點進行交流，創造出的關係更會讓你覺得自己被看見、被愛又安全。

務必要留意，我們可以在舒適圈的裡面和外面，基於光明面或黑暗面的層次，跟別人進行交流。然而，當你主要待在舒適圈裡，你自然會開始擁有更多的光彩關係。在舒適圈裡，你能夠倚靠自身力量採取行動，覺得有信心、滿意又平靜，結果你會有能力在對方的身上汲取這些特質。

要是習慣待在舒適圈外，感到茫然、困惑、孤單、害怕，那麼大部分的關係都會變成黯淡關係。這是因為在舒

適圈外，你的關係大部分（如果不是全部）都是根源於你的恐懼感、不安感、痛苦。每當你們聚在一起是為了對抗某件事，當你們的友誼是圍繞在你們對別人或對這世界不喜歡的地方，當你們發現自己說的話和做的事造成傷害，希望可以收回去，這些情況就表示你們是經由黑暗面進行交流。

跟你有光彩關係的人，你就想成是你人生中的光彩者；跟你有黯淡關係的人，你就想成是黯淡者。

當然了，我們不是固定不變的存在，所以我們的關係也不會固定不變。在人生中的不同時刻，我們可以經由光明面和黑暗面，跟同樣的人進行交流。也就是說，隨便哪一天，你可以既是光彩者又是黯淡者，你可以接觸到光彩者和黯淡者，也必然會投入光彩關係和黯淡關係。關鍵就在於你始終展現的樣貌上。

這兩種關係都會幫助我們獲得個人的成長，也都有力量為我們的人生帶來療癒作用，我們也許再也不是以前的自己，而理解這一點也很重要。由此可見，無論你是經由光明面還是黑暗面進行交流，請務必珍惜這些交流，並學習當中的功課。

舒適圈裡的關係會發生的9種情況

隨著你開始特意待在舒適圈裡，你會發現幾項關鍵的變化開始扎根於你的關係。這裡簡短列出我經歷過的幾項變化，你在關係中或許也會經歷到：

1. 你自然而然開始被光彩者吸引，投入更多光彩的互動，構成更多光彩的關係。

2. 當你碰到黯淡者或置身於黯淡的關係，你自然就會更懂得畫下界線，將不再那麼投入在痛苦的狀況之中。

3. 當你置身於自己的黑暗面，你會迎合自己的痛苦故事。你應該把「感覺好轉」視為優先，這樣就可以再度跨進自己的內在光明面。

4. 只要開始更常把「感覺好轉」視為優先，黯淡的關係和遭遇就會變得更短暫。

5. 有些有趣的念頭和互動反倒會把你困在負面的念頭或情緒模式當中，於是，你對這些念頭和互動的耐心會逐漸消失。

6. 你開始治癒人生中的黯淡者並且加以珍惜，因為你發現黯淡者能夠展現出在你內在居所裡的某些地方，你還是緊抓著混亂不放。跟我們人生中的其他團體相比，黯淡者更能夠把我們的局限信念和傷口反射回來給我們看，這樣我們就能修正自己的念頭，治癒自己過去的創傷。

7. 對於八卦、自我貶低的談話、負面意念、不斷訴說自己的痛苦和挫折，你都開始失去興趣。那些讓你雀躍不已的辦法和想法，你反而開始更想去探索。

8. 你開始留意並珍惜人生中的光彩者，光彩者的支持態度有助於啟發你、激勵你。你也許會邀請光彩者擔任

你的導師，以便討論想法，幫助你獲得成長。

9. 你邀請愈多光彩者進入你的人生，你就會覺得愈健康、愈有活力。

你意識到自己關係的本質時，務必要認知到一點，要創造光彩的交流或黯淡的交流，需要兩個人才行。也就是說，如果你置身於黯淡關係，那是因為你選擇投入黯淡關係。未經你的同意，黯淡者不能強迫你跟他們進入關係。

認知自身的黑暗，散發自身的光芒

因為我有個單身朋友跟人約會時，她會問約會的對象，上一段關係是因為什麼原因結束。有些男人會抱怨前女友的所有缺點，還罵前女友「控制狂」或「瘋子」，她總是會提防這種男人。這種男人會說，他們很常跟前女友吵架，因為她沒安全感、很暴力或基於恐懼做出一些行為，還說他們終於受夠了，不得不分手。

我朋友解釋說，她聽對方講話的時候，意識到一件事實，不管這個男人的前女友出現什麼行為，他已經同意進入那段關係，他也表現自己的黑暗面，在雙方的痛苦層次上交流，結果兩人都很痛苦。跟這種人約了一次會，就不會約第二次了，因為我的朋友夠聰明，看得很清楚，這些潛在的對象在情緒上還是跟自身的痛苦和憤怒糾纏不清。她謹慎運用自己的心力，不想進入黯淡關係。

　　被困在黯淡關係的人們，往往就像是我朋友約會的對象那樣，看不清感情關係給他們的功課，太容易就去怪罪另一方，不為自己的選擇擔起責任。很多人沒有向內省思，沒有從這類關係中學習並且治癒關係帶來的痛苦，反而因為內疚感、羞愧感、自我懷疑、不安感或恐懼感，就待在辛苦或有害的關係裡。他們破壞自己的成功或快樂，還把黯淡的另一半當成藉口。當我們處於這些關係，就會危害到自己，而若我們的行動愈帶來痛苦，我們就愈難擺脫痛苦的模式。

　　當你進入這類有害的關係，務必要承認一點，你也是黯淡者。永遠不只是另一個人的錯。人很容易就會陷入內在的痛苦和黑暗之中。跨進黑暗之中，不要指責自己，不要怪罪自己，也不要羞辱自己，反而要放下內疚感、羞愧感、恐懼感，回到你的舒適圈。在舒適圈，你會獲得舒適、信心、信任、平靜。

　　黯淡者來到我們的人生，都是有理由的，但是如果有可能的話，黯淡者應該只待一個季節就好。我們也是一樣，你也許偶爾會跨進黑暗面，但你不用一直停留在黑暗面。

舒適圈練習23：
進一步了解「關係」在人生裡的作用

　　雖然光彩關係十分美好，但是黯淡關係才能反映及釋放你內在需要關注或治癒的負面部分，也會讓你明白自己不想要什麼，這樣你就能明確說出自

己想要什麼。在這項練習的幫助下，就算是你生命中最辛苦的黯淡關係，你也會從中學到功課。

黯淡者

1. 想想你跟誰的關係特別辛苦，這個人常常會激怒你、質疑你、觸發你的情緒反應，或惹你生氣。
   - 是什麼因素讓這段關係特別辛苦？
   - 對於這個人或這段關係，你覺得最灰心喪氣的地方是什麼？
   - 請徹底坦誠面對你自己，你明明很厭惡對方的某種行為，但你卻曾經出現那種行為，請描寫當時的情況。你表現出這種行為的時候，覺得自己的行動很合理嗎？
2. 那位黯淡者害你生氣灰心，但請站在對方的立場，用對方的觀點回答下列問題：
   - 我這種行為是要試圖達成什麼目標？
   - 我的行為傷害到別人的時候，我有什麼感受？
   - 為了獲得我想要的結果，我還能做什麼事？
   - 如果我改變自己的行為，我的聲音還是會被聽見嗎？
   - 為了明確表達我的需求，我必須要說什麼話或做什麼事？

3. 進一步深思：

- 你會對這個人展現關懷心嗎？

- 在這段關係中，你學到什麼？

- 假如你的人生不存在這段關係，你就不會認識到自己的哪個部分？

- 假如這段關係不存在，你就無法達成或獲得哪種感到快樂或引以為傲的成果？

- 你對於人生中的這段黯淡關係，會心懷感恩嗎？

光彩者

現在把重點放在人生中的光彩者。在這項練習的幫助下，你就能從光彩關係中汲取靈感啟發和正面影響力，方便你隨時取用，還能跟別人分享。

1. 想想你跟哪個人的關係穩固又正面，這個人常常會帶給你很好的感覺，讓你獲得啟發，友誼不用費力經營，而且／或者幫助你有所成長，邁向更好的自己。

- 是什麼因素讓這段關係輕鬆又美好？

- 這個人或這段關係有哪個地方帶給你最大的影響或啟發？

- 你喜歡對方的某種行為，也曾經在對方面前表現出那種行為，請描寫當時的情況。你當時有

什麼感覺？你該怎麼更常展現出那種行為？

2. 那位光彩者帶給你很大的影響，請站在對方的立場，用對方的觀點回答下列問題：

- 人生中最重要的事情是什麼？
- 我最重視哪種類型的關係？
- 我重視朋友的哪些特質？戀人呢？
- 我該怎麼保持正面又上進？
- 我給朋友和家人帶來什麼感受？為什麼我會用這種方式對待他們？
- 我會怎麼對待陌生人？為什麼我會用這種方式對待他們？

3. 進一步深思：

- 你最珍惜這個人的哪些特質？
- 你在這段關係中學到什麼功課，會讓你想要把它融入你自己的身分認同？
- 假如你的人生不存在這段關係，你就不會認識到自己的哪個部分？
- 假如這段關係不存在，你就無法達成或獲得哪種感到快樂或引以為傲的成果？
- 你該怎麼把這些光彩行為投射到你人生中的其他人身上？

把競爭者變成推動者

　　在人生中，你還會投入一種比較廣泛、不那麼講人情往來的關係，也許是在運動領域，或在事業領域，或在通常比較社會性、不那麼私人的生活領域中，建立的關係。這類的關係有競爭的傾向，容易危害到所有相關人士。

　　你從小就被教導，有些人會贏，有些人會輸。你學到的是，你要贏了，朋友就一定要會輸；你的團隊要贏了，對手的團隊就一定會輸。你學到的是，贏家只有一位，輸家一大堆。你以為贏家就等於「最強」。然後，你以為有「最強」的話，就表示一定也有「最差」。

　　在目前的社會，我們打造的組織體制是奠基於比較，據此評定價值的高低。我們創造考試，把我們的能力跟別人做比較，利用考試結果，建立社會階層，幫助我們了解誰比較聰明，誰能更快解決問題，誰能記住更多詞彙，誰更擅長運動，誰更擅長音樂，誰更擅長科學，誰更重要，誰更令人滿意，誰更成功。

　　因為大家都認為「沒贏」就很難為情，所以你下定決心，不想成為輸家。因為別人跟你說，唯一的致勝方法就是拋下你自然展現的樣貌，所以你開始做一些不適又不安全的事情。你學到的是，只要你願意處於不適的狀態，願意活在壕溝裡，願意為你的人生而奮戰，那麼你也許就具備成功的要件。

　　我們跟別人比較，是因為我們從小就被教著要去比較，也是因為這世界讓我們覺得需要知道自己的立足之地跟別人之

間的關係。今日社群媒體的出現更是加劇這種情況，這場比較的遊戲會讓你一直困在「我很不足」的無盡循環當中。

人很容易就會陷入這種思考模式，最後陷入競爭的生活方式。人很容易一輩子忙忙碌碌，感到不適，試圖超越別人。有件事實很不幸，那就是待在舒適圈外，並不會自動獲得成功。你的渴望、意志力、紀律會帶來時高時低的榮耀感，但你的一生必定也充滿辛苦、恐懼、壓力，而且往往會後悔。你追逐的那些經歷會危害到你的安全感，對自己造成創傷，經年累月逐漸惡化，生理上、心理上、靈性上的健康都會受損，關係上的健全狀況就更不用說了。當你習慣逼自己跨出舒適圈，那麼你為了獲得成功而付出的努力，會讓你付出極大的代價。

這樣是在說競爭是壞事嗎？

那也許是你從小到大在競爭經驗當中學到的一課，但是人從競爭當中學到的功課不只是這些而已。競爭可以是相當美好的事情，但要從競爭當中獲得最大的好處，就必須在舒適圈裡面對競爭。

要擴展舒適圈，競爭也許是最有活力的其中一種方式。要把自己推出舒適圈或困在圈外，競爭也是最容易的其中一種方式。在不同的人的眼裡，競爭的含意或後果也有不同。在競爭壓力下，有人會茁壯成長，有人會停下來，躲起來。

我發現，我待在舒適圈的時候，競爭會帶來啟發，可以開啟多種可能性，幫助我探索自身能力的深度。反之，在舒適圈外的時候，競爭會帶來威脅感，逼迫我採取防禦、忙亂、基於恐懼的行動。

競爭會觸發情緒反應

　　如果在競爭的時候，你不確定自己是在舒適圈裡面還是外面，這裡有幾項指標可以參考。發生以下情況就表示你是在舒適圈外：

當別人的成就……

- 會讓你覺得自己和自身的能力不好
- 會讓你質疑或懷疑自己和自身的能力
- 會讓你心想「為什麼是他們，不是我？我的才能高出許多」諸如此類的話
- 會讓你覺得嫉妒
- 會讓你覺得灰心氣餒
- 會讓你覺得不安、生氣或害怕
- 會讓你覺得失望
- 會讓你停下腳步

　　當你在舒適圈外，競爭會觸發負面情緒，因為你要是覺得不安、不適、沒信心，那麼每次一碰到競爭情況，就會覺得一定要為自己的人生奮戰。

　　當你對自己、對自身能力覺得安全、舒適又有信心，就會體悟到這一點：只要你真誠面對自己，「輸」的概念就不存在。只要透過舒適圈用心擴展，那麼每一回的經驗、每一段的關係、每一次的互動，都會推動你往前方邁進，更去展現你想展現的樣貌，擁有你想擁有的經驗。

我要贏，不表示有人　定要輸，我體悟到這點以後，內心掀起一場革命。其實，我贏得愈多，我周遭的人也可以贏得愈多。同樣地，我的競爭者贏得愈多，我也可以贏得愈多。

有些人打造的事業或人生跟我很類似，而多年前我得到這番見解以後，再也不使用競爭者這個字眼來形容這些人。這些年來，我跟其他公司合作，每次對方問我：「你的五大競爭者是誰？」我回答：「我可以說出我的五大推動者，他們不是競爭者，這些公司帶給我啟發，我喜歡他們做的事情。」其實，我一邊寫一邊笑了出來，因為你能夠想像對方聽到以後臉上的表情嗎？不過，這些年來，我的團隊已經習以為常，後來甚至還很喜歡我的極端想法。

以下是重點所在：當你放下有贏就有輸的心態，當你明白我們都是共同進退，那麼你會領悟到一件重要的事情，你的競爭者出現在這裡，不是要讓你感到不安，也不是要把你的成功給搶走。你反而可以藉由競爭者的動力和成功，推動自己往前邁進。我們都在同一艘船上，競賽只是一場錯覺，我們可以共同創造，共同茁壯。某個人獲得勝利，並不會導致另一個人的勝利被撤銷。實際上，在你的家人、社群、小眾環境、朋友圈當中，有愈多人體驗到富足、成功、快樂、擴展，你就愈有可能也獲得同樣的體驗。世上的東西足夠供我們所有人取用，我們全都擁有創造力的能量，別人搶不走。我們全都可以過得很好！

我們自己往往看不見的可能性，推動者會讓我們看見。推動者把我們內在的潛力展現給我們看，推動者啟發我們想

出方法或想法，盡情探索。推動者會向我們證明，我們就算
「輸了」，其實是贏了，因為我們的願景和人生已向外擴展。
因為輸了不會難為情，所以輸了也不會放在心上，反而會當
成是有機會可以跟自己重新交流、改善技能、改進願景，然
後再試一次。只要待在舒適圈裡，就可以運用成功背後的能
量真理：一切總是處於不斷向外擴張的過程。

　　由此可見，有錢人很容易就會變得更有錢；欠債的話，
很容易就會累積更多債務；運氣好的話，隨著時間的流逝，
運氣就會變得更好；脾氣差的話，就會變得脾氣更差。我們
愈去練習什麼，就總是會變得愈像什麼。如果你讓推動者去
啟發你變得更有創造力、更擅長工作，那你就會找到更多的
推動者，推動者會帶給你更多的啟發，在這個過程中，你會
變得愈來愈好，推動者是一份大禮！

舒適圈練習24：
發現推動自己進步的人

　　在日誌裡，寫下你的五大推動者。對於每位推
動者，請分別列出對方帶給你的啟發。你想到對方
時，會出現哪些情緒？你從對方的身上學到什麼？
為了擴展你自己的舒適圈，你該怎麼把你從對方身
上學到的功課給實踐出來？

　　如果你嫉妒對方，請仔細思考：你嫉妒的那些

特質，其實是你本身具備的特質，卻基於錯誤的信念、羞愧感、內疚感或恐懼感，而把那些特質給封鎖住了。

這種說法是不是很有道理？為了徹底處理你的嫉妒感，需要修正哪些錯誤的信念？

你目前的成果

做得好，你已經完成第18章。雖然經營關係非常困難，但我還是真的很喜歡人與人之間的關係，你呢？

你也完成了〈用「舒適圈流程」來創造人生〉的三大步驟，來到Part II的尾聲，準備好進入〈Part III：成為舒適圈專家〉。

在這一章，你得知我們跟周遭人們的交流有兩種層次，一種是痛苦層次（黑暗面），另一種是力量層次（光明面）。總歸來說，所有的關係都會帶來絕佳的成長機會。我們藉由人際關係，去定義並改進自己的身分和喜好，還有我們在這世上展現自己的方式。只要我們願意仔細觀察，外在關係就會把我們展現的樣貌顯露給我們看，我們的反應來自

哪些傷口或信念，我們還有哪些痛苦有待治癒。

外在關係不但能幫助我們辨識自身的痛苦，方便我們治癒，還能呈現出我們倚靠自身力量時所展現的樣貌。我希望光彩者和黯淡者的內容能引發你的共鳴。我很樂於得知你的想法，所以不要害怕，請在社群媒體上跟我聯繫，並且分享你的想法。同樣地，我希望你會站在更樂觀的角度，開始把競爭者當成是推動者。這會是個靈感的泉源。

現在你也知道，我很喜歡從事物當中找出正面觀點，把不符合最高使命的詞彙都替換掉。我希望你喜歡這些跳脫傳統思維的概念。你一路來到這裡，我很引以為榮。我希望你也對你自己引以為榮。現在，我們來學習怎麼成為舒適圈專家，好嗎？

Part III

成為舒適圈
專家

當夢想來敲你的門,而且不用因此拚命努力,那可是一件重要大事,因為這就表示你活出自己,也正在實踐你在這星球上的使命。

第19章

兩方法加強
愈來愈舒適的動力流

　　要活出你真正想要的人生，關鍵在於掌握舒適圈。你愛上了你自己、你的夢想、你的目標、你的現在、你的未來。在我看來，只要你愈成為「活出自己」的專家，懂得過著不錯的生活，那麼一切就愈會開始毫不費力展現出來。

　　奇蹟的事情也會發生。你把自己的舒適感視為優先，就會開始擁有安全感。你更有安全感以後，對於自己、對於你的人生、對於你的能力，也會生出信心。生出信心以後，就會開始實驗看看，並且展現自己。展現自己以後，就會開始更享受人生，更敢夢想。有了遠大的夢想以後，就會開始邁向你的渴望。最後，如果可以待在舒適圈裡，覺得安全、有信心並雀躍，那麼你會開始邁向你想要的事物，你會開始獲得動力。

　　當想要的事物開始更輕鬆、更快速來到你的面前，動力就會出現。你想要某樣東西，突然就發現那樣東西就在下一個轉角；你想跟某位朋友聊聊，那位朋友就突然打電話給你；你弄不懂某件事物背後的機制，而你正在看的電視節目

就有人開始解釋那個機制；你問某個人問題，不久你就找到
答案，甚至對方還沒回覆你，你就找到答案；你需要某件物
品，而你還沒問，就有人拿著那件物品出現。**這些有趣又一
直發生的事件，都是一種跡象，表示你掌握著舒適圈，你正
處於心流狀態，你走在正軌上。**

目前，你也許會把這些無法解釋的現象稱為巧合，我過
去也是這樣以為，但如今的我會把這些現象稱為同步，因為
這些現象的發生並非偶然。同步的意思可以是多起事件同時
間發生，彼此之間密切相關，卻沒有顯著的因果關係。同步
的發生近乎奇蹟，當你待在舒適圈裡，體驗到動力引發的心
流和輕鬆感，就會發生同步現象。

方法 1：讚美輕鬆感和心流

待在舒適圈裡，就能把動力導向人生中任何一個領域。
專案的團結和完成會比以前更輕鬆，關係的綻放會更美麗，
衝突會自行解決，情況的處理會開始比你料想的還要更流
暢。人生會愈來愈順利，不用承擔莫大壓力，不用額外付出
努力。

雖然動力增強很美好，但你也許會感到緊張不安。動力
可能會感覺很嚇人，在一個落後的世界裡，大家推崇的是付
出努力，緩慢漸進邁向目標，對於太容易、太快速到來的福
氣會產生疑心，所以動力會顯得尤其嚇人。

我從來都不懂，怎麼會有人想去輕忽或否定那些輕鬆得

來的成功或好事。不過,在落後的世界裡,這種觀念卻很普遍。在我們的眼裡,情況很順利的時候,我們往往以為那肯定是「好到太不真實」。「沒有痛苦就沒有收穫」的心態,伴隨著「來得容易,去得快」的想法。我聽過家長跟孩子說,除非小孩為了某件事而去努力,否則就不會珍惜。我聽過大人對我說,他們不重視自己的成功,因為成功太過容易就來到他們面前。

我們放下這些局限的信念吧,讚美輕鬆感、流暢感、舒適感、和諧感,這些感覺都是創造動力的關鍵所在。人們輕鬆得來的成功,我們不要再輕易貶低,不要再說是「運氣好」。某件事不太費力來到我們的眼前,我們不要再覺得內疚,不要再說:「喔,沒什麼啦。」或是「不是什麼大事。」

我在這裡是要告訴你,當你對渴望的事物有了更強的動力,渴望的事物因此輕鬆來到你的面前,這確實是一件重要大事。當你的夢想來敲你的門,而且不用你為了夢想而拚命努力,那可是一件重要大事,因為這就表示你活出自己,也正在實踐你在這星球上的使命。

我們暫時回到舒適圈就是實體住家的類比。想像一下,你坐在家裡,這個家的建造和裝潢都符合你的品味和喜好。你在沙發上消磨時間,啜飲你最愛的下午茶,享受家的安全和寧靜,此時你想起朋友跟你提過的書,但你忘了訂購,你拿起手機訂書。

那你接下來會做什麼?你會買機票飛去出版社總部找出你訂的書?你會踏出家門,開車亂晃,隨便找一些店,看有

沒有你訂的書？還是說，你只會等那本書出現在你家門口？

你當然會等那本書送到你的手上。

不過，說到我們的人生，一旦我們決定自己想要的事物並提出要求，我們就突然覺得有必要離開舒適圈，因為我們已被制約，誤以為我們過得舒適又安全的話，想要的事物就不會來到我們的面前。因此，我們的做法等同於踏出家門、漫無目的開車亂晃、隨意敲別人家的門、翻開石頭尋找，就為了找出我們剛訂購的東西。

現實情況很簡單，你一定要待在家裡，才能收到你想要的東西。如果用舒適圈的用語，意思就是唯有你覺得安全、舒適又圓滿，你真正想要的事物才能來到你的面前。其實，你待在舒適圈裡、體驗前述情緒的時間愈久，你想要的事物就會愈快來到你的面前。只要你待在舒適圈外，費力存活，那麼你要的事物就會變得很難找到。然而，等你回到舒適圈，就終於會看見，你想要的一切都在家門口等著。

待在舒適圈裡成為你既定的生活方式，這時你會發現你渴望的事物開始更快、更常來到你的面前。只要你待在舒適圈裡，就表示你已經準備好迎接及接受每一個來到你面前的福氣和機會。你愈讓這些福氣進入你的人生，這些福氣就會愈常出現。動力逐漸增強，你很快就會發現自己處於心流狀態，獲得各種奇蹟經驗，別人都會說你「運氣好」。

然而，如果你跟多數人一樣，那麼當你的夢想來敲你的門，你很容易猶豫不決，不曉得該不該讓夢想進來。如果你還抱持著落後世界的信念和理想，那麼你獲得真正想要的事

物，反而可能會感到內疚。你也許會覺得自己不值得或配不上那些事物。輕鬆獲得你要的事物，反倒也許會覺得自己好像在作弊。

我看過很多人不太想把自己的福氣說出來，就怕別人會覺得不舒服。二〇二〇年疫情期間，很多茁壯成長的人們覺得太過內疚，不肯說出自己經歷的擴展情況。每當我說疫情讓我跟家人的交流更深刻，讓我完成拖延好幾年的幾項專案，讓我以令人雀躍的全新方式擴展事業，這時總會有人把我拉到一旁，說：「你知道嗎，其實疫情對我也有好處。不過，外面的苦難很多，所以我獲得的成長，我不太想說出來，我覺得內疚。」

唯有置身於落後世界，才會對於自身的擴展情況加以否定、淡化、忽略或貶低。我很喜歡伊絲特・希克斯（Esther Hicks）說的名言金句：「你病得再怎麼重，也無法讓別人健康起來；你再怎麼窮，也無法讓別人有錢起來。」

這些明智的話語點出深刻的真理：當你覺得自己本來就該待在舒適圈裡，就會體悟到一點：唯有在人生中茁壯成長，你才能夠幫助周遭的人們。當你過著廣闊的人生，周遭人們的人生就會向外擴展。**當你讚美自己的成功和福氣，更多的福氣就會進入你的人生，更多的福氣就會進入那些跟你親近的人的人生**。你在很多人受苦的時候茁壯成長，那麼你也會讓別人茁壯成長。我們讚美自己的勝利，幫助周遭的人讚美他們的勝利，最終就能鼓舞周遭的人們，漣漪效應確實存在。

方法2：交出及放下掌控權

你不太想擁抱快速的動力流，可能還有另一個原因，事物開始加速湧入你的人生時，你可能會覺得自己快要失去掌控權，好像人生中的很多小事正在從你的掌握中逃脫。為了容納你要求的每一件事物，你的人生變得更寬廣，但因為有很多新的要素需要你關注，你也許會覺得不堪負荷。

我也發生過同樣的情況。我當時還不曉得該怎麼在舒適圈裡特意創造，就突然進入了抱持熱忱、輕鬆創造的階段。雖然動力逐漸增強，但因為我不夠成熟，或是經驗不足，所以不知道該怎麼運用動力，覺得不堪負荷。成就逐漸增多，但我卻沒有樂在其中，反而覺得自己被埋在沉重的成就底下。我倦怠不已，停下腳步，很快就發現自己落在後頭。

新機會的動力來到我的面前，我卻跟不上，好像被那些機會狠狠擊潰。我移動的速度不夠快，工作時間不夠長，就算正在經歷驚人的擴展，也無法一直保持下去。一方面，我想把門關上，不讓別的事物進來，這樣就可以好好處理每件需要完成的事情；另一方面，每一個來到我面前的機會，我都深切感激，任何一個機會都不想拒絕。

在這種情境下，對我最有幫助的做法，就是交出掌控權。當人生的速度加快，很容易就會緊張不安。我們會憑直覺抓住更多的掌控權。然而，你愈是試圖緊抓不放，就會變得愈僵化、愈沒彈性。這樣的僵化會引發內在的緊張感和抗拒感。

想像一下，你正滑下山坡，速度加快時，務必要放下自己，把自己交給正在增強的動力。如果你緊張不安或膝蓋緊繃，可能會害自己受重傷。其實，你滑得愈快，那麼把自己交給山，相信自己的技能和能力，相信自己的器材，相信山坡上的其他滑雪者，就愈重要。

如今，就算一切發展得很快，令人不堪負荷，我還是不會離開舒適圈。我不會屈服於不堪負荷的感覺，不會更努力工作，也不會僵住不動，我會思考心目中最重要的事物有哪些，並且立刻制定優先清單。在這份清單裡，除了列出事業目標，還會納入我的家人、我的自我照顧、我對自己的承諾。我一看清重要的事物有哪些，就會查看清單，看看在哪些地方可以放下一些掌控權。哪些事情我可以委派？哪些事情可以延後？哪些事情可以排除？哪些事情不用做太多事就會發生？

待在舒適圈裡，並不是每件事都要自己做，那是生存圈的做法。當你待在舒適圈裡，你會願意跟別人一起合作，需要別人幫助就開口求援，還會擁抱社群。如果你覺得什麼事都一定要自己做，不然就做不好，那你很有可能是待在生存圈裡，在生存圈，你的生存總是跟你的努力程度有關。

你讀到這種說法的時候，也許會心想：「委派給別人，就要投資金錢。我自己做，成本比較低。」我明白，我以前也是這樣想。然而，不管你需要幫手的地方是副業、事業、家務，還是照顧小孩，你親自做的話，長遠來說，對你沒有好處。在成長的初期階段，要交出掌控權、雇用幫手，可能

很難做到。根據我的經驗，我會說交出掌控權的做法能夠轉變局勢。你是在投資別人、信任別人，你是在重視自己的時間和價值。我朋友強納森‧布蘭克（Jonathan Blank）曾經對我說過，他很愛付錢請別人幫忙。他說：「每個人都握著一把鑰匙，可以幫你開啟一道門。但你若是要親自開啟那道門，可能永遠無法跟別人那般輕鬆辦到。」他說的話，我永遠忘不掉，因為我就目睹過這個真理的證據，我也因此憑藉動力來打造人生，跟上這股動力。

> 我們的人生變得愈寬廣，我們愈需要相信
> 這世界會被安排得有利於我們。

　　這世界到處都是資源。當你待在舒適圈裡，你會願意坦誠看待自己，評估自己在哪方面需要幫助，然後向外求助，不會感到內疚或羞愧。當你以這種方式生活，就能夠解析自己在什麼地方覺得不堪負荷，接著再把不用立刻處理的事情加以委派、排除或延後。只要你縮減優先事項清單，就可以待在舒適圈又保有競爭力。

　　你愈是以這種方式生活，那麼你對於自己、對於引導人生的智慧，就會愈有信心。你花愈多時間信任並放下，那麼你跟神聖、非實體的智慧之間的關係就會愈穩固。當你體悟到人生本來就應該要安全、舒適又圓滿，你就會更相信這世

界是良善的、公平的、廣闊的。因為我們相信有某種比人類更宏大的力量在引導我們的人生，幫助我們擁抱動力、放下掌控權，所以我們才能夠享受每一個來到我們面前的福氣。我們的人生變得愈寬廣，我們愈需要相信這世界會被安排得有利於我們。

當你加深你的靈性關係，你就能更容易放下掌控權，因為你相信有某種更宏大的力量在幫你精心安排一切。就算你不懂得那個非實體的運作方式，你還是相信那個非實體就是會把你的人生引導到正確的方向。同樣地，當你在飛機上，你不用知道這個玩意在空中是用什麼方式長途運送你這個人，你只要相信它做得到就好。你不用時時刻刻知道自己的確切位置，也不用一直向空服員詢問他們要把你帶去哪裡。你只要相信飛機會把你帶到你渴望的目的地。因為你相信飛機有能力待在空中，相信機長有能力帶領你前往目的地，所以你才能夠放鬆下來、享受航程。

待在舒適圈裡，也是同樣的道理。你終究會相信人生本來就應該是一趟相當平順的航程，那位非實體的、無所不知的機長會帶領你前往你想去的地方。運作的方式其實並不重要，所以請你坐下來，放輕鬆，享受航程吧。

舒適圈練習25：
轉移注意力的演練

下次你覺得自己被困住或不堪負荷的時候，請這樣做：

- 不再關注讓你覺得被困住或不堪負荷的事物，反而去做有活力又有趣的事情。以下列出幾個想法：健行或走路、從事藝術和工藝、演奏樂器、觀看喜劇、解決謎題等。

- 在你的日誌裡回答下列問題：
  - 我能夠樂在其中嗎？
  - 我能夠跟自己交流嗎？
  - 現在，活在自己的身體裡，有什麼感覺？

- 請你轉而關注自我照顧，在你的日誌裡回答下列問題：
  - 我做了什麼事會讓我感覺很好？
  - 我怎麼照顧自己的身體？怎麼照顧自己的心智？怎麼照顧自己的靈性？
  - 我覺得心力枯竭時，會怎麼恢復心力？

你目前的成果

你剛剛完成第 19 章，只剩下 3 章。哇！我很清楚，你對自己付出的貢獻會有莫大的回報，並在你的人生中，帶來令人訝異又奇蹟般的成果。

現在，關於待在舒適圈裡進行擴展，你需要知道的一切，你都已經學會了。Part III 是要帶領你往上提升層次！我在這些章節裡面分享的方法，你能夠多加練習，你的擴展旅程就會變得愈快速、愈輕鬆。其實，反覆閱讀會幫助你充分精通這種生活方式，請你反覆閱讀。

待在舒適圈裡，有個副作用很顯著，那就是你會覺得自己開始朝著夢想加速前進。我們很習慣待在生存圈和自滿圈裡，有時增強的動力可能感覺很嚇人。待在舒適圈的時候，認知到這股動力並且倚賴這股動力，是一種平衡的做法，你有可能會覺得難以精通。不過，一旦掌握方式，就能夠追上人生的浪，像是技能高超的衝浪者在海上輕鬆追浪。

在下一章，我會分享一種成效極高的心理方法，我每天都會使用，幫助自己在幾乎任何一種情況下都能找到平衡。

第20章

用「內在的確知」
在舒適圈中站穩

　　你曾經站在移動的火車上嗎？搭乘火車通常很平順，讓你相對輕鬆地移動。你可能需要抓住某件東西來保持穩定，但你或許也能使用核心肌群和腿部肌肉來保持平衡。

　　現在想像一下，你站在移動的公車上，路程不太顛簸的話，也許還是能輕抓著前面的椅背，勉強應付過去。你也許還會得寸進尺，放手不抓，只使用雙腿和核心肌群來保持平衡。然而，路程太顛簸的話，你就不得不抓得更緊，以便獲得支撐。你也許需要調整握力，方便應付突然的移動。你也許會放鬆膝蓋，好讓雙腿有更大的彈性。你可能會覺得雙腳有必要更打開一點，方便放低重心，站姿更平衡。

　　你會近乎自動去做這些調整，因為你的身體很聰明，天生就懂得視需要來創造平衡，懂得調整站姿來因應外在世界，這樣一來，不管你的周遭發生什麼情況，你都能繼續體驗到舒適的穩定度。

　　你當然可以鍛鍊體能來穩定身體，訓練自己在更不穩定的情況下，達到更大的平衡。環顧四周，我看見人們訓練

自己在各種處境下保持平衡，比如，擺出瑜珈姿勢，在滑冰鞋的冰刀上、在岩壁上、繩子上、棍子上、在滾動的球上行走、跳到正在切浪的衝浪板上，甚至是站在疾馳的馬匹上。人類的身體能夠達到的平衡，還有人類體驗平衡的不同方式，都令人驚嘆不已。

　　純粹就生理上來說，持續調整站姿來達到更大的平衡，是非常合理的動作。我們從第一次用雙腳站起來學走路以後，就一直在保持平衡。踩出的頭幾步搖搖晃晃，我們也不會灰心氣餒。我們知道自己終究會找到平衡，畢竟人體的構造就是為了保持平衡。

　　不過，有一點很有意思，雖然我們期待自己的站姿保持平衡，但是對於內在生活的平衡，我們卻不抱期望。平衡和穩定不只是生理上的概念而已。身體可以保持平衡或失去平衡，同樣地，內在也可以保持平衡或失去平衡。

　　待在舒適圈外，試圖找到內在平衡，好比是試圖在移動的公車裡走路，公車甚至不用在蜿蜒的泥土路上加速行進，人要保持平衡就已經像是不可能的任務。你愈在舒適圈外面冒險，路程就愈顛簸，你也會愈難找到平衡。你的舒適圈會創造穩固的地面，你可以輕鬆站在地面上，安全移動。

　　你跨出舒適圈，腳下的地面就會變得沒那麼穩固，而你達成的穩定度高低，就要看你對於自己想執行的工作覺得有多舒適。如果你是習慣站立和走路的成人，那麼比起剛學會雙腳站起來保持平衡的小孩，你在移動的公車裡站立及走動會輕鬆許多。同樣地，你對工作和技能感到舒適以後，就可

以訓練自己在日益多變、不穩定、變幻莫測的情況下，照常
執行工作並發揮技能。當你做到這個程度，就表示你適應多
變、不穩定、變幻莫測的情況。換句話說，你讓這些情況成
為舒適圈的一部分，好比衝浪者適應多變的海洋。結果，在
不穩定的情況下，你有能力找到平衡。

為了在實體世界找到身體的平衡，你要調整自己的站
姿，也就是你在站立時的姿勢或姿態。在日常生活中，你
會調整站姿，應付周遭的世界。你會做出調整，應付私人車
道小角度的斜面，應付人行道不平整的路面，應付階梯的高
度，而且做起來很輕鬆，你都沒注意到自己正在調整站姿。

同樣地，你的內在立場，也就是你在意識裡保持的非
實體姿勢，也會不斷進行調整，以便應付外在世界。你這麼
做，是因為你總是在評估周遭的資訊並做出回應。如果你大
部分的時間或全部的時間都待在舒適圈裡，那麼你的內在立
場會自然進行調整，讓你覺得更平衡、更安穩、更舒適、更
安全、更輕鬆。要是有內在立場能夠創造更多內在的平衡，
我會把它稱為是強大的立場。待在舒適圈裡，就可以採取強
大的立場。

讓內在的確知化為強大的立場

在你的內在世界，你採取的立場會根植於你確知的真實。

確知是一種毫無疑慮或毫不質疑的狀態。當你確知某件
事是絕對又明確的事實，那麼在你的內心，那件事的存在清

楚傳達出以下的看法:「否定這件事實,好像很蠢。」

太陽每天早晨升起的能力,海洋的廣闊,你的雙腳屬於你,這些都是你不會去質疑的事實,你確知這些事實是真實的。

確知超越信念的範疇。雖然信念是一種你判定為真實的念頭,但是你可以去質疑信念,也可以用心改變信念。然而,當你確知某件事是真實的,那就要耗費一番心力,才能動搖你對這件事的絕對信念,前提是如果可以動搖的話。

你採取的立場源自於你確知的事實,而基於這個原因,你會堅定表達內在立場。內在立場是在最深厚的層次,展現你的身分認同。

你時時刻刻都在生活中展現內在立場,比如你的政治觀點、你的食物選擇、你的風格、你教養小孩的方式、你在人生中視為優先的事項、你選擇的生活方式。從你絕對確知的事實而衍生出來的每一個信念、想法或決定,都有可能是你採取的立場。你在某個主題上的意見愈不會改變,你採取的立場就愈強硬。

我們對自己採取的立場往往引以為榮,最起碼我們已準備好為自己的立場辯護。這是因為你採取的立場要是受到質疑或威脅,那麼你對於自己、對於人生所確知的事實,也會受到質疑或威脅。然而,另一方面,要是有人對你確知的事實提出質疑,你也許根本不會有所防衛。畢竟,當你確知天空是藍色的,而有人說天空是黑色的,有什麼大不了?隨著你有所成長並改變,你確知的事實會跟著改變,你的立場也會跟著改變。

迎接改變的機會，不要一直被束縛

你採取的一種態度，抱持著強大的立場，這是根源於有自主力量的知識。強大的立場總是帶來很好的感覺，因為內心會確知這世界被安排得有利於你。

強大的立場具有強大的力量，可以把你從有害的或局限的思考模式中拉出來，還會立刻闡明情況，彷彿開了燈一樣。強大的立場是在舒適圈裡形成，還會鞏固你的理想，所以能夠創造安全感、信心感、輕鬆感。

> 強大的立場會增進韌性，它是一種堅定不移、動搖不得的確知，無論發生什麼情況，你都會變得更流暢應對、更處於當下。

當你在舒適圈外採取行動，就幾乎無法抱持強大的立場。那就像是你被強風吹過來又吹過去，沒有穩固的東西可以讓你站在上面，結果你對這世界、對人生本質的認識，都變得悲觀又有戒心。當你大部分的時間都感到不安，就會開始確知世界是不安全又不公平的地方，所以你的立場會變得迫切又混亂，好像在失控的公車裡試圖站穩腳步那樣。如果你只學到怎麼為人生奮戰，那你就無法確知良善會引導你前進。

　　一旦你在舒適圈裡，就會認出及培養強大的立場，讓你的關係變得深厚。這種做法相當於內在版本的瑜珈或武術，可以增進身體裡的彈性、氣力、平衡。強大的立場可以增進靈魂裡的彈性、氣力、平衡，這樣就能輕鬆拓展並擴大舒適圈，不用離開舒適圈。強大的立場會增進韌性，它是一種堅定不移、動搖不得的確知，無論碰到什麼情況，你都會更流暢應對、更處於當下。

　　當你落實強大的立場，就是選擇內在的真理，進而產生自主的力量。強大的立場用句子傳達出來的時候，會超過肯定語的範疇，因為強大的立場傳達的知識已經在你的內在運作中，而肯定語代表的是你在人生中正在努力實現的念頭。

　　身為人類的我們會不得不採取一些立場，這是人類的本性使然，所以不管怎樣都勢必要選擇採取的立場，因此你採取的立場可以出自於自身的力量、出自於舒適圈，也就是強大的立場。

在舒適圈裡，站穩強大的立場

　　以下列出一些我最喜歡的「強大的立場」句子，這些句子傳達出內在的確知。

- **我的一切都會順利成功**：當我採取這個強大的立場，我十分確定，我遇到的每一種情況都有利於我，就算看起來不像，也還是有利。結果，當某件事沒有按

照我想的那樣進行，我通常會開始心想：「噢，很有趣。我很想知道，結果會有什麼機會來到我的面前。」最後一切竟然總是順利得不得了，而這就是我採取強大立場後獲得的結果。

- **不確定感意謂著可能性**：我以前很害怕不確定感，也很討厭那種向下墜落、沒有安全網的感覺，以為所有可能出錯的可怕事情會把我給壓垮。後來我終於明白，可能性和擴展出自於不確定感，於是我的人生僅僅一夜之間就有所改變。如果不確定感意謂著可能性，那麼不確定感會令人雀躍不已。現在，人生變得不明確的時候，我會緊張得胃痛，對於即將經歷的驚人擴展，既雀躍又很期待。這個強大的立場跟以下這一句十分搭配：

- **神聖的能量會支持我**：人生變得不明確或變幻莫測的時候，我們往往會被逼到牆角，唯一的出路就是放下掌控感。只要放下掌控感，讓我背後非實體的智慧接管，就會獲得莫大的自由。神聖的力量已經為我搞懂一切，引導我、支持我邁向成功，而只要確知這點，就能獲得莫大的舒適感。採取這個強大的立場，我就會想起兩件事，一是一切總是會順利，二是奇蹟絕非不可能發生，因為人生有更重要的意義存在，因為萬物的造物者看顧的範圍，超越了我那局限的視角所能看到的畫面。

- **這也會成為過去**：我記得第一次聽見這句話的時候，

對這句話的簡單感到驚訝不已。當時的我沒有意會到，簡單的一句話竟然代表著極其強大的立場。如果我體悟到這句話的真理，就不會被人生的低谷給打敗，也不會把人生的高峰看成理所當然。每一次的經驗，不管愉不愉快，都會成為過去。而知道這點，實在太好了。採取這個強大的立場，就不會陷入艱辛的時刻，也不會否定美好的時光。

- **我總是獲得支持**：度過這一生，很容易就會感到孤單。當我們試圖創造的事物比自己更加宏大，或是超乎自身的能力，我們尤其會感到孤單。這個強大的立場在提醒我，我永遠不會孤單，就算覺得很孤單，但其實不是這樣。對我來說，我知道上帝和神聖的能量流經一切、恆常在場，所以一直覺得自己永遠都能夠倚靠那股比我自己還要更宏大的力量。對你來說，這樣的支持也許有不同的名稱或意義，但基本上就是用來指稱你確知並信任的非實體。可以的話，就去倚靠這股撫慰人心的靈性能量，並且培養這股能量，藉此充分利用這個強大的立場。

- **我要求的事物都會來到我的面前**：你想要某件事物，接著不太費力就擁有那件事物，你有沒有過這樣的經驗？這種情況經常發生在我的身上。其實，對於我想要的某件事物，只要我愈不緊張、愈不沉迷，那件事就會愈快速、愈輕鬆來到我的面前。我之所以說「來到我的面前」，是因為感覺就是這樣，有時簡直像是掉在坐著的

我的大腿上，而我就只是微笑、大笑，懷著全然的感恩和詫異。我很想去市區看某個表演，然後就有人把票送給我。我很想見某個朋友，而那位朋友會突然傳訊息給我。這些事情隨時都會發生在我們所有人的身上。當我採取這個特定的強大立場，我就能夠看見事情的發生，因為我確知，那個引導人生的智慧隨時都在籌畫，要把我要求的一切全都帶來給我。

- **有問題，就有辦法**：問題和辦法會同時產生。一有問題，就有辦法；一有提問，就有答案。確知這個簡單的真理以後，我的人生發生革命性的轉變，也就是說，我碰到的問題永遠都有解決之道。只要確知有辦法，通常就已經夠我找到辦法。

以下再舉一些強大立場的例子。記住，就算在這些強大的立場當中，有些也許看起來很像是肯定語，但強大的立場和肯定語之間的差別，在於你是否確知。如果確知這些句子是真理，就可以把這些句子當成強大的立場，幫助你在艱困的情況下重新找到平衡。如果你猶豫不決，有所懷疑或質疑，那麼在你對這些句子的信念更穩固之前，可以先把這些句子當成肯定語。

- 我不用現在做出決定。
- 凡事皆有出路。
- 我什麼難關都能度過。

- 我的時機向來都很完美。
- 我很安全。
- 時機適合，我就會知道。
- 我經常獲得百般支持。
- 一切皆有可能。
- 人生很公平。
- 我能夠做困難的事情。
- 我現在不知道，也沒關係。
- 愛能戰勝一切。
- 耐心是關鍵所在。
- 奇蹟可能會發生，也確實會發生。
- 人生會幫助我獲得幸福。
- 一切都發生在神聖時機。
- 注定要發生的，就會發生。
- 我做的事情十分重要。
- 我沒辦法全都做到，也沒關係。
- 我願意學習。
- 我相信這趟旅程。
- 我做得到的事情，現在就能去做。
- 每一步都很重要。
- 界線有益健康。
- 我回應的方式在我的掌控之中。
- 局勢可以逆轉。

舒適圈練習26：
打造屬於自己「確知」的句子

1. 在紙上、日誌裡或手機的筆記App裡，把最能引發你共鳴的強大立場寫下來，或者打造你的強大立場。你一定要確知，這些句子是你心目中的真理，還讓你產生自主力量。這份清單請隨身攜帶。接下來的一個星期，每當你覺得心慌意亂或失去平衡，請拿出清單仔細看。選擇其中一兩句，並採取那個強大的立場。

2. 你一採取強大的立場，你體驗到的情況就有所改變，請把這個過程寫在日誌裡。採取強大的立場，到底是簡單還是困難？為什麼簡單？為什麼困難？

你目前的成果

恭喜，你已完成第20章，無論周遭發生什麼情況，你現在都有能力利用全新的方法，保持內在的平衡。這是大事！在我們的社會，大部分的人都覺得失去內在平衡，因為他們待在舒適圈外，沒意識到自己該怎麼改變這種情況。採取強大的立場，就可以特意、有自覺地去選擇內在的真理，讓你產生自主的力量。

我希望你樂在其中，並使用我在這一章專門保留給你的例子。還有什麼強大的立場沒列在這裡，你能想到嗎？請列舉出來。你擁有的強大立場，我樂於洗耳恭聽。你的見解對我來說很寶貴。務必Tag我（@positivekristen）和 @powerofpositivity，並且使用 #PowerStance 標籤，這樣我們的社群就看得到，也能從中獲得啟發。

在下一章，我會開心分享自己的發現，教導你如何在舒適圈裡運用心流並且獲得成長。

第21章

掌握舒適圈兩區域，
就掌握成功的祕訣

你的自然存在狀態（也就是人類經驗），會在你處於心流狀態並邁向擴展時茁壯成長。我最深切的渴望，是你能運用自然舒適、永續輕鬆的方式，創造出你想要的成長。要拓展自己，卻不至於離開自己，要成為你創造出來的最佳版本。就算你沒做什麼來拓展自己，只要待在舒適圈裡，自然會找到方法來改善及擴展人生。只要不把舒適圈變成仇敵，人生就會逐漸變得更廣闊，因為你會憑直覺找到方法來提升經驗等級。

你的創意到達高峰時，想法會毫不費力湧現，再怎麼大的力量或行動也比不上。這時，你會沉浸於創造的體驗，完全忘我。時間停止存在，你忘了吃喝，創意流經你，從你的腦海中湧現，而在整個過程中，你體驗到全然的輕鬆感。大家說，這種狀態彷彿在漂浮或飛翔，彷彿擺脫物質世界的限制所帶來的重量，感受到失重感襲來，而這就是終極的愉快感體驗，通常稱為心流。

「在圈裡」的心流

當你處於心流狀態，事情會進行得很快，但你會覺得事情好像都是以舒適的步調進行，好比飛機在高空中以驚人的高速飛行。就算飛機是以數百英里的時速飛行，但你在飛機裡的時候，就會覺得自己好像根本沒有在移動。當你全心沉浸在你喜愛的體驗裡，就不會感受到自身動力的高速。時間好像慢了下來，還騰出空間，容納你那日益擴展的愉快感。

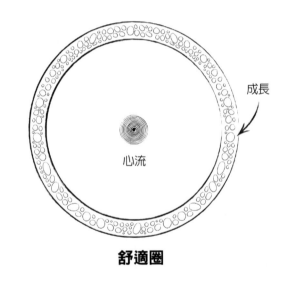

成長會發生在舒適圈的邊緣。

心流存在於舒適圈的中央，永遠不會存在於舒適圈的外

面。當你在你所在的地方感受到全然的安全感，當你對自己的能力擁有全然的信心，當你全然相信一切都會很順利，就能運用心流。在心流的狀態下，你可以放鬆下來，忘記時間和空間，完全沉浸在自己的想法上，而且充分發揮自己的才能。在心流中，你可以從事一些有挑戰性、卻還是覺得輕鬆的工作，因為你有能力應付這些工作。你很清楚，不管眼前的問題多有挑戰性，你都會想出答案。

只要知道自己不管怎樣都會過得很好，這樣最有利於探索創造力。很多人基於恐懼、匱乏、壓力或需求等情緒，試圖迫使心流發生。這些人逼自己跨出舒適圈，以便找出心流。這種做法只會帶來挫折感，因為基於這些情緒而去尋找心流，會找不到心流。你覺得愈不適、愈害怕、壓力愈大，你離舒適圈愈遠，那你就愈難進入心流。

反之，只要開始花更多時間待在舒適圈裡，接觸到安全感、清晰感、珍惜、價值、愛等主要情緒，那麼你就能近乎隨心所欲地運用心流狀態。

舒適圈中央的空間是最佳的位置，可以毫不費力運用心流。只要置身在這裡，就會覺得自己「在圈裡」。在這裡，奇蹟會發生。你愈去熟悉心目中自然的事物與不自然的事物，你也會愈善於進入這種最佳的心流狀態，並一直待在那裡。

發展舒適圈

你置身於舒適圈的中央，就能運用你已經擁有的方法與

技能，發揮高水準的創造力。不過，要學習新技能、擴大知識庫、擴展願景，就要在舒適圈的外緣進行。當你在舒適圈裡覺得很安全，那麼拓展舒適圈的外緣並擴展你的潛力，就會令人雀躍，甚至興奮不已。花時間待在舒適圈的邊緣並感到舒適，這也許是你可以送給自己的一份大禮。當你懷有遠大的願景、往前邁進時，這份大禮就顯得尤其貴重。

想像一下，你的舒適圈是一顆泡泡，你愈接近泡泡中央，就會覺得愈安全、愈舒適、愈輕鬆。然而，接近舒適圈邊緣時，你的感覺變得強烈起來，變得更警覺。雀躍感（有可能會跟焦慮感混淆在一起）位於這裡，因為泡泡的另一面，也就是舒適圈外，是恐懼和困惑。你接近舒適程度的極限時，也許會開始預期這些情緒的發生。

你愈接近舒適圈的外緣，就可能會開始覺得愈不適。這種不適感出現的形式有以下三種：困惑（我不知道該怎麼做）；倦怠（我不想做這個）；雀躍（我太過雀躍不已，沒辦法坐著不動）。**你接近舒適圈邊緣時，請注意你正在費力度過的各種情緒。**

請回想你在第15章學到的三階段適應過程，當你位於舒適圈的邊緣，表示你是在「階段二：熟悉加上不舒適」。在這裡，你會把自身技能與知識的極限往外推，在舒適和不適的微妙界線之間保持著平衡。

小孩自然會花很多時間探索舒適和不適之間的界線，他們會在這裡緩緩拓展舒適圈的界線。只要你帶著學步的小孩去公園，就很容易會看見界線怎麼拓展。對學步的小孩來

說，家長代表的是舒適圈。一旦學步的小孩確定家長在場，
也許就會開始探索，但永遠都會回到家長身邊，家長是小孩
覺得舒適又安全的中心。學步的小孩愈確定家長在場，在探
索世界時，就會覺得自己愈勇敢。

隨著年齡增長，我們在舒適圈的邊緣再也不覺得舒適，
而我往往很想知道原因。為什麼那麼多人認為成長永遠不會
出自於舒適感？

當你花時間待在舒適圈的外緣並且感到舒適，你就學
會持之以恆採取行動，並在內心創造細微的轉變，緩緩擴展
舒適圈。成長會發生在舒適圈的邊緣。這地方具有強大的力
量，而學習花時間待在這裡並樂在其中，對於你創造廣闊人
生的能力，會造成莫大的影響。

當你探索這個空間時，請留意你會做什麼事來緩解你經
歷的情緒。也許你會查看社群媒體，緩解緊張感；也許你會
用拖延的方式，緩解不足感；也許你會看電視，緩解沒價值
感。不管用什麼方式，都要把你做的事情和先前出現的情緒
給記錄下來。

最會扼殺心流和成長的因素，並不是舒適，而是分心。
你的環境（例如鄰居、廣告、室友、手機）或你自己（例如
你的念頭、信念、行動），都有可能導致分心。

當你深入舒適圈，當你正在把舒適圈的邊緣往外拓展，這
個時候很容易就會分心。你花愈多時間待在舒適圈的中央和外
緣，就會愈熟悉這兩個區域，就能在這兩個區域裡待得愈久。

你待在這兩個區域時，只要不分心的話，就會開始訓練

自己進入心流狀態待著，並且在你想要的時機獲得成長，掌握舒適圈的這兩個區域，感覺好像奇蹟一樣。結果，你會開始發揮能力，特意又輕鬆地創造及擴展。

舒適圈練習27：
運用「舒適圈外緣」訓練成長

你從事日常活動時，請努力更靠近舒適圈的邊緣。要做到這點，請試試新的健康食物、改變你的運動習慣、去新的咖啡館、對陌生人打招呼、寫一封示弱卻衷心的信函給家人、當志工、學習新技能，或是設下新目標。你投入不熟悉的活動時會出現一些感覺，請留意那些感覺。你在哪一刻（如果有的話）會感受到外在壓力、內在壓力、緊張、恐懼、焦慮或困惑？你能不能找出自己是在哪一刻離開舒適圈、進入生存圈？在你已經得知的方法當中，有哪一種方法可以把你帶回舒適圈？

要進入舒適圈並待在裡面，同時投入於成長，就必須聆聽內在的情緒，並且觀察自身的行動。你愈意識到舒適圈裡出現的感覺，你就愈容易花時間待在舒適圈裡，做出細微的轉變進行拓展，進而擴展人生。

你目前的成果

第 21 章結束了！當你待在舒適圈裡，你一定會有所成長。只要意識到舒適圈裡的哪個地方會發生成長和心流，你就能特意進入成長和心流狀態，讓你的擴展層次往上提升！當你學著用心又隨心所欲地成長，你的人生就會變得精采。這種做法令人驚嘆，不但能讓你做好萬全準備、邁向極大的成功，同時還能體驗到最高的愉快感！

現在，你擁有所有的方法，可以在全然的舒適感下，創造你真正喜愛的人生。所以在最後一章，我想就你學到的內容，簡短闡述重點，然後訴說我的願景：世人都能舒適地茁壯成長。今天這裡的一切曾經都只是夢想，對吧？何不依循本書，懷抱宏大的夢想，開始把動力轉向我們想要一起前往的目的地？出發吧！

第22章

待在舒適圈裡
活出美好人生

　　你的舒適圈不是危險圈。在舒適圈，你可以找到最確實的源頭，藉此獲得成長並掌握人生。我撰寫本書，是因為我想要證明，如果我們逼自己跨出舒適圈採取行動，那麼我們自己、我們的幸福感、我們的人生，全都會陷入危險。

　　想像一下，你站在高山的頂峰，即將滑下陡峭的山坡。如果你會滑雪的話，看到大片的白雪在樹木之間蜿蜒的景象，也許會覺得刺激。使用滑雪板滑下山坡，已成為你的舒適圈的一部分，所以你會覺得滑雪有趣又刺激，滑雪會讓你覺得活力十足又圓滿。你在高山上不會感到不安，你覺得很有信心。你不會覺得害怕，反而覺得興奮。

　　然而，如果你從來沒滑過雪，同一幅的雪山美景也許會引發你出現一股焦慮感。你的雙腳綁在既長又扁的木條上，可能會覺得被拘束，甚至覺得危險。你開始滑下山坡，不管速度有多慢，你都有可能驚慌失措。你獲得愈大的動力，就湧出愈多的恐懼感，你準備好承受撞到地面的衝擊力。在這種情境下，滑雪位於舒適圈外，所以滑雪的體驗有可能很快

就變得可怕起來。

這個簡單的滑雪例子證明舒適圈的概念為什麼非常重要。不懂得滑雪，不用覺得羞愧；同樣地，對於公開演說、養育小孩、創業、理解數學，或是任何你想要達成、位於舒適圈外的其他事情，如果感到不適，也不用覺得羞愧。其實，正如你從本書學到的，對於自己的夢想和舒適圈而產生的羞愧感、內疚感或指責，愈快放下的話，就愈快能進入力量強大的舒適圈，開始邁向夢想。

再次使用滑雪類比：如果滑雪是在舒適圈外，那麼你可以找到一些方式，把這項運動帶入你的經驗，以便適應這項運動。也許你會前往滑雪渡假村，上滑雪課，在適合新手的平緩雪道上練習？也許你會把滑雪板放在白雪覆蓋的平坦地面上，緩慢移動到各處，習慣雙腳被綁在滑雪板上面的感覺。也許你會觀看大家滑雪的樣子，跟其他滑雪者聊聊他們在不同情況下的做法。也許你會觀看網路上的滑雪影片。

你用簡單又安全的方式，讓滑雪進入你的人生，開始適應滑雪。你的身心開始領會相關的技巧，你開始學習滑雪的樣子和感覺，還有滑雪的方式。

如果你一輩子都沒滑過雪，那麼你不會做且不應該做的事，就是搭乘滑雪纜車抵達山頂，試圖一個人從專家級滑雪道滑下來。我們聽從社會的錯誤說詞，以為一定要逼自己跨出舒適圈才能獲得成功，基本上就像是從沒滑過雪卻要滑專家級滑雪道。我們以為自己應該對某件事全力以赴，失敗也沒關係，畢竟失敗是成長的一部分。不過，這項建議永遠無

法幫助你成功學會滑雪;相反地,這會是可怕的經驗,也許會以重傷作結,甚至可能死亡。

然而,假如你把社會傳達的訊息給聽進去,誤以為舒適圈是夢想的死亡之地,誤以為舒適圈是危險圈,那麼你也許會考慮採用這種魯莽輕率又毫無成效的策略。所以我希望你真正去內化以下的信念:在舒適圈這個地方,你可以好好待著並且茁壯成長。

> 你的舒適圈不是危險圈。在舒適圈,你可以找到最確實的源頭,藉此獲得成長並掌握人生。

你來到這裡是為了茁壯成長

你追逐夢想時,本來就該擁有安全感和信心。你本來就該在輕鬆和獲得支持的情況下學習所需的技能,這樣一來,在各種人生處境下,你還是能茁壯成長。所謂的茁壯成長,就是在舒適圈裡活出你真正想要的人生。

我們決定待在舒適圈外,也許多半不會像在難度高的雪道上滑雪那樣直接危及性命,可是待在生存圈或自滿圈,還是會對心理和生理造成重大影響。我已經提過,在我們的社會,日益增長的壓力值和壓力相關疾病多半都可以緩解,甚

至是消除，只要我們開始把待在舒適圈裡視為優先，不要待在舒適圈外面就行了。

如果你還在繼續閱讀，希望你在人生中已經體驗到在舒適圈裡的好處。我希望你能夠加深你跟自己的關係、辨識及尊重你的喜好、改進你將來的願景、降低你的壓力、更加關照你的幸福感。

在本質上，舒適圈就是在深刻又個人的層次上逐漸認識你自己，讓你尊重自己的價值觀和需求、表達你的喜好、追求你的渴望，而且不用羞愧，也沒有限制。重點是擴展，重點是更深入去探究你肉身之外的範疇，意思是跟自己的靈性部分交流，並且用你自己的真理，塑造你的心智。活出自己不可能會失敗，光是知道這點，就覺得自由自在。

待在舒適圈裡，在你渴望個人成長的那些領域支持自己，就能夠擴展人生。無論你渴望的是學習新的運動，還是累積財富，你都會適應運動或財富，開始邁向目標。你渴望的事物還沒進入你的舒適圈，所以你還沒擁有那些事物，而知道自己不用為此感到羞愧，就是極大的解脫。待在這個美好的空間盡情創造，就能逐漸擴展那些舒適又自然的事物，最後舒適圈會把你人生中渴望的一切都包納進去。

你想想看，理想上，我們是在安全溫暖的子宮裡著床受孕，在子宮裡，我們所有的需求都獲得滿足。理想上，我們誕生的時候，迎向的是充滿關愛的人們的懷抱中，他們唯一的使命就是照顧我們、保護我們、教導我們、照料我們的每一項需求、關懷我們。我們是在舒適圈裡著床受孕而後誕生。

在本書中，我把舒適圈拆解成幾個主要部分，還盡量提供多種方法，方便你進入舒適圈並且待在裡面。「用『舒適圈流程』來創造人生」、「SEE金字塔」、「適應和搭支架」、「擴展的自我」、「舒適圈願景板」、「肯定語」、「強大的立場」，這些方法的用途就是要幫助你待在舒適圈裡。我跟你分享的27項練習，它們個別和共同的用途都是要幫助你定義、改進、返回舒適圈。

既然你已經把這些方法和練習從頭到尾讀完一次，建議你翻回「舒適圈練習2：你處在哪一個圈子裡？」，請再次閱讀那些問題，看看你在閱讀本書的期間，答案有多少變化。你現在是待在哪一個圈子裡？你隨時都可以做這項練習，也可以盡量經常做，以便確認你的舒適狀態。

此外，還要建議你把這本書放在方便隨時拿取的地方。每當你發現自己陷入生存圈或自滿圈，請拿出這本書，再次閱讀相關的章節，做一兩項練習，和緩引導自己回到舒適圈。

如果需要額外的支持，你隨時都可以跟「正能量的力量」社群交流，或造訪thecomfortzonebook.com/resources。我們會在這裡支持你！

你的舒適人生

活出舒適的人生，會是什麼樣子呢？

你花愈多時間待在舒適圈，你愈努力待在舒適圈，那麼你就會覺得愈安全、愈有信心、愈有創造力。結果，你的舒

適圈會向外擴展，而你會不斷成為新版本的自己，你的身分認同也會隨之轉變。在我看來，這種生活方式可以說是最大的贈禮，你可以把這份贈禮送給你自己，送給跟你親近的人。

對外在世界而言，看起來像是你正在改變，你正在變成全新、不一樣的人。有些人會接納你的改變，讚美你，讚美你跨出的步伐。他們會想知道你有什麼不一樣的做法，想知道你為什麼看起來有信心又自在，想知道他們該怎麼做才能像你一樣茁壯成長。你要是把你待在舒適圈裡的發現，都跟這些朋友分享，那麼他們的表情會亮了起來。朋友在內心深處可能懷疑過，逼自己跨出舒適圈，也許不是正確的做法，但他們就跟多數人一樣，可能倍感壓力，覺得不管怎樣都要待在生存圈。

你該怎麼向別人解釋這個全新的你？別人會怎麼想呢？你會有這樣的疑問，我理解當中的原因，我也曾經站在這樣的交叉路口。我發現有一點很有幫助，那就是讓大家知道，你對於待在舒適圈的意思已經重新定義，而且還要把三個人生圈介紹給朋友知道。其實，這種做法沒有看起來那樣有爭議性。就算是這樣，朋友也許永遠無法理解，那樣也沒關係。你來到這裡，不是為了改變別人。我們每個人都分別踏上自己的旅程。你真誠活出自己的樣子，也就能讓別人真誠活出他們自己的樣子。你能夠做出最具影響力的事情，就是活出燦爛的人生。注定要出現在你人生中的人，就會受到吸引前來；不是這樣的人，也沒關係，就讓他們去走自己的路。

舒適圈的一大贈禮，也許就是你接納自己的人生旅程以

後，也去接納及尊重別人的人生旅程。你讓別人待在他們的所在之處，不去試圖改變別人，那麼你在別人的人生中，再也不會是逼別人跨出舒適圈的另一股蠻力。這種做法具有強大的力量，因為如果要體悟到待在舒適圈也沒關係，第一步就是要覺得自己所在的地方很不錯。對方要不要特意跨出下一步，進入舒適圈裡待著，全都是對方的選擇，你一定要讓對方自行做出選擇。

你和我能夠做出最棒的事情，就是去呈現我們待在自己的舒適圈裡茁壯成長的樣子。每天，你都會面臨以下的抉擇：要麼選擇尊重你和你的喜好，要麼選擇忽略你和你的喜好。

其實就是這麼簡單。如果你變得習慣尊重自己，就會自然而然開始實踐本書提出的方法，進而增進安全感、信心、信任、自我展現、喜悅。你會自然而然開始定義自己的界線，不會有內疚感，還會清楚訴說自己的界線。你會自然而然不再試圖掌控處境、掌控他人。你會自然而然開始適應擴展的自我版本，而這個版本的你，擁有你渴望的一切。

你在舒適圈裡會體驗到信任、信心、安全感，也深知自己在這趟人生旅程中並不孤單。我們每個人的內心都住著更高的智慧，這個智慧會以有效又神祕的方式引導我們的人生。在舒適圈裡，你可以汲取這個智慧。所以對於夢想來到你面前的具體方式，你愈能放下的話，夢想就會愈快來到你的門前。你在舒適圈裡碰到的人們、事件、機會、想法，都會加快你的成長速度。

你在網路上訂購商品，正在等待商品到達，這個時候，

你不會關心商品是透過什麼方式送到你手上，不會在意商品是在哪輛汽車、貨車、飛機或船隻上，也不會在意商品是什麼時候在誰的手上。同樣地，你怎麼會去關心你的渴望是用什麼方式來到你的面前？你待在舒適圈裡，就再也不會覺得需要跨出舒適圈，追蹤你訂購的商品。你會待在安全的內在居所裡，持續採取舒適又啟發人心的行動，最後你渴望的東西就會出現。因為你確知你渴望的東西已經是你的，正在往你那裡去，所以不管是包裝的外觀，還是東西送到你手上的方式，都再也不重要。你會準備好在每個轉彎處迎接奇蹟的發生，而且你也會很高興，多個奇蹟會接連來到你的面前。

人生總是處於不斷向外擴張的過程，你總是處於「成為更好的自己」的過程。這世界的一切都是處於向外擴展的過程，就連我們所在的宇宙，也是一直不斷向外擴展。

擴展是萬物的本質，也是你的本質。當你的生活方式跟你的真實樣貌一致，也就是你覺得自然又舒適的方式，那麼你必然會向外擴展。

你現在創造的喜悅愈多，你將來創造的喜悅也會愈多。待在舒適圈裡，就能夠投入這個持續又美好的人生擴展過程。

舒適的世界

當我們全都待在舒適圈裡，我們的世界會變得怎麼樣呢？

想像一下，你對於待在舒適圈裡，有了充分的掌握以

後，你的人生可能會是什麼樣子。想像一下，你會一直擁有充分的安全感，能夠懷著愛和清晰感，把自己的模樣展現給別人看。你會擁有充分的信心，追求每一個夢想。你會充分信任自己和世界，永遠不心懷恐懼或疑慮。你會覺得自己充分配得上，可以接受所有的福氣，而那些福氣在走向你的路上，就已經是屬於你的。

現在想像一下，你的家人和朋友也過著同樣的生活方式。想像一下，你的朋友、配偶、兄弟姊妹、家長、堂表親、姑姨、伯叔舅，還有直系親屬與旁系親屬的其他成員，都感受到安全、平衡、愛、有信心。假如突然之間，每個人都不再倍感威脅和不安，那麼你們的關係會發生什麼變化？假如那些人的人生都放下恐懼和疑慮，改而懷有深厚的歸屬感和信任感，那麼你的家庭聚會會發生什麼變化？假如你的每個家人都在乎自己個人的幸福感，把良好的感覺和踏實感視為優先，那麼你的家人可能會展現出什麼樣子？假如他們可以懷著清晰感、愛、開放的態度，把內心的渴望、喜好、界線都表達出來呢？假如他們在乎在生理上、心理上、靈性上的幸福感呢？假如他們把健康及關係的健全狀況都視為優先呢？

現在想像一下，假如每個人都跟你的家人朋友一樣，待在自己的舒適圈裡，那麼世界可能會變成什麼樣子呢？假如我們的內在感受到被愛、圓滿又安全，那麼我們可能會怎麼對待跟我們不一樣的人？

想像一下，就算是疑心最重的人，也會開始相信自己的

人生總是會很順利。想像一下，處於停滯、憂鬱、焦慮狀態下的人們，終於找到內心的平靜，還獲得啟發，創造出感覺不錯又很有收穫的人生。

假如每個國家每座城市的每個人，都能關注自己覺得自然又有趣的事物，那麼全球的對話交流會發生什麼變化呢？假如我們的領袖再也不會陷入自身的恐懼、自負、懷疑，也不用一直透過行動來證明自己的權威與價值，那麼我們的領袖會展現出什麼樣子？

如果地球上的每個人都是過著這種生活方式，會不會就能見到人間的天堂？

我描繪這幅景象時，你也許會認為我太理想化，但我覺得自己並未如此。

我們居住的這個世界，確實廣闊又複雜，但這世界總歸來說還是由個體組成。總體的健全度會反映出個體的健全度，好比人體的健康狀況會反映出組成人體的個體細胞的健康狀況。細胞愈健康，人體就愈健康。身為個體的我們愈平靜，我們所在的世界也會愈平靜。

讓自己待在舒適圈裡，就是一種自愛的行為。不過，這也算是一種社會實踐的表現，因為不僅你的生活品質會獲得改善，在人生路上跟你相遇的每個人，他們的生活也會獲得改善。當你待在舒適圈裡，你會變成燈塔的光，引領著試圖尋找出路、離開黑暗的人們。即便你在社群媒體沒有五千萬的追蹤者，你對這世界還是會產生重大的影響。其實，只要藉由你個人的連漪效應，你就能成為你想在這世界看到的那

種改變。

順便一提，我的網路讀者有五千多萬人，他們的存在是因為我選擇待在舒適圈裡。這個決定催生「正能量的力量」社群，而社群有所成長，是因為我自始至終都選擇安全、舒適、令人雀躍的途徑。

我撰寫這本書，是因為我希望你在舒適圈裡活出自己的人生，從中汲取自身力量的真正泉源。當你過著這種生活方式，你的力量的強大程度，就勝過於逼自己進入生存圈或自滿圈的數百萬人。如果我們當中有夠多的人過著這種生活方式，我們就會對地球的健全度和社會的快樂度產生重大的影響。我們共同創造的相通感會擴散出去，因為這本書的構想是出自於舒適圈裡的靈感啟發、愛、喜悅、心流。

我的人生跟你的人生一樣，永遠都在變化。待在舒適圈裡，就可以引導這股變化，邁向你覺得不錯、別人也覺得不錯的經驗。你可以讓自己的天賦綻放，你可以讓自己茁壯成長。

你配得的、你是被愛的、你獲得支持，你活出的人生本來就應該帶來最大的喜悅。我希望你和每個人都能擁有這樣的人生，我希望看見大家全都活出美好人生。現在，我把火炬遞給你，由你領路。

繼續散發光芒吧！

參考資料

前言

憂鬱症與焦慮症的盛行率。Dugan, Andrew. 2021. "Serious Depression, Anxiety Affect Nearly 4 in 10 Worldwide." Gallup, October 20, 2021. https://news.gallup.com/opinion/gallup/356261/serious-depression-anxiety-affect-nearly-worldwide.aspx.

葉杜二氏法則（Yerkes-Dodson Law；我們所知的「舒適圈」出處）。Yerkes, Robert M., and John D. Dodson. 1908. "The Relation of Strength of Stimulus to Rapidity of Habit-Formation." *Journal of Comparative Neurology and Psychology*, no. 18. Collected in Classics in the History of Psychology, an online resources of York University: http://psychclassics.yorku.ca/Yerkes/Law/.

第 1 章

舒適圈的定義。根據心理學家的定義，舒適圈是「人在焦慮中立的情況下所處的行為狀態，會運用為數不多的行為來達到水準穩定的表現，通常不會有冒險的感覺」。White, Alasdair. 2009. "From Comfort Zone to Performance Management." Baisy-Thy, Belgium: White & MacLean Publishing. http://www.whiteandmaclean.eu/uploaded_files/120120109110852performance_management-final290110(2)-preview.pdf.

身體關機。Ro, Christine. 2021. "How Overwork Is Literally Killing Us." *BBC Worklife*. BBC, May 19, 2021. https://www.bbc.com/worklife/article/20210518-how-overwork-is-literally-killing-us.

職業倦怠。職業倦怠是一種跟職業有關的特殊壓力，屬於生理上或情緒上的疲憊狀態，會覺得成就感減少、個人身分喪失。Mayo Clinic Staff. 2021. "Know the Signs of Job Burnout," Mayo Clinic (Mayo Foundation for Medical Education and Research), June 5, 2021. https://www.mayoclinic.org/healthy-lifestyle/adult-health/in-depth/burnout/art-20046642.

高生產力、競爭力、過勞，全都流行起來。Schulte, Brigid. 2014. Overwhelmed: *Work, Love, and Play When No One Has the Time.* New York: Sarah Crichton Books. Also see Rosin, Hanna. "You're Not as Busy as You Say You Are." Slate, March 23, 2014. https://slate.com/human-interest/2014/03/brigid-schultes-overwhelmed-and-our-epidemic-of-busyness.html.

美國是全球最過勞的已開發國家。Miller, G. E. 2022. "The U.S. Is the Most Overworked Nation in the World." 20somethingfinance.com, January 30, 2022. https://20something finance. com/american-hours-worked-productivity-vacation/.

第 2 章

理解信念實際上是什麼。Lewis, Ralph. 2018. "What Actually Is a Belief? and Why Is It so Hard to Change?" Psychology Today, October 7, 2018. https://www.psychologytoday.com/us/blog/finding-purpose/201810/what-actually-is-belief-and-why-is-it-so-hard-change.

信念系統奪走你的快樂、健康、幸福、富足。Mautz, Scott. 2019. "A Harvard Psychologist Shows How to Change Those Limiting Beliefs You Still Have about Yourself." *Inc.*, March 1, 2019. https:// www.inc.com/scott-mautz/a-harvard-psychologist-shows-how-to-change-those-limiting-beliefs-you-still-have-about-yourself.html.

Shermer, Michael. *The Believing Brain: From Ghosts and Gods to Politics and Conspiracies - How We Construct Beliefs and Reinforce Them as Truths.* 2012. New York: St. Martin's Griffin. Also see Grayling, A. C. 2011. "Psychology: How We Form Beliefs." *Nature* 474 (7352): 446–447. https://doi.org/10.1038/474446a.

改變信念非常困難。Bouchrika, Imed. 2022. "Why Facts Don't Change Our Minds and Beliefs Are So Hard to Change?" Research. com, September 30, 2022. https://research.com/education/why-facts-dont-change-our-mind.

第3章

費力去建立並維繫真誠的關係。Willsey, Pamela S. 2021. "Creating Authentic Connections." *Psychology Today*, August 24, 2021. https://www.psychologytoday.com/us/blog/packing-success/202108/creating-authentic-connections.

美國夢。Barone, Adam. 2022. "What Is the American Dream? Examples and How to Measure It." Investopedia, August 1, 2022. https://www.investopedia.com/terms/a/american-dream.asp.

倦怠。Abramson, Ashley. 2022. "Burnout and Stress Are Everywhere." *Monitor on Psychology*, January 1, 2022. https://www.apa.org/monitor/2022/01/special- burnout-stress.

你會把自我照顧視為優先嗎？Barnett, J. E., L. C. Johnston, and D. Hillard. 2006. "Psychotherapist wellness as an ethical imperative." In L. VandeCreek and J. B. Allen, eds., *Innovations in clinical practice: Focus on health and wellness* (pp. 257–271). Sarasota, FL: Professional Resources Press.

杏仁核。Neuroscientifically Challenged. n.d. https://neuroscientificallychallenged.com/posts/now-your-brain-amygdala.

一致。根據心數學院（HeartMath Institute）針對心臟和大腦互動情況所做的科學研究，人擁有安全感時，在生理上，心跳率會趨於一致。"Heart-Brain Interactions." The Math of HeartMath (HeartMath Institute, October 7, 2012), https://www.heartmath.org/articles-of-the-heart/the-math-of-heartmath/heart-brain-interactions/. 亦請參閱 "Heart Rate Coherence," Natural Mental Health, February 13, 2020. https://www.naturalmentalhealth.com/blog/heart-rate-coherence.

Clear, James. *Atomic Habits. New York,* NY: Avery, 2018.

伸展身體，放鬆肌肉。"The Importance of Stretching." 2022.Harvard Health (Harvard Medical School, March 14, 2022). https://www.health.har- vard.edu/staying-healthy/the-importance-of-stretching.

McLeod, Saul. 2019. "The Zone of Proximal Development and Scaffolding." Simply Psychology. https://www.simplypsychology.org/Zone-of-Proximal- Development.html.

第4章

Ellison, C. W., and I. J. Firestone. 1974. "Development of interpersonal trust as a function of self-esteem, target status, and target style," *Journal of Personality and Social Psychology*, 29(5), 655–663. https://doi.org/10.1037/h0036629; https://psycnet.apa.org/record/1974-32307-001.

Brown, Brené. 2015. "SuperSoul Sessions: The Anatomy of Trust." November 1, 2015. https://brenebrown.com/videos/anatomy-trust-video/.

Taylor, Jill Bolte. *My Stroke of Insight*. New York:

Plume, 2006.

第5章

在教育方面採行一體適用的做法。Donohue, Nicholas C. 2015. "How Scrapping the One-Size-Fits-All Education Defeats Inequity." *The Hechinger Report*, June 4, 2015. https://hechingerreport.org/how-scrapping-the-one-sizefits-all-education-defeats-inequity/.

我們的言詞具備強大的力量，我們的自我對話也會對我們的經驗造成莫大的影響，但我們卻都低估了。"Self-Talk," healthdirect (Healthdirect Australia, February 2022). https://www.healthdirect.gov.au/self-talk.

第6章

奇蹟般的效應。Lipton, Bruce. 2014. *The Honeymoon Effect*. Carlsbad, CA: Hay House. Also see https://www.youtube.com/watch?v=JKe43Ak1y1c.

亞伯拉罕・馬斯洛（Abraham Maslow）的需求層次理論。Maslow, Abraham. 1954. *Motivation and Personality* (New York: Harper & Row).

第7章

杏仁核。Ressler, Kerry J. 2010. "Amygdala Activity, Fear, and Anxiety: Modulation by Stress," *Biological Psychiatry* 67, no. 12 (June 15, 2010): pp. 1117-1119, https://doi.org/10.1016/j.biopsych.2010.04.027.

戰或逃。"Fight or Flight Response." Psychology Tools, n.d. https://www.psychologytools.com/resource/fight-or-flight-response/. Brown, Brené. 2021. *Atlas of the Heart*. New York: Random House. Taylor, Jill Bolte. *My Stroke of Insight*. New York: Plume, 2006.

第11章

典範轉移。Lombrozo, Tania. "What Is a Paradigm Shift, Anyway?" NPR, July 18, 2016. https://www.npr.org/sections/13.7/2016/07/18/486487713/what-is-a- paradigm-shift-anyway.

第12章

價值貼標。Swart, Tara. "What Is Value Tagging?" *Psychology Today*, October 14, 2019. https://www.psychologytoday.com/us/blog/faith-in-science/201910/what-is-value-tagging. Also see Scipioni, Jade. "Top Execs Use This Visualization Trick to Achieve Success—Here's Why It Works, According to a Neuroscientist." CNBC, November 26, 2019. https://www.cnbc. com/2019/11/22/visualization-that-helps-executives-succeed-neuroscientisttara-swart.html.

第13章

肯定語。自我肯定語會活化跟自我相關處理作業和回報有關的腦部系統，將來的偏好也會增強自我肯定語。Cascio, Christopher N., et al. 2015. "Self-Affirmation Activates Brain Systems Associated with Self-Related Processing and Reward and Is Reinforced by Future Orientation." *Social Cognitive and Affective Neuroscience* 11 (4) : 621–29. https://doi .org/10.1093/scan/nsv136. Hay, Louise. 1984. *You Can Heal Your Life*. Carlsbad, CA: Hay House.

第14章

RARE方法。2021. *3 Minute Positivity Journal*. Asheville, NC: Power of Positivity.

第15章

列夫・維果斯基（Lev Vygotsky）提出的近側發展區。McLeod, Saul. 2019."The Zone of Proximal Development and Scaffolding." *Simply Psychology*. https://www. simplypsychology.org/Zone-of-Proximal-Development.html.

搭支架。Cavallari, Dan. 2022. "What Is Vygotsky's Scaffolding?" *Practical Adult Insights*, October

31, 2022. https://www.practicaladultinsights.com/
what is vygotskys-scaffolding.

1970年代的腦神經學者。 "Self-Affirmation
Theory," Encyclopedia.com (International
Encyclopedia of the Social Sciences). n.d.
https://www. encyclopedia.com/social-
sciences/applied-and-social-sciences-
magazines/self affirmation-theory.

第17章

神經系統。 OpenStax College. "Parts of the Nervous
System." General Psychology. University of
Central Florida, n.d. https://pressbooks.online.
ucf. edu/lumenpsychology/chapter/parts-of-the-
nervous-system/.

靜坐與正念相關研究。 National Center for Comp-
lementary and Integrative Health. 2022.
"Meditation and Mindfulness: What You Need
to Know." U.S. Department of Health and
Human Services, June 2022. https:// www.nccih.
nih.gov/health/meditation-and-mindfulness-
what-you-need-to-know.

資源

我製作一些免費的指引資源，幫助你踏上這趟旅程，活得舒適。本書通篇詳細提及特定主題的資料出處。你可以前往以下網址閱讀：

http://www.thecomfortzonebook.com/resources

致謝

　　有位朋友曾經跟我分享以下的智慧:「每個人都握著一把鑰匙,可以幫你開啟一道門。你要是親自開門,可能永遠無法跟別人一樣輕鬆。」那位明智的朋友是強納森・布蘭克(Jonathan Blank),他的話語我永遠忘不了。本書證明他說的話是真理。每個幫助過我的人,都給了我某個特殊又獨特的東西,讓情況好轉。本書就是舒適圈充分運作下的成功結果。

　　雖然我的姓名印在封面上,雖然我的構想源自於將近十年前,但我依舊心懷感激,眾多才華洋溢的人相信我、支持我,而我在舒適圈裡熟練造就成功的方式,他們也幫忙整理成文字。無論是製作本書,還是找出那些認同舒適圈構想的合適人員,總之整個寫作期間,真正獲得引導的人是我。每一個人都持之以恆投入其中,讓本書在某種意義上獲得圓滿的成果。大家幫助我促成這個典範轉移的概念面世,他們的支持、共鳴、鼓勵、天才般的獨創力,令我驚嘆不已。這樣的發展好比「正能量的力量」社群,比我還要更為宏大,必須特別在此致謝。

　　首先,我一定要感謝家人,他們體諒我製作本書所需耗費的大量時間和心力。我的丈夫克里斯(Chris)向來是我最大的支持者,即使我違反大家長久接受的社會常規,活出成

功、造就成功、找到成功，我一開始還覺得難為情，但他依舊大力支持。在這一路上，我的兩個女兒歐蘿拉（Aurora）和艾芙琳（Evelynn）總是以尊重又關愛的態度，讓我有時間、空間投入本書當中。我們在休息時間一起共享歡樂的茶會和遊戲場，每次都能讓我恢復活力，回到寫作上。我觀察兩個女兒學習走路、嘗試新事物、在舒適圈裡以熱忱和熱情的態度享受人生，而在她們的啟發下，我把兩人的故事納入本書之中。十分感謝你們，我愛你們！

其次，無疑也同樣重要，我想要感謝Peace Unleashed公司的艾麗·蕭賈（Ellie Shoja），這位貼心友人兼舒適圈合作者參與原稿的製作。在我共事的人當中，艾麗，你是最有創意、最條理分明、最才華洋溢的其中一位。你跟我一樣熱忱打破常規，按自己的主張，活出喜愛的人生，而從一開始，我就很愛這點。感謝你在過去兩年花了不少時間協助我。你確實發揮團隊合作的精神，我對此感激不已。你的創意寫作和編輯技能十分傑出，你堅持守著這個案子做出成果，背後的動力更是少見。你對我、對本書的力量所抱持的信念，我心懷感激。我相信神聖的指引，但是假若真有運氣一事，我要說，我運氣真好，在人生路上，我們竟能相會並共事。艾麗，謝謝你——你獨一無二。

跟我一起合作的Hay House美好團隊，促使本書化為現實，我對他們也懷著無盡的感恩之情。謝謝里德·崔西（Reid Tracy）相信《別再跳脫舒適圈》，相信我們那出色的夥伴關係。謝謝佩蒂·吉夫特（Patty Gift）持續給予支持、親切

待人、提出見解，我心懷感恩，也想給你很大的擁抱，你立刻讓我覺得自己是被接納的，而那帶來重大的影響，感謝你對本書的貢獻，感謝你自始至終投入編輯作業並提出建議。深切感激 Hay House 的編輯安・巴瑟（Anne Barthel），你那強大的編輯能力總是完美無瑕，我很樂於接受，在每回的編輯作業，你都以坦誠又獨有的方式，確切挖掘出我要說出的話語，我的感謝之情無法言喻。還要感謝 Hay House 團隊的其他成員，包括蜜雪兒・皮利（Michelle Pilley）、翠夏・布里登索（Tricia Bridenthal）、佩蒂・納爾斯（Patty Niles）、蘿拉・葛雷（Laura Gray）、莎拉・柯特（Sarah Kott）、莫莉・蘭格（Mollie Langer）、伊薇特・葛拉納多斯（Yvette Granados）、瑪琳・羅賓森（Marlene Robinson）等，在此深切感激你們的支持。

謝謝 New Paradigm Literary Services 的南西・馬利耶特（Nancy Marriott）提供指導，她才華洋溢、經驗豐富，幾輪稿件的逐行編輯作業，讓我獲益良多。

謝謝親朋好友反覆詢問：「書寫得怎麼樣了？」對我來說，你們的問候和支持，自始至終都意義重大。特別感謝狄蜜特・朱古魯（Dimitra Jhugroo），過去十三年來一直支持我個人，還支持我為「正能量的力量」社群所做的一切，我們建立深厚的友誼，我如同家人般信任你，妳是我靈魂上的姊妹。維克斯・金（Vex King），你給予的鼓勵、親切的話語，還把我推薦給 Hay House，我無比感激，你為人親切、啟發人心又正面思考，謝謝你！謝謝親愛又貼心的朋友兼教練克

莉奧娜‧歐哈拉（Cliona O'Hara），我們共同努力改善自我形象，我很感激，你的直覺總是準確，還以關懷、關愛、有意義的方式，把你的指導都明確表達出來。謝謝蘿倫‧馬格斯（Lauren Magers），無論是我倆的友誼，還是你對這件任務提供的支持和信念，我都心懷感激，在整個過程期間，你的愛、指導、鼓勵、天賦，向來是貼心的驚喜。

此外，還想謝謝「正能量的力量」團隊成員，還有在本書的一些部分提供協助的獨立約聘人員：克里斯‧巴特勒（Chris Butler）、布蘭尼斯拉夫‧艾勒索斯基（Branislav Aleksoski）、大衛‧帕潘尼柯勞（David Papanikolau）、瑟哈特‧歐薩普（Serhat Ozalp）、史黛芙妮‧華勒斯（Stephanie Wallace）。

最後，還有一個人也同樣重要，我特別感謝你，沒錯，就是你，現在正在閱讀本書的你，感謝你對個人成長的支持和付出，我們在人生路上相遇，自有其原因，我們保持聯繫吧！

謝謝曾經參與我的旅程的人們，這群美好的人們展現出莫大的氣力、力量、愛、毅力，不僅獲得個人成長，還鼓舞世人之心。

財經企管　BCB838

別再跳脫舒適圈
以更少的壓力和更持久的心流狀態，創造真正熱愛的人生
The Comfort Zone: Create a Life You Really Love with Less Stress and More Flow

作者 —— 克莉絲汀‧巴特勒（Kristen Butler）
譯者 —— 姚怡平

總編輯 —— 吳佩穎
財經館總監 —— 陳雅如
協力編輯 —— 李尚遠
校對 —— 蘇鵬元、林映華
封面設計 —— 職日設計

出版者 —— 遠見天下文化出版股份有限公司
創辦人 —— 高希均、王力行
遠見‧天下文化 事業群榮譽董事長 —— 高希均
遠見‧天下文化 事業群董事長 —— 王力行
天下文化社長 —— 王力行
天下文化總經理 —— 鄧瑋羚
國際事務開發部兼版權中心總監 —— 潘欣
法律顧問 —— 理律法律事務所陳長文律師
著作權顧問 —— 魏啟翔律師
社址 —— 台北市 104 松江路 93 巷 1 號

讀者服務專線 —— 02-2662-0012 ｜ 傳真 —— 02-2662-0007, 02-2662-0009
電子郵件信箱 —— cwpc@cwgv.com.tw
直接郵撥帳號 —— 1326703-6 號　遠見天下文化出版股份有限公司

電腦排版 —— 綠貝殼資訊有限公司
製版廠 —— 中原造像股份有限公司
印刷廠 —— 中原造像股份有限公司
裝訂廠 —— 中原造像股份有限公司
登記證 —— 局版台業字第 2517 號
總經銷 —— 大和書報圖書股份有限公司 電話／ (02)8990-2588
出版日期 —— 2024 年 4 月 30 日第一版第一次印行

國家圖書館出版品預行編目（CIP）資料

別再跳脫舒適圈：以更少的壓力和更持久的心流狀態，創造真正熱愛的人生 / 克莉絲汀‧巴特勒（Kristen Butler）著；姚怡平譯 .-- 第一版 .-- 臺北市：遠見天下文化出版股份有限公司，2024.04
352 面；14.8x21 公分（財經企管；BCB838）
譯目：The comfort zone : create a life you really love with less stress and more flow
ISBN 978-626-355-738-3（平裝）

1. CST：自我實現 2. CST：生活指導 3. CST：成功法
177.2　　　　　　　　　113005183

定價 —— NT 450 元

ISBN —— 978-626-355-738-3
EISBN —— 978-626-355-735-2（EPUB）、978-626-355-734-5（PDF）

書號 —— BCB838
天下文化官網 —— bookzone.cwgv.com.tw
本書如有缺頁、破損、裝訂錯誤，請寄回本公司調換。
本書僅代表作者言論，不代表本社立場。